电子商务人才培养系列教材

服务岗位群

网店美工与管理

赵艳莉 主 编

方德花 李 理 副主编

電子工業出版社
Publishing House of Electronics Industry
北京 · BEIJING

内 容 简 介

随着互联网技术尤其是移动互联网技术的飞速发展，各类电商平台层出不穷，越来越多的用户选择网购，网购甚至已经成为一种生活习惯，本书旨在帮助读者做好网店装修和运营，以 Photoshop 为工具，结合大量具体实例，全面而系统地介绍网店美工与运营过程中应具备的知识和技能。

本书按照学习特点，采用情景设定，以项目引领、任务驱动模式进行编写，以实际操作为主，介绍网店的设计、网店图片的处理及优化、网店元素的设计及网店营销和推广策略。

本书由 10 个单元共 44 个项目组成，主要内容包括网店设计基础、网店图片的优化、网店图片基本操作、网店图片的处理、网店各种元素的设计、网店图片的合成、网店的营销、网店的推广及综合应用。

本书可作为全国各类院校电子商务专业的教学用书，也可作为从事网店装修工作的从业人员或想自己装修网店的商家的参考书或课外读物。

图书在版编目（CIP）数据

网店美工与管理 / 赵艳莉主编. —北京：电子工业出版社，2018.7

ISBN 978-7-121-34662-0

Ⅰ. ①网… Ⅱ. ①赵… Ⅲ. ①网店—设计 ②网店—商业经营 Ⅳ. ①F713.361.2

中国版本图书馆 CIP 数据核字（2018）第 141694 号

策划编辑：罗美娜
责任编辑：裴　杰
印　　刷：北京虎彩文化传播有限公司
装　　订：北京虎彩文化传播有限公司
出版发行：电子工业出版社
　　　　　北京市海淀区万寿路 173 信箱　邮编　100036
开　　本：787×1 092　1/16　印张：16　字数：409.6 千字
版　　次：2018 年 7 月第 1 版
印　　次：2018 年 11月第 2 次印刷
定　　价：48.00 元

凡所购买电子工业出版社图书有缺损问题，请向购买书店调换。若书店售缺，请与本社发行部联系，联系及邮购电话：（010）88254888，88258888。

质量投诉请发邮件至 zlts@phei.com.cn，盗版侵权举报请发邮件至 dbqq@phei.com.cn。

本书咨询联系方式：（010）88254617，luomn@phei.com.cn。

前言 | PREFACE

随着互联网技术尤其是移动互联网技术的发展，各类电商平台层出不穷，网购的用户越来越多，网购甚至已经成为人们的生活习惯。众所周知，“网购”导致了商品的同质化以及价格的透明化，对于电商商家来说，要想在激烈的商战中站稳脚跟，必须提高客流量和转化率，而靠打价格战已经不能达到目标，必须在营销和推广上下功夫。而网店美工设计正是为营销服务，为卖东西服务的。网店的装修及运营已经成为电商的另一个重要的着力点。这方面的人才非常紧缺，为此，以帮助电商做好网店装修和运营为目标，以 Photoshop 为工具并结合大量具体实例，全面而系统地介绍网店美工与运营的知识和技能，希望能为广大商家和电子商务专业学生进行网店设计及运营提供帮助。

本书按照学习特点，采用情景设定，以项目引领、任务驱动模式进行编写，每个单元由若干项目组成，每个项目均由项目描述、项目目标、项目实施（或相关知识）、单元小结、课后自测组成。本书以实际操作为主，介绍网店的设计、网店图片的处理及优化、网店元素的设计、网店营销和推广策略。

本书由 10 个单元共 44 个项目组成，每个项目均按照网店装修及运营的实用性而精心设计。第 1 单元介绍了网店设计基础，包括网店设计的定位、组成要素及页面布局；第 2 单元介绍了网店图片的优化，包括网店图片的拍摄及优化主图、详情页和商品描述页的方法；第 3 单元介绍了网店图片基本操作，包括置入图片、添加注释、查看图片细节及导出图片；第 4 单元介绍网店图片的处理，包括图片的快速调整、修复与修饰、色彩色调的调整；第 5 单元和第 6 单元介绍网店元素的设计，包括店标、店招、LOGO、主图、细节描述、公告栏、导航条、欢迎模块、收藏区等的设计；第 7 单元介绍网店图片的合成，包括各类图片的抠取及图片的自由合成；第 8 单元介绍网店的营销，包括优惠券、客服区、促销广告及快递服务的设计；第 9 单元介绍网店的推广，包括网店的动态推广、海报宣传及二维码的应用；第 10 单元是综合应用，通过 3 个具体店铺的装修设计过程对前面所学知识进行综合应用。

本书可作为全国各类院校电子商务专业的教学用书，也可作为从事网店装修工作的从业人员或想自己装修电商的商家的参考书或课外读物。

若作为课程使用，本课程的教学时数为 52 学时，各单元的参考教学学时见以下学时分配表。

单　元	教学内容	课时分配	
		讲授/学时	实践训练/学时
第 1 单元	网店设计基础	2	0
第 2 单元	网店图片的优化	2	2
第 3 单元	网店图片基本操作	2	4
第 4 单元	网店图片的处理	2	2
第 5 单元	网店元素设计之一	2	6
第 6 单元	网店元素设计之二	2	6
第 7 单元	网店图片的合成	2	2
第 8 单元	网店的营销	2	4
第 9 单元	网店的推广	2	2
第 10 单元	综合应用		6
课时总计		18	34

为方便教学，本书提供教学资料包，请登录华信教育资源网（www.hxedu.com.cn）注册后免费下载；同时提供微课资源，可扫描书中二维码获取。

本书由赵艳莉担任主编，方德花、李理担任副主编，第 1 单元和第 9 单元由宁艳编写，第 2 单元由高迁编写，第 3 单元由张岚岚编写，第 4 单元、第 7 单元、第 8 单元和第 10 单元由赵艳莉编写，第 5 单元和第 6 单元由方德花编写。赵艳莉对本书进行了框架设计、全文通稿和整理。李瑶、郑雅文、丁汀对本书素材进行了收集和整理，在此表示感谢。

由于编者水平有限，书中难免存在错误和不妥之处，敬请广大读者批评指正。

编　者

2018 年 7 月

CONTENTS | 目录

第 1 单元

网店设计基础

对网店页面进行美化和装饰是提高网店转化率最有效的办法和途径。在进行网店美化之前应先了解有关网店设计的基础知识，为今后学习网店美工和管理相关知识打下基础。

项目 1　网店设计的重要性

有声有色的网店

项目描述

小刘开了一家销售手机及其配件的网店，可是总没有人光顾，有朋友建议他对网店重新进行美化设计，小刘有些怀疑，网店美工就那么重要吗？

项目目标

✧　了解视觉营销的含义及作用。
✧　了解网店美工的目的。
✧　了解影响买家购买欲的因素。

相关知识

1. 视觉营销的含义及作用

网上店铺与传统实体店铺最大的区别在于，网上店铺并没有实物可供买家实际感受与挑选，买家只是通过图片来观察商品的细节而做出决定进行交易的。因此，要想吸引买家的注意，就要做好网上店铺的美化和设计，即装修工作，通过视觉影响激发买家的购买欲望，提高网上店铺商品的点击率，进而进一步提高销量。视觉营销是营销的一门技术，它通过视觉设计对视觉元素进行合理的布局和设计，将视觉体验转换为购买力，以达到促进消费的目的。

当买家进入某个网店时，影响其最终会不会购买网店的商品因素有很多，譬如怀疑商品的质量是否有保证，有没有三包，售后服务如何，商品是否实用等，而这些问题是可以通过网店的设计和管理来解决的。

从视觉营销的视角来看，网店装修是让店内商品变得吸引人们注意力的关键，只有将商品的图片处理得唯美，才能更好地抓住买家的视线，激发其购买的激情，达到良好的视觉营销效果，获得更高的网店转化率。

2．网店美工的目的

店家进行网店美工的目的就是让网店页面变得更加漂亮，更加有艺术感和设计感，以便吸引买家光临。但是也要注意，好的视觉营销固然需要漂亮的图片，但漂亮的图片未必有好的视觉营销。网店美工更注重的是将店内商品的相关信息准确地传递出去。一款新商品的上架，需要制作商品的宣传广告、修饰商品图片、制作商品的详情页等，只有运用图片和文字等元素将商品的整体形态、材质细节、价格优势的信息表现出来，才能为商品增加关注度。

如图 1-1 所示，拍摄出来的照片偏暗，没有经过后期修饰和润色，显得毫无生气，这样的商品图片很难激起买家的兴趣；但经过使用 Photoshop 修图工具进行后期修饰和调整后，商品图片变得有了生气，色彩更加美观，商品显得更精致，将其应用在网店中，再对细节进行分解和介绍，并搭配文字信息，大大提高了商品的表现力，从而吸引更多买家的注意力。

图 1-1　商品经过修饰后的效果

3．影响买家购买欲的因素

当一个买家进入一个网店后，其是否购买这个网店的商品受很多因素的影响，如商品看起来是否高端上档次，价格是否合理，商品质量是否有保障，店家的后期服务如何，所购商品是否实用等，事实上，这些问题大多数可以通过网店装修来解决。从视觉营销的角度来看，网店装修是让商品变得更加吸引人，只有将商品的图片处理得非常“美”，才能抓住买家的眼球，激发买家的购买欲望，达到视觉营销的目的。

影响买家购买欲的因素具体有以下几个。

（1）网店首页美工设计。

（2）商品图片是否美观。

（3）商品描述的专业度。

（4）商品描述的可信度。

（5）商品的详细参数。

（6）商品的使用情况反馈。

（7）商品的质量保证。

（8）商品的售后服务保障。

（9）商品的优惠政策。

（10）客服的友好态度。

项目 2　网店设计的定位

项目描述

小刘在“天猫”网上逛店时，发现不同商品的网店设计风格是不一样的，那么网店的设计定位如何确定呢？

项目目标

✧　了解网店装修风格的确定。

✧　了解不同网店的设计定位。

相关知识

1. 网店装修风格的确定

网店的设计风格在一定程度上影响着网店的经营。定位准确而又美观大方的装修风格，不但可以带给买家美好的视觉感受，而且能够提升网店的欣赏品味，更能吸引广大的潜在买家，增加买家进店的时间，从而引导和促进买家购买的欲望。

网店在确定装修风格时首先要确定消费群体，再贴近确定的消费群体，了解他们的喜好、顾虑，综合分析，最终确定网店的装修风格。

装修风格一般体现在店铺的整体色彩、色调以及图片的拍摄风格上，平台上有多种风格供用户选择，可以选择固定的装修模板来装饰网店，也可以购买“淘宝”上旺铺的模板来进行装修，使店铺更具特色，符合消费者的定位。

2. 不同网店的设计定位

1）“女装”网店

该网店的消费群体主要是时尚女性，因此店铺的装修要符合女性的审美习惯。首先，图片要精美、时尚、漂亮，显得有档次；其次，商品的描述要和商品的风格相吻合；最后，客服接待的设计也要符合这个群体的交流习惯。

一般来说，插画、时尚、可爱、桃心、花边等风格适合女装类店铺。在色彩配色上，多采用粉红、鲜红，同时结合蝴蝶结、丝带、蕾丝、花朵等进行装饰，女装网店装修风格如图 1-2 所示。

2）“化妆品”网店

该网店的消费群体大部分是女性，因此，要尽显女性美丽、柔美时尚的特点，配色风格大多格调高雅妩媚，以高明度、低纯度的色彩为宜。粉色、绿色、紫色和蓝色使用较多，粉色是很多女性钟爱的颜色；绿色代表自然，给人亲近的感觉；紫色突出优雅和高贵；蓝色彰显清澈与洁净，化妆品网店装修风格如图 1-3 所示。

3）“男性商品”网店

男性商品无论是服装鞋帽还是箱包用品，都要体现男性的品位、修养和气质，用色单一，以深色系使用居多，以展示男性的沉稳，譬如黑色、灰色、棕色、墨绿色、深蓝色等。一般用深暗且棱角分明的色块表现男性主题，选用带有力量感的图片，男性网店装修风格如图 1-4 所示。

图 1-2　女装网店装修风格

图 1-3　化妆品网店装修风格

图 1-4　男性网店装修风格

4）“数码产品”网店

数码类产品价格一般较高，买家在选择时比较慎重，所以经营数码产品的网店在装修设计上更加趋于理性，这类网店的消费群体主要以成年男性为主。

首先，色调以黑灰色为主，体现出店铺的科技感与时尚潮流，因为男性喜欢理性、专业的设计风格；其次，图片要简单明了，色彩不花哨，商品留言和留言回复内容要言简意赅，数码网店装修风格如图 1-5 所示。

图 1-5 数码网店装修风格

5）珠宝饰品网店

珠宝饰品消费群体的年龄一般为 25～40 岁，很少有学生和老人购买，由于这类商品使用者女性占多数，但是付款的大多是男性，所以这样的店铺应该采用中性的装修风格，偏重于男性的审美习惯，同时兼顾女性的审美情趣，珠宝饰品网店装修风格如图 1-6 所示。

图 1-6 珠宝饰品网店装修风格

6）童装网店

童装类网店要突出温馨柔和可爱的风格，粉色、蓝色、黄色都是妈妈和宝贝们喜欢的颜色，童装网店装修风格如图 1-7 所示。

图 1-7　童装网店装修风格

项目 3　网店的组成要素

网店的组成要素

项目描述

在确定了网店的装修风格和设计定位后，小刘着手开始准备装修网店，但又有些无从下手。一个完整的网店装修需要具备哪些要素呢？

项目目标

- ✧ 了解网店的组成要素。
- ✧ 掌握不同要素在网店装修中的功能及特点。

相关知识

在一个完整的网店中，网店页面通常包含的要素有店招、导航、公告栏、宝贝展示区、宝贝详情页、宝贝分类导航、计数器、联系方式等。

1. 店招

店招就是一个店铺的招牌，位于店铺的最上面，用来说明店铺经营范围，是买家对店铺第一印象的主要来源。鲜明有特色的店招对网店最终形成品牌和产品定位具有重要的作用。因此，在店招的设计上，不仅要体现个性化的品牌形象，即店铺名称或者店铺标志，还要体现店铺主营产品类目。

如图 1-8 所示的店招不仅包含了店铺的名称、店铺成立时间、店铺 LOGO、所经营产品（珍珠类），还体现了官方正品、最新产品、促销活动、设计师秀等丰富内容。可见店招是网店品牌展示的第一窗口。

图 1-8　某网店的店招

2. 导航

简单直观的导航可以提高网店的操作性，使买家在第一时间找到自己喜欢的东西，同时提高了店铺的访问量和转化率。导航的功能就是使用户可以直达各个页面，通常与店招结合在一起，在网店的顶部共同体现，相当于网店的门户。所以导航的设计要符合明确性、可理解性、完整性、易用性的要求。

（1）明确性：即让买家明白店铺的主要经营范围，明确自己目前所处位置。

（2）可理解性：即导航应该便于客户理解，不管是文字、图片还是按钮，都要简洁清楚。

（3）完整性：即导航栏目内容要完整，可以让买家浏览时获得店铺的所有信息。

（4）易用性：即导航系统应该容易进入和跳转。

在内容上，导航通常是店铺产品的分类，即按照不同的产品类别进行罗列。图 1-9 所示的网店导航就是按照商品属性，如项链、吊坠、耳饰、手链、戒指等来分类的。此外，还可将新品上新、产品定制等重要信息放在导航里。

图 1-9　某网店导航栏

知识点播

海报轮播

海报轮播，就是将多张海报进行循环播放，该元素位于买家视野的最中央，是引起买家注意力和吸引买家视觉焦点的主要模块，是店铺装修的视觉营销要点。在淘宝网上的默认模块中只能添加 950 像素的海报图，为了使其具有震撼的视觉效果，许多店铺会设计 1920 像素的全屏海报，图 1-10 所示为某网店的海报轮播效果。

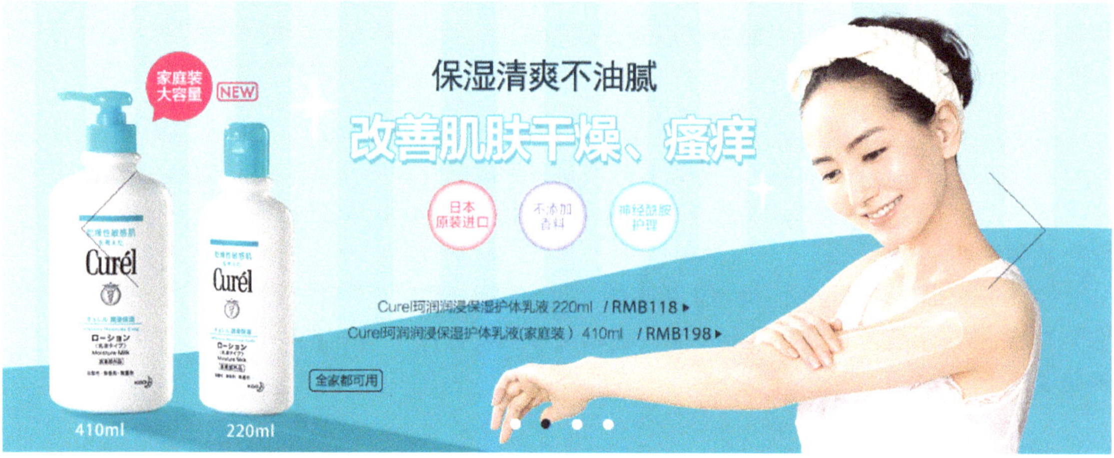

图 1-10　某网店的海报轮播

3. 公告栏

公告栏是商家店铺的必备栏目，是卖家向买家展示本店铺有什么新品及新优惠政策的窗口，也是买家了解店铺信息的重要渠道。目前，公告栏主要有文字类公告栏和图片类公告栏两种类型。

1）文字类公告栏

文字类公告栏就是以纯文字的方式显示信息，在此类公告栏中可添加店铺的名称、联系方式及促销信息等。图 1-11 所示为某网店的文字公告栏。

图 1-11　某网店的文字公告栏

2）图片类公告栏

图片类公告栏要比文字类公告栏更形象生动且醒目，更能吸引买家的注意力，在淘宝店铺中的页面展示效果也更加美观精致。图 1-12 所示为一个非常不错的图片类公告栏。

图 1-12　某网店的图片公告栏

4. 宝贝展示区

宝贝展示区在店铺中起到了支撑的作用，在店铺首页占据相当大的比例。好的宝贝展示图，既可以提高顾客的购买欲，又可以让整个页面看起来更加生动精致。图 1-13 所示为某网店的宝贝展示区。

图 1-13　某网店的宝贝展示区

5. 宝贝详情页

宝贝详情页是在买家对产品有兴趣后，点击进入所看到的页面，其包含的产品信息是对每件产品的全方位描述，包含产品的尺码、颜色、质地、产品细节图、购买数量、品牌实力、售后服务、已购买人群的评价等。图 1-14 所示为点击某产品后的产品详情页。

图 1-14　某网店的宝贝详情页

6. 宝贝分类导航

宝贝分类导航用于将产品按照上新日期、销量、价格、促销折扣或者收藏情况进行分类组织管理以节省买家搜寻所需宝贝的时间，提高买家对网店的操作性。图 1-15 所示为某网店的宝贝分类导航。

图 1-15　某网店的宝贝分类导航

7. 计数器

计数器不是必备的，但却是店家更好揣摩买家心思的工具。如果店铺的人气很高，买家看到中意的产品后，又看到如此高的人气，就会马上产生购买行为，有利于店内商品的成交。通常，计数器放在公告栏里、产品的分类导航栏里或者产品的详情页中。

8. 联系方式

人们通常习惯把署名、联系方式和日期放在右下角，因此对于旺铺，联系方式最好在促销模板的右下角。在宝贝详情页中，联系方式一般位于页面的左侧。

项目 4　网店的页面布局

网店的页面布局

项目描述

在了解了网店的组成要素后，小刘对网店装修有了一定的认识，但是如何将这些元素在网店页面中进行布局，是网店装修中不得不解决的问题。

项目目标

- ✧ 了解网店页面布局的基本原则。
- ✧ 掌握网店页面布局的思路及方法。

相关知识

1. 网店页面布局的基本原则

店铺的页面布局成功与否，直接决定了买家是否对其产生兴趣，并继续进行浏览进而产生购买行为，可见网店的整个页面设计效果是店铺视觉营销的关键所在。很多网店装修时，页面布局一味求多，盲目堆砌功能模块，主次混乱，定位模糊，层次不清晰，导致页面加载速度慢，不仅不利于展示店铺产品，也不利于买家的体验。一个好的网店的装修，其在页面布局上一定具有定位清晰、布局合理、层次分明、功能完善、便于买家操作的页面效果。

网店页面在设计上类似于报纸的页面排版，也遵循一定的版式设计原则，熟悉这些原则将对页面设计有很大的帮助。

1）合理布局，主次分明

数据表明，当买家进入店铺后，前三屏的点击率最高，越往后，商品的点击率越低，因此要将店铺的爆款和潜力爆款放置在页面的最佳位置，即屏幕的前三屏区域。对于页面整体而言，要遵循布局合理、主次分明的原则，如图 1-16 所示。

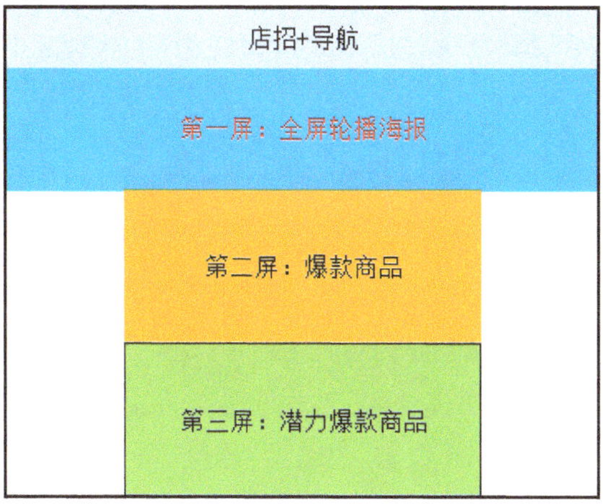

图 1-16　网店页面布局

其顶端是店招和导航，第一屏用来进行海报轮播，作为店铺的广告区和活动区，展示店铺最热门的产品或者活动信息；第二屏放置店铺的爆款商品，该类商品是按照商品的热销度依次陈列的，要有主次之分，如图 1-17 所示；第三屏放置潜力爆款商品。

图 1-17　爆款商品的陈列

2）页面协调，色彩一致

店铺页面色彩与店铺风格整体要协调，配色上要有主色调，并加以辅助色、点缀色。页面色彩的设计，主色选择要与店铺的定位和产品相符，要与产品协调，占据主要页面面积；而辅助色和点缀色占据的面积较小，起到陪衬和点缀的作用。要避免出现多种颜色同时存在的情况，以免主次色不分明。在图 1-18 中，店铺颜色以蓝色为主，配以黄色和紫色，店铺整体页面色彩协调。

图 1-18　页面色彩配色效果

3）元素搭配，相互呼应

在对店铺页面进行基本的区域布局后，可在每个区域上方添加海报模块和公告栏。在每个区域内部，不同样式的字体和图片相辅相成，图文并茂，生动活泼，页面元素搭配效果如图 1-19 所示。

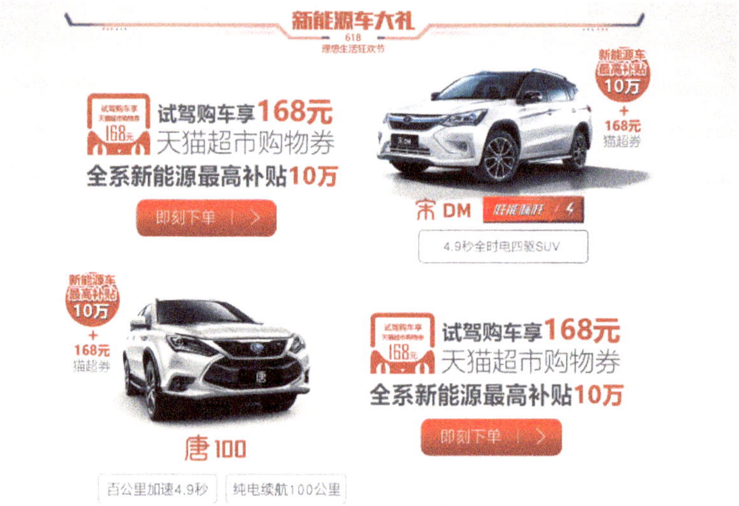

图 1-19　页面元素搭配效果

4）布局丰满，应有尽有

布局丰满，并不是将所有模块效果一味地堆积到店铺的首页，而是除了常规的产品陈列外，还要添加其他模块，如收藏模块、客服模块、搜索模块、店铺动态、二维码模块、宝贝排行等。

这样不但可以提高用户的体验度，还可以增加店铺粘性，更好地推广店铺。页面布局所含模块如图 1-20 所示。

店招：LOGO+收藏
导航栏：店铺类目
海报区：活动海报、爆款商品
爆款区：3～6 个商品
潜在爆款区
公告栏 +二维码
分类信息+收藏+店铺动态
搜索模块
商品列表
客服中心+微博

图 1-20 页面布局所含模块

2. 网店页面布局管理的设置

布局管理设置是淘宝平台针对每个店铺用于后台管理时专门设置的，店家可以随时对店铺的架构进行设计和规划。一般的流程如下：先选择布局架构，再在布局下添加各种功能模块，每种功能模块的宽度限定在布局架构之中。

以“旺铺”基础版为例，其操作步骤如下。

（1）进入“店铺装修”页面，选择首页，在导航栏中单击“布局管理”按钮，进入“布局管理”页面。

（2）在“布局管理”页面中，单击“添加布局单元”按钮，打开“布局管理”对话框，选择所需的布局，如图 1-21 所示，当选择不同的选项后将添加所需的布局结构。

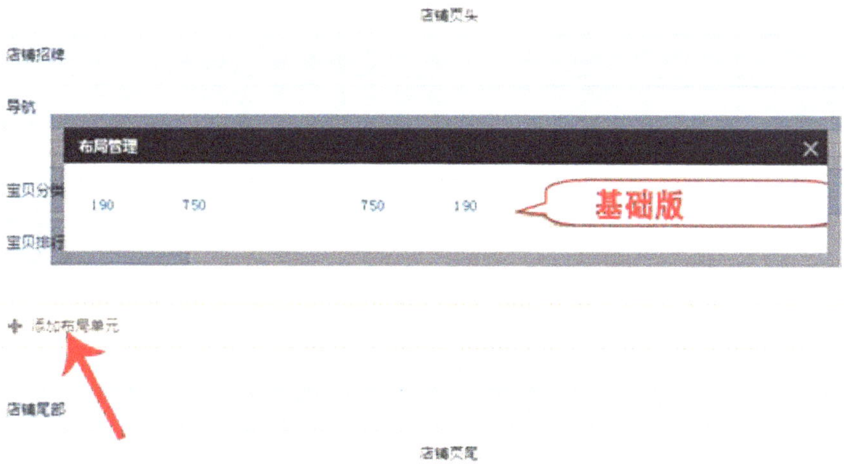

图 1-21 “布局管理”对话框

（3）添加布局后进入“请拖入模块”区域，可以拖动或单击“+”按钮添加在此布局下的模块，如图 1-22 所示。

（4）在左侧选择需要添加的模块，并按住鼠标左键将其拖动至相应的位置即可。以“图片轮播”为例，将其拖动至右侧位置，如图 1-23 所示。

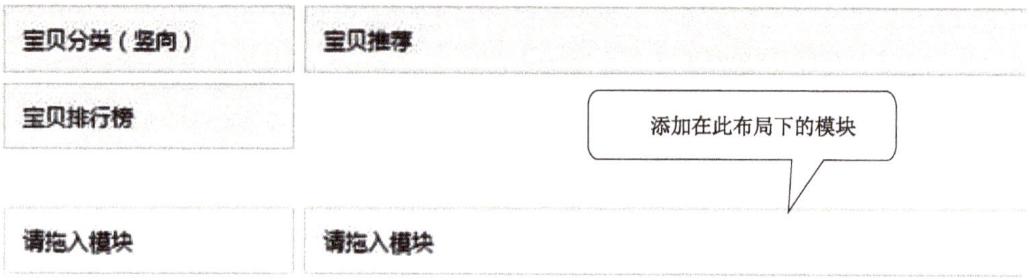

图 1-22　添加模块

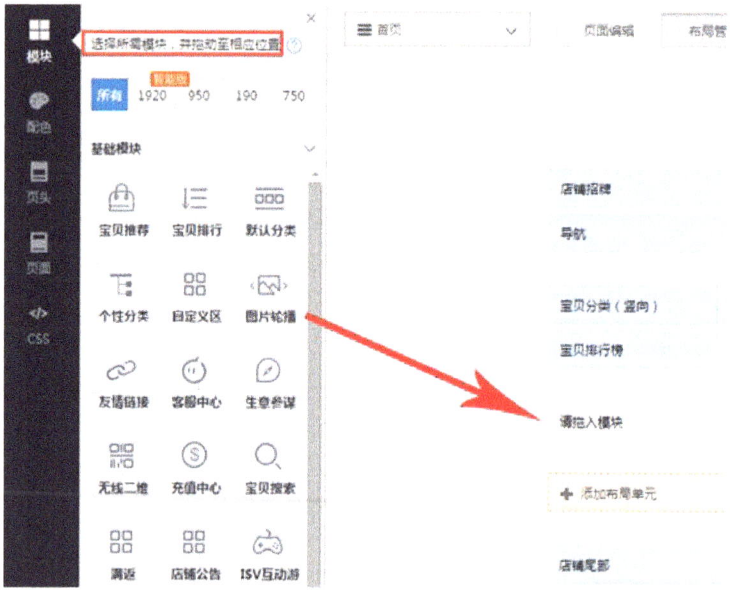

图 1-23　添加“图片轮播”模块

（5）在“请拖入模块”区域中创建“图片轮播”模块，添加的“图片轮播”模块宽度将会限定在布局的宽度之内，如图 1-24 所示。

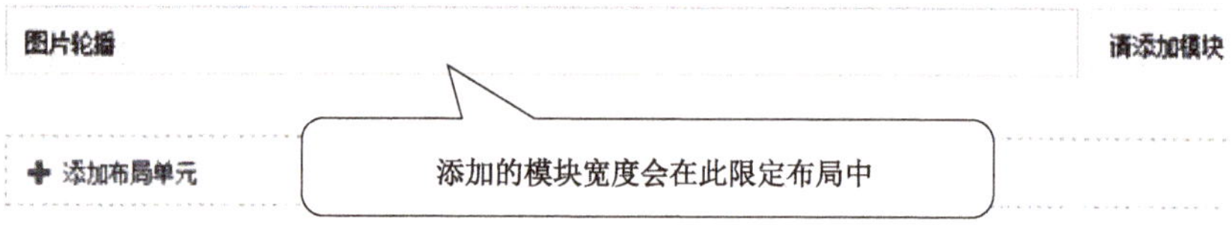

图 1-24　完成“图片轮播”的添加

（6）单击“新建页面”按钮，添加不同的页面，这样即可设置不同的页面布局，进行页面管理，如图 1-25 所示。

以上是以首页为例进行的布局管理，参照此方法，可以对店内搜索页、宝贝详情页以及新建页面等设置不同的布局结构。

图 1-25　添加页面

项目 5　网店的设计误区

项目描述

除了以上的装修知识外，小刘在装修过程中发现了几个设计的误区，希望店家能跳出这些误区，认真审视自己的网店究竟需要什么样的装修。

项目目标

✧　了解网店装修的设计误区。

相关知识

在装修过程中很多店家会陷入一些误区，即摆放的商品太多，店家希望将所有商品都摆放在首页中，结果令主打商品淹没在其中，主题不突出，店面装修体现不出效果。其主要表现在以下几个方面。

1．盲目展示

很多店家希望在最少的篇幅中体现最多的功能和产品，因此，他们盲目堆积各种功能模块，这样只会引起买家的反感。其表现在很多店家在首页放超大的图片来吸引买家的注意，这样反而会影响买家的购物享受，因为网上大图加载慢，会让买家失去耐心。因此，不管是店铺首页还是宝贝详情页，都必须要素简洁、表达精准。

2．无风格定位

风格缺失是店铺常见的错误。许多店家装修时会先参考同类产品的网店，再进行装修。模仿是允许的，但切记不要盲目跟风，缺少自己的风格。其表现在其他卖家的网店使用了横幅轮播，自己也使用；或者在网店中放置许多花里花哨的图片，让买家看得眼花缭乱。因此，装修时要根据自身品牌、产品特色、目标人群进行网店风格的定位，以贴合实际，效果才会更好。

3. 页面失衡

页面失衡是指过度关注店铺的首页设计，忽视产品详情页设计。例如，将过多信息和功能模块放置于店铺首页，不仅影响了网页的加载速度，还会影响买家对产品的认识；在店铺色彩上，首页配色过多，产品详情页或者其他二级分类页面中配色不多，致使页面失衡，严重影响店铺在买家心目中的整体形象。

总而言之，想要不陷入网店装修的误区，就要清楚地知道网店需要什么，什么是适合自己的，再进行设计，并设计出属于自己网店的独特风格。

单元小结

本单元通过 5 个项目的讲解分别介绍了网店设计的重要性、风格定位、设计误区，以及网店的组成要素及页面布局等网店设计基础知识，为后续的网店美工和管理打下了基础。

课后自测

（1）网店设计的目的是什么？

（2）说说网店美工的含义。

（3）如何确定网店的装修风格？

（4）网店组成要素有哪些？

（5）网店页面布局的基本原则是什么？

（6）网店设计过程中常会出现哪些误区？

第 2 单元

网店图片的优化

如今，网购的人群在持续增加，很多人也选择了自行创业或者是兼职网店，那么自己怎样拍出高大上又专业的网店商品照片呢？

项目 1　如何拍摄网店图片

如何拍摄网店图片

项目描述

李同学是一名在校大学生，平时喜欢摄影，目前在网店里负责商品的拍摄工作。在图片的拍摄角度、拍摄颜色、拍摄背景等方面，李同学有自己的想法。他认为好的拍摄角度、拍摄背景、拍摄构图对商品感知以及售卖有很大的帮助。那么对于网店的图片该如何拍摄呢？

项目目标

- ✧ 了解数码照相机的分类。
- ✧ 了解图片拍摄的方法与技巧。

相关知识

1．数码照相机基础

数码照相机是集光学、机械、电子一体化的产品。它集成了影像信息的转换、存储和传输等部件，具有数字化存取模式、能与电脑交互处理和实时拍摄等特点。光线通过镜头或者镜头组进入相机，通过数码照相机成像元件转化为数字信号，数字信号通过影像运算芯片存储在存储设备中。数码照相机有单反相机、微单相机、卡片相机等。

现如今的智能手机一般具有摄像、拍照的功能，而且像素通常比较高，但是像素并不是决定图片清晰的关键。想要拍出的图片清楚、明亮，要查看相机感光元件的大小。好一点的卡片相机的成像质量还是要高于手机的，建议使用数码照相机对商品进行拍摄和摄影。

1）消费型卡片机

消费型卡片机的价格与单反相机相比较为经济实惠。其特点是体型小巧，携带方便。因其体型小巧类似卡片，而被人们称之为卡片机，消费型卡片机如图 2-1 所示。

图 2-1　消费型卡片机

2）微单

微单相机是一种介于单反相机和卡片机之间的跨界产品。微单相机的机身与卡片机相似，其镜头是可拆卸的，价格也较卡片机高一些，如图 2-2 所示。

图 2-2　微单相机

3）单反相机

单反相机是数码照相机中非常专业的高端产品。它成像质量高，手动操作性强，体型较大，格格不菲，如图 2-3 所示。

图 2-3　单反相机

2. 图片拍摄的方法与技巧

图片的拍摄效果是制作商品图的基础。制作成品图属于后期的制作加工，而前期的图片拍摄的优劣将会直接关系到后期图片加工的效果。拍摄质量高的商品图片不仅可以提高后期加工的效率，还为提高销售量打好了基础。

图片摄影中首先是光线的运用。光线中使用自然光是较为常见的，在运用自然光拍摄时可以用身体遮挡太阳光，这样能利用天空的漫射光来照明物体使之看上去很柔和。

1）选择合适的自然光

早晨的阳光和黄昏的阳光的光线角度小，物体侧面的受光面积大，产生的投影较长，且光线柔和，因此可以进行逆光、侧逆光拍摄，容易获得明显的空气透视感，画面呈现气氛浓烈、富有诗意的造型效果。

正午时间的太阳光也是较为常见的拍摄光源。正午光线照射角度与物体角度为 40°～70°，且光照充足，受光面、背光面及阴影面的对比强烈。正午时间也是拍摄的黄金时间，拍摄的物体清晰明亮，从不同角度拍摄，都能拍摄出物体的层次与色调，能够明确体现物体的造型感、空间感、质感。

2）人造环境光

自然光的利用时间是白天，很多网店商家经营店铺时，白天需要接货、发货、谈业务等，利用白天的时间来拍摄图片有些时候是不现实的，且下雨天、雾霾天也不适合拍摄。生活中，除了自然光，还可以创造环境光进行拍摄，如用台灯、射灯制造环境光。

（1）运用相机光源拍摄。

如果在室内拍摄物品，通常会用到闪光灯。闪光灯在室内会产生曝光以及阴影很重的效果。可以选用透明的遮盖物遮挡闪光灯，防止曝光。另外，数码照相机的曝光率也可以控制曝光，如室内环境光很暗，可以增加曝光值以突显物品的清晰度。

（2）利用灯光进行拍摄。

灯光可以选用两个射灯进行拍摄，两个射灯的位置在物品的两侧，两侧射灯的位置需要人目测调整，调整受光面和投影的明暗关系，以保证物品的光线柔和，可以清晰地体现出物品全貌。如果光线不足，还可以加设一个顶灯，三个射灯，分别从左、右、上方进行拍摄，如图 2-4 所示。

图 2-4　三架射灯拍摄

（3）摆放与构图。

摆放与构图是相辅相成的。摆放物品是进行构图的前期准备，先根据光源确定摆放的位置，再尝试多种角度拍摄，选取最为合适的拍照构图，以突显商品的特点且呈现商品全貌。而构图一般是根据“黄金比例”进行的。

（4）色彩搭配。

色彩搭配是指商品与拍摄道具、环境光的颜色搭配。环境光一般分为冷光源、暖光源及白质光源，如暖黄色的环境光和紫色物品会产生强烈的对比感。通常，物品的背景色单一时能够突出物品主体，浅颜色物品搭配深色背景，深颜色物品搭配浅色背景。例如，白质光源照射黑色商品，台面也是白色，那么画面就会产生纯粹、大方的效果。

除了光源与商品的颜色搭配外，陪衬道具的效果也不可忽视，如化妆品的拍摄就可以在化妆品周边摆放一些鲜花做陪衬。

项目 2　Photoshop 工作窗口

项目描述

对物品进行拍摄后，还不能直接上传到店铺页面中，需要对拍摄的图片进行加工处理。在加工处理图片前，先来了解一下 Photoshop 图片处理软件。

项目目标

✧　了解 Photoshop 的工作窗口。
✧　了解 Photoshop 的基本操作。

相关知识

1. Photoshop 的工作窗口

Photoshop 是美国 Adobe 公司开发的优秀的图形图像处理软件，广泛用于对图片和照片进行处理以及后期效果加工。譬如，将拍摄的图片输入到 Photoshop 中进行后期加工，以创建在网店中使用的图像文件。

这里介绍的 Photoshop 软件是 CC 版。

启动 Photoshop 以后，打开如图 2-5 所示的工作窗口，可以看到 Photoshop 的工作窗口在原有基础上进行了创新，许多功能更加窗口化、按钮化。其工作窗口主要由“菜单栏”、“工具选项栏”、“工具箱”、“图像编辑窗口”、“浮动控制面板”和“状态栏”6 个部分组成。

1）菜单栏

和其他应用软件一样，Photoshop 也包括一个提供主要功能的菜单栏，位于整个窗口的顶端，包含可以执行的各种命令，单击菜单名称即可打开相应的菜单，也可以同时按【Alt】键和菜单名中带括号的字母键来打开相应的菜单。Photoshop 的菜单栏如图 2-6 所示。

Photoshop 的菜单栏由“文件”、“编辑”、“图像”、“图层”、“类型”、“选择”、“滤镜”、“3D”、“视图”、“窗口”和“帮助”11 个菜单组成，各菜单的功能如下。

（1）文件：“文件”菜单中可以执行新建、打开、存储、关闭、置入以及打印等一系列针对文件的命令。

（2）编辑：“编辑”菜单中的各种命令是用于对图像进行编辑的命令，包括还原、剪切、复制、粘贴、填充、变换及定义图案等。

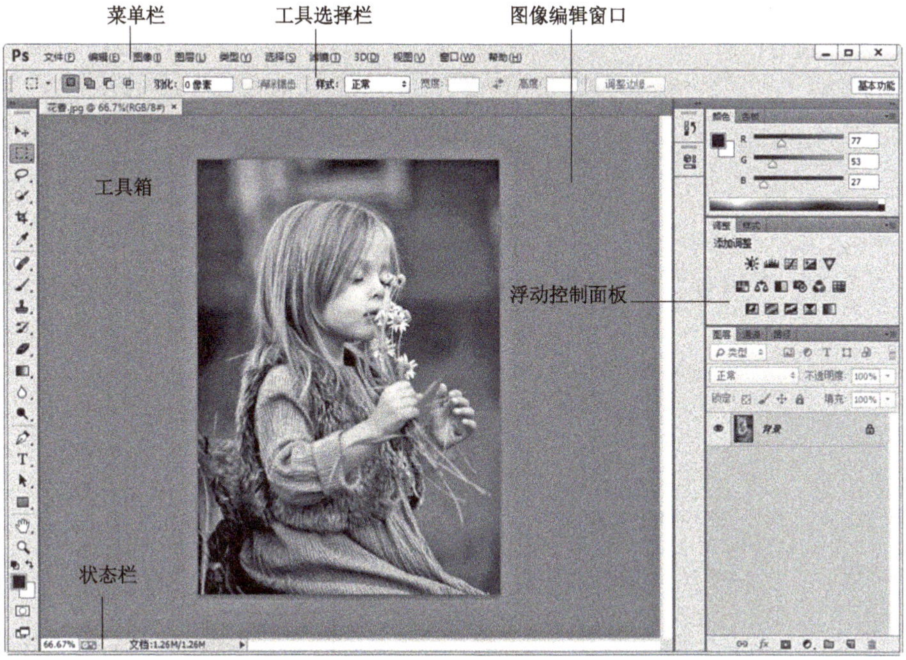

图 2-5　Photoshop 工作窗口

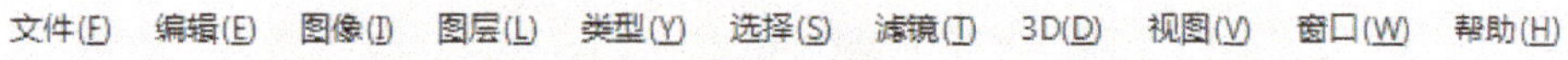

图 2-6　Photoshop 的菜单栏

（3）图像："图像"菜单中的命令主要是针对图像模式、颜色、大小等进行调整和设置。

（4）图层："图层"菜单中的命令主要是针对图层进行相应的操作，如新建图层、复制图层、蒙版图层、文字图层等，这些命令便于对图层进行运用和管理。

（5）类型："类型"菜单主要用于对文字对象进行创建和设置，包括创建工作路径、转换为形状、变形文字以及字体预览大小等。

（6）选择："选择"菜单中的命令主要针对选区进行操作，可以对选区进行反向、修改、变换、扩大、载入选区等操作，这些命令结合选区工具可以更方便地对选区进行操作。

（7）滤镜："滤镜"菜单中的命令可以为图像设置不同的特殊效果，在制作特效方面功不可没。

（8）3D："3D"菜单针对 3D 图像执行操作，通过这些命令可以执行打开 3D 文件、将 2D 图像创建为 3D 图形、进行 3D 渲染等操作。

（9）视图："视图"菜单中的命令可对整个视图进行调整和设置，包括缩放视图、改变屏幕模式、显示标尺、设置参考线等。

（10）窗口："窗口"菜单主要用于控制 Photoshop 工作窗口中的工具箱和各个浮动控制面板的显示及隐藏。

（11）帮助："帮助"菜单提供了使用 Photoshop 的各种帮助信息。在使用 Photoshop 的过程中，若遇到问题，可以查看该菜单，及时了解各种命令、工具和功能的使用。

2）工具选项栏

工具选项栏位于菜单栏的下方，当选择了工具箱中的某个工具后，工具选项栏将会发生相应的变化，用户可以从中设置该工具相应的参数。通过恰当的参数设置，不仅可以有效地增加每个工具在使用中的灵活性，提高工作效率，还会使工具的应用效果更加丰富、细腻。图 2-7

所示为“移动工具”选项栏。

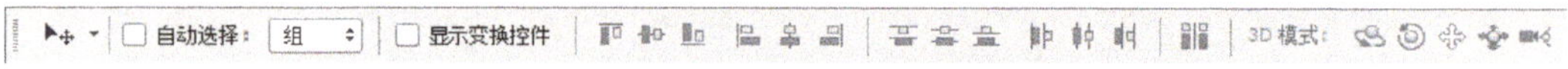

图 2-7 “移动工具”选项栏

3）工具箱

工具箱位于工作窗口的左侧，Photoshop 的工具箱中提供了丰富多样、功能强大的工具，共有 50 多个工具，将光标移动到工具箱内的工具按钮上，即可显示该按钮的名称和快捷键，如图 2-8 所示。

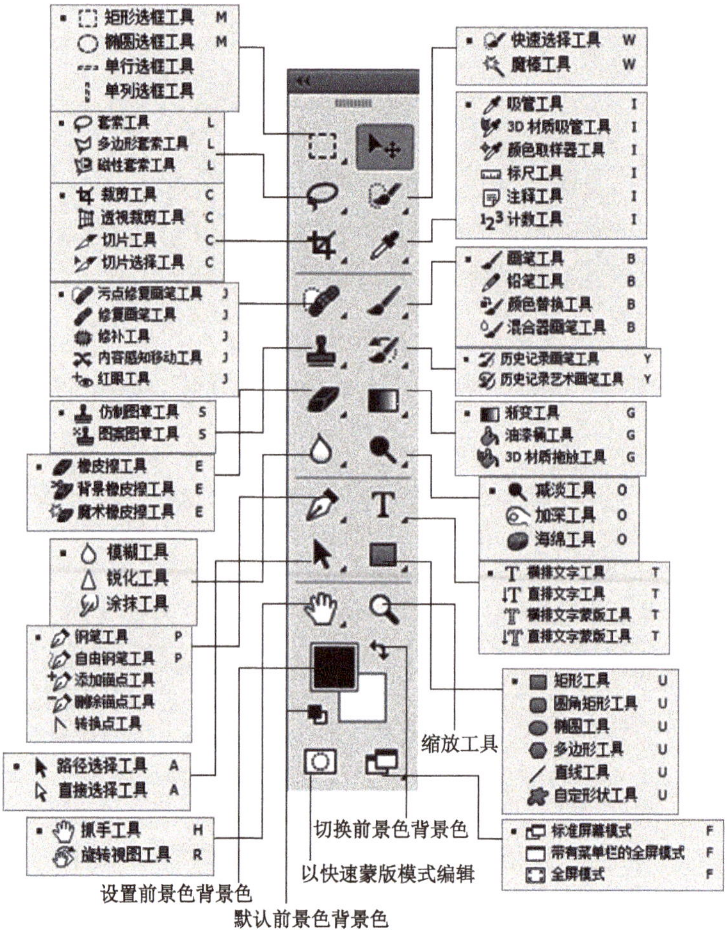

图 2-8 Photoshop 的工具箱

在工具箱中直接显示的工具为默认工具，如果在工具按钮的右下方有一个黑色的小三角，则表示该工具下有隐藏的工具。若要使用默认工具，直接单击该工具按钮即可；若要使用隐藏工具，将光标先指向该组默认按钮并右击，即可弹出所有隐藏的工具，在隐藏的工具中单击所需要的工具即可。

Photoshop 的工具箱可以非常灵活地进行伸缩，使工作窗口更加高效。用户可以根据操作的需要将工具箱变为单栏或双栏显示。单击位于工具箱最上面伸缩栏左侧的双三角形按钮或，可以对工具箱单、双栏的显示进行控制。

4）图像编辑窗口

图像编辑窗口位于工作窗口的中心区域，即窗口中灰色的区域，用于显示并对图像进行编辑操作。左上角为图像编辑窗口的标题栏，其中显示图像的名称、文件格式、位置、显示比例、图层名称、颜色模式及关闭窗口按钮，如图 2-9 所示。当窗口区域中不能完整地显示图像时，窗口的下边和右边将会出现滚动条，可以通过移动滚动条来调整当前窗口中显示图像的区域。

图 2-9　图像编辑窗口

当新建文档时，图像编辑窗口又称为画布。画布相当于绘画用的纸或布，即软件操作的文件。灰色区域不能进行绘画，只有在画布上才能进行各种操作。文件可以溢出画布，但必须移动到画布中才能显示和打印出来。

5）状态栏

当打开一个图像文件后，每个图像编辑窗口的底部为该文件的状态栏，状态栏的左侧是图像的显示比例；中间是图像文件信息，单击按钮▶，可打开“显示”菜单，用于选择要显示的该图像文件的信息，如图 2-10 所示。

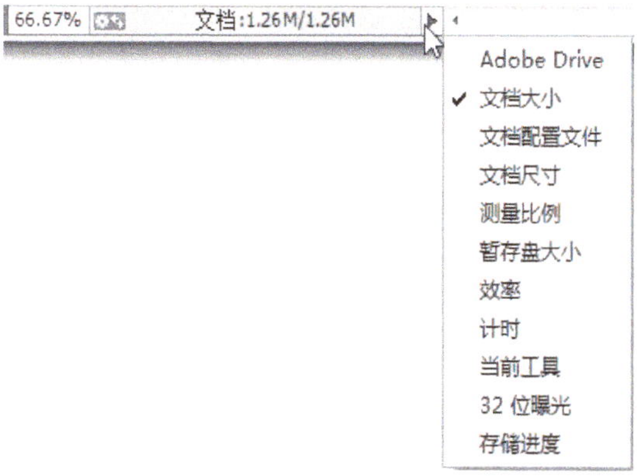

图 2-10　Photoshop 状态栏

6）浮动控制面板

浮动控制面板是 Photoshop 处理图像时的一项重要功能，主要用于对当前图像的颜色、图层、样式及相关的操作进行设置，默认的控制面板位于窗口的右边。在使用时可以根据需要随意进行拆分、组合、移动、展开和折叠等操作。

（1）打开和关闭面板：执行“窗口”菜单中的相应子命令，可以打开所需要的面板。菜单中某个面板前有“√”，表明该面板已打开，再次执行“窗口”菜单中的相应子命令，可以关闭该面板。

（2）移动面板：将光标指向面板的标题栏，拖动鼠标即可移动面板。

（3）拆分和组合面板：将光标指向一组面板中某一面板名称并拖动鼠标，即可将该面板从组中拆分出来；反之即可组合面板。

（4）展开和折叠面板：双击面板名称或单击面板标题栏中的折叠为图标按钮或展开面板按钮，即可折叠或展开面板，如图 2-11 所示。

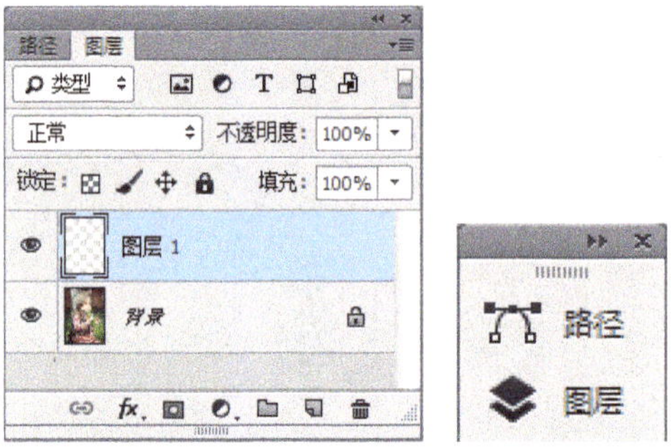

图 2-11　展开面板和折叠面板

项目 3　优化拍摄的图片

优化拍摄的图片

项目描述

小刘开了一家网店，主营服装，小刘平时用手机直接拍摄并上传商品图片到网店上，或者将供货商发过来的商品实拍照直接上传到网店上。后来，小刘发现同行网店的商品图片要比自己的精美，很有冲击力，而且显示商品图片的速度要比自己的网店要快，小刘意识到网店实拍图片是需要优化的。

项目目标

- ✧ 了解优化实拍图片的重要性。
- ✧ 了解优化图片的六大要素。
- ✧ 掌握实拍图片的优化方法。

相关知识

1．优化实拍图片的重要性

优化实拍图片最终目的是吸引买家的注意力，然而，要想在众多网店中脱颖而出，需要靠程序、美工、策划、编辑相互协作完成。随着网店中图片和动画的增多，又会影响网店打开的速度和优化排名。有什么方法既不影响网店的速度和优化排名，又能让网店有更好的展示效果呢？下面将从图片设定和视觉营销两个方面来介绍优化实拍图片的重要性。

1）图片设定

目前，网店的图片质量都比较高，且图片尺寸较大，这样网页显示加载图片的时间就会变长。如果在加载前，给图片预留上传加载的位置，就会大大加快图片加载显示的速度。现在上传图片的程序都具有自动识别图片预留尺寸的功能。当然，还可以手动设置图片预留的尺寸，提高网页图片加载速度，节省浏览网页的时间。图片设定的重要性就在于节省买家的时间，扩大浏览量。

2）视觉营销

买家网购的信息来源就是图片与文字。网店美工的目的是让网店的商品图片具有强烈的视觉吸引力。唯美夺目的商品图片正是向买家传递商品信息的直接途径，优化美观商品图片可以激发买家的购买欲望。

2．优化图片的六要素和三原则

1）优化图片的六要素

结合目前不同行业的网店图片的需求和特性，优化图片需要从背景、拼接、模特、主体、文字、水印六个方面进行考虑。

（1）背景。调查研究发现，女性买家比较喜欢干净、柔美的画面背景，其次是对生活休闲类的背景比较青睐。

（2）拼接。柔和自然的拼接能够正向吸引买家的目光，如图 2-12 所示，两张正面与背面的图片进行了无缝拼接，视觉感受平和，不杂乱，没有违和感。而堆砌式的拼接会比较生硬、不自然，如图 2-13 所示，把宝贝的卖点都放在一张图里，做成了拼接，为了拼接而拼接，让人产生生硬的视觉感受。

图 2-12　自然柔和的拼接

图 2-13　堆砌式的拼接图

对于网店新手卖家，如果没有很明确的拼接思路，或者美工没有一定的功底，做不到富有艺术感的拼接，建议还是从单张图片做起。

（3）模特。调查数据表明，有模特的图片的三维空间感相对于平铺、悬挂来说较有吸引力，而且模特的着装效果能够帮助买家判断自己试穿的效果。除此之外，还要考究图片上面模特的个数。如果模特过多，可能会让买家产生凌乱的视觉感受。

（4）主体。拍完主图之后，对图片进行后期优化处理是必要的。如图 2-14 所示，左图中从构图及模特的神态来看还是不错的，但与右图相比，就很容易辨别两者的优劣，右图中以模糊背景来突出重点，避免分散买家的注意力，聚焦在模特和衣服本身，再辅以适当的文字说明，使这张图一下就有了杂志封面的感觉。所以，图片拍摄只是开始，拍摄后，要对主题进行精细修整。

图 2-14　修整对比

（5）文字。如何在主图上加文字，也是有讲究的。

① 文字篇幅：文字篇幅要谨慎，如果一定要在主图上加文字，则要加少量的文字，一般控制为 5%～15%，且不要遮盖主体图片，而且词语不能过分花哨，只可陪衬而不可喧宾夺主。图片边框文字也要慎用，边框和文字可能会破坏整张图片的效果，因此，边框尽量不用，文字注释要放到合适的位置。

② 文字内容：调查显示，无文字和价格的图片点击率比较高。无文字可以使买家完全关注商品，如果添加少量文字，则可以把有吸引力的价格标出来。现阶段折扣、秒杀、清仓的文字已充斥着商品图片，买家对此已是司空见惯。

（6）水印。水印要处理到位，拍照后经过加工处理的图片，不能轻易地被他人盗用，必须要在图片上添加水印，而且要添加到位，不能因水印而影响整体美感。

2）优化图片的三原则

（1）构图得当：作图时对图片进行裁剪或者突出商品时尽量寻找黄金比例的构图方式。

（2）突显卖点：把商品的特点、卖点、优势突显出来。

（3）相互比较：多和同行网店的图片做比较，了解同行之间的图片质量。没有对比就很难发现图片之间的差距，发现不足就要及时优化图片。

项目 4　优化商品主图

优化商品主图

项目描述

在优化图片的过程中，小刘发现，商品主图的优化非常重要，它会影响整个商品的优化效果。

项目目标

✧　了解优化商品主图的要素。

✧　掌握优化商品主图的技巧。

相关知识

1．优化商品主图的要素

网店与买家之间相互交流的媒介就是图片展示，第一时间和买家发生视觉接触的就是商品主图，也称首图，它是吸引买家浏览商品的门户。同时，主图的优化还影响到宝贝的权重排名，是影响商品曝光率以及最终销量的首要因素。

1）主图背景

相同或同类商品在网页上是集中排列的，如何让商品在众多相同产品中脱颖而出，除了商品的质量之外就需要在商品背景上区别于同类产品背景，使背景成为买家的视觉吸引。主图背景区别于其他主图背景时还应和商品本身相符合。如图 2-15 所示的这款连衣裙，模特帽子与裙子的装扮十分休闲，突出产品休闲、简约的特点，与以自然花木、休闲桌椅为主的背景相结合，其背景色调与连衣裙的休闲、简约风格相呼应。

图 2-15　主图背景

2）商品卖点

虽然商品背景吸引了买家的注意力，但它只是引导买家开始注意商品的主图，如何使买家继续打开页面进行了解，就需要展示出商品值得购买的地方。对于不同的商品，它的价格、质量等主打卖点及侧重点不同，要根据具体商品而定，要尽可能地展示出商品与众不同的卖点，把卖点优势和消费需求完美结合起来。

如图 2-16 所示的这款落地衣架，买家比较关注的一定是钢管的结实度、承压力，因此，店家在主图上用文字直接标明产品的卖点，“160 斤强力承重”、“不锈钢管　加粗加厚”、“可伸缩”，展示出商品的优势，就能很好地满足买家对落地衣架的心理需求。

图 2-16　落地衣架

3）价格明确

买家都喜欢物美价廉的商品，价格是影响买家购买的重要因素，譬如，商品在促销时，就需要把优惠的价格清晰地写在主图上，使买家产生高性价比的选择意向，进而点击主图，浏览商品，促成商品交易。图 2-17 所示的蛋糕主图上直接标明了产品的优惠时间和优惠价格，让买家在浏览的时候可以很快地判断产品的优惠力度，由此可见，价格文案影响了买家的点击量。

4）服务质量

现代工业生产非常发达，同类产品的品牌不计其数，型号也在不断增加，商品的质量和性能在短时间内还不能做出准确的判断。因此，商品的售后服务对买家来说就显得尤为重要。高质量的售后服务会为买家提供心理保障，也能为店铺建立良好的口碑。

如图 2-18 所示的这款吹风机，在主图上展示了商品的性能和售后保障——“3 分钟速干护发”、“2 年内包换新机”，为买家提供了心理保障。

总之，主图对于店铺来说就是一个门户，想要让买家点击进来并达成交易，就要掌握主图优化技巧，吸引买家进店；另外，主图的优化还涉及并影响到宝贝的权重排名。因此，在设计主图时，一定要突出重点，或添加个性化的东西，使其在众多图片中脱颖而出。

图 2-17　标明优惠价格及时间

图 2-18　展示性能与售后

2．优化商品主图的技巧

在网店中搜索关键词后，通常而言，一个商品的页面少则几十个，多则上百个。基本上每个页面会显示 40 个商品主图。如何在这 40 个商品中脱颖而出，让买家迅速点击，这就需要掌握主图优化的一些技巧。

（1）要将商品的主图比例控制在 61.8%左右，这是其黄金比例分割点。

（2）主图要简洁，能够展示出商品的特点。

① 把商品按适当比例放在场景中。

② 对商品的配套件或赠品进行展示。

③ 对商品的累计销售量进行展示。

④ 有模特的商品主图要优化，且使用真人模特，并展现正反面、侧面等，或展示多个商品的模特图。

⑤ 商品实拍时要综合考虑品牌的定位、店铺的风格及商品的风格。

⑥ 选定模特时，要考虑模特的妆容、表情、动作、场景及道具。

3．把产品的性能用实物图展示出来

例如，展示手机屏幕的坚实程度时，可用钢钉、刀片等实物敲击屏幕，以屏幕完好来体现手机屏幕的质量。又如，展示多个服装模特图，模特的展示就在于给消费者传达真实的视觉感受，而多方位的模特图使得消费者更加了解服装的上身效果。

项目 5　优化商品详情页与描述图片

优化商品详情页与描述图片

项目描述

在优化图片的过程中，小刘还发现，除了商品主图的优化非常重要之外，商品详情页面的优化也至关重要，否则将会使整个商品的优化效果大打折扣。

项目目标

✧　了解优化商品详情页及描述图片的重要性。

✧ 掌握优化商品详情页及描述图片的技巧。

相关知识

1. 优化商品详情页及描述图片的重要性

商品详情页是买家深入了解商品信息的重要媒介，也是整个店铺的亮点和聚焦点。有很多店家认为，只要做好商品主图的优化，做好关键词的搜索，就能够使买家点击店铺，只要有点击率，交易率就不必担心。很多店家忽视了详情页和描述图片对于促成交易的重要性，其对详情页及描述图片的优化可谓千篇一律。

商品详情页是产品的展示区，它能够激发买家的购买欲望。网店和实体店购物最大的不同就是买家不能真实地接触商品，只能依靠店家展示的产品描述图和已购买过的买家评论来猜测商品的质量，再决定是否购买。因此，店家需要在买家的关注点上下功夫，产品描述图作为最基本的展示点，也是店家最容易大意的地方，店家在保证商品图片清晰美观的同时，也要考虑是否过度修图，造成商品与图片相差过大，在后期容易产生纠纷。

商品价格是买家关注的重点，除了合理的定价之外，店家还应该在价格旁边标注是否免运费，这对最后的成交会产生很大的影响。如果买家在支付时提醒另行支付运费，容易引起买家的反感并放弃支付。另外，评论对正在浏览的买家影响很大，好的评价能够促使买家即刻下单，差评过多也会直接影响买家的购买欲望。因此，店家应该合理控制自己的差评率，对于有些过激的评论，店家应该与评论者协商删除，以避免产生不必要的影响。

如果店家经营的是电子电器类商品，需要在详情页面标注商品的注意事项，以及简单的使用说明，能够让买家对商品有进一步的了解，进而提升商品的转化率。电子类商品需要详细的说明，服装鞋类商品则需要具体的尺码，由于中国尺码和欧美尺码是不同的，因此店家在上传尺码表的时候要注意两者的区分。

店家还应该注意商品的描述，商品的描述要简洁明了，要突出商品的优势、特点和功能，如商品的材质、性能和型号。商品详情页作为店铺详情页的一部分，无论是提高转化率，还是提升整个店铺的浏览量，商品详情页都能起到很大的推动作用。

2. 优化商品详情页与描述图的技巧

在网店运营过程中，决定店铺点击率、跳转率和转化率的因素有很多，包括主图、标题、价格、详情页等，其中详情页是很重要的一个环节，而详情页中的图片又是很重要的一个因素，它将直接影响买家对商品详细信息的需求和态度，最终影响着商品的成交量。

由于图片往往比文字更有吸引力，也更直接，所以在详情页的优化过程中，图片的优化是必然的。首先要保证图片的全面，一般有实拍图、细节图、展示图等，这样就可以让买家更全面地了解商品。需注意的是，不要在详情页上做过多的图片，或是过大的图片，以免影响打开详情页的速度。通常来说，详情页图片的优化主要从买家的评价、商品图的展示、细节图展示、尺码参考值和商品模特图来考虑。

1）买家的评价

很多买家在选购商品前，都会去浏览买家评价，哪些是真实的，哪些是弄虚作假的，这点很容易看出，所以即使其中有掺假的成分，买家还是愿意相信购买后的用户体验的，以此来考虑商品是否值得购买。图 2-19 所示为商品热卖时的好评图。

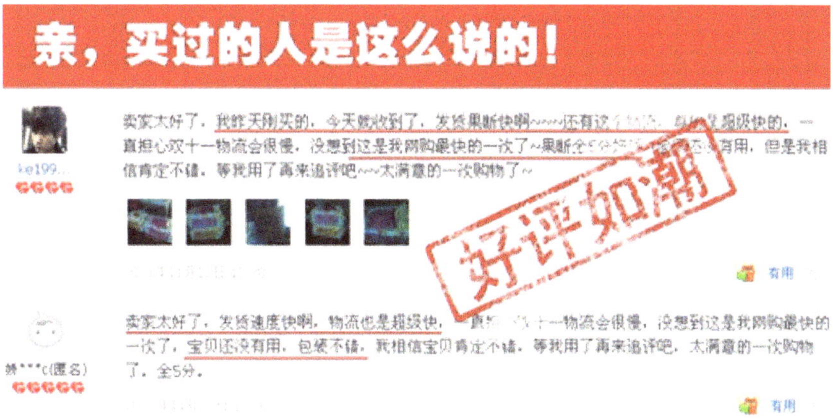

图 2-19 商品热卖好评

2）商品图的展示

在商品图的展示上，一定要突出商品的全貌，正面、背面及侧面都要清晰地展现，还要根据商品的特点来选择是挂拍还是平铺。可视化图片可展示商品的材质、大小和透气性等。图 2-20 所示为一款连衣裙的展示。

3）细节图展示

买家在网购时，一般会关注商品的功能、质量、价格及商品细节图。网店所展示的商品不同于实体店，是不能触摸的，只能通过商品的描述文字和图片去感受。因此，细节图的展示是买家在选购商品前着重浏览的，特别是对于服装类的针织物，店家一定要突出服装的料子、内衬、拉链及特色装饰等。图 2-21 所示为连衣裙的细节展示。

图 2-20 一款连衣裙的展示

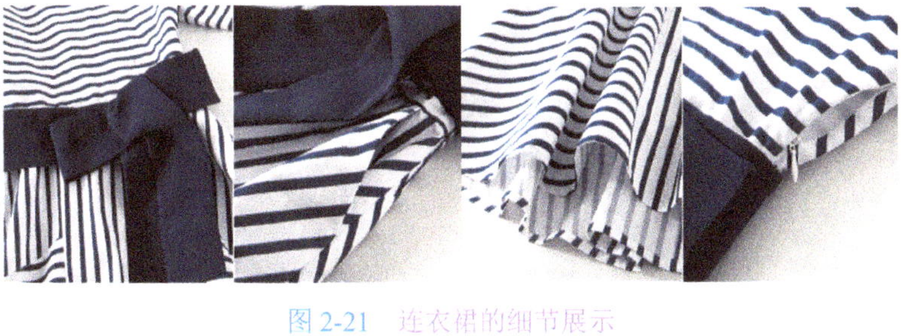

图 2-21 连衣裙的细节展示

4）尺码参考值

服装类的店铺，基本上都有尺码参考值，如尺码、胸围、腰围、裙长、衣长等对应的尺寸，如图 2-22 所示。买家如果按照这个参考值来选择尺码，则不仅可以减少心理疑虑，还能降低退货率。

尺码说明 Description

尺码	胸围	腰围	裙长	衣长
S	88	68	90	--
M	92	72	91	--
L	96	76	92	--
XL	100	80	93	--

尺码/Size：（人工测量误差1-3厘米左右，敬请谅解）

图 2-22 商品尺码参考值

5）商品模特图

模特的选择一定要够耀眼，一定要符合品牌的定位，特别是服装类的模特，要能够从不同的角度去展示产品的效果，图 2-23 所示为连衣裙的模特图。模特图可以从正面、侧面和背面展示商品的不同视角，若商品有多个颜色，则要以展示主推颜色为主。

图 2-23 连衣裙的模特图

此外，卖家在详情页的布局上，还要有以下板块：店铺的活动介绍、商品特点展示、活动详情及温馨提示等。

单元小结

本单元通过 5 个项目分别介绍了拍摄网店图片、Photoshop 工作窗口、优化拍摄图片、优化商品主图及优化商品详情页等网店设计的基础知识，为店家今后装修店铺做铺垫。

课后自测

（1）简述优化实拍图片的要素。

（2）谈谈优化商品主图的技巧。

（3）网店详情页面优化包含哪些方面？

第 3 单元

网店图片基本操作

Photoshop 是美国 Adobe 公司研发的图形图像处理软件，主要用于对图像进行修饰处理和效果添加，是目前网店美工的首选设计软件。在网店装修过程中，经常会使用 Photoshop 对拍摄的商品照片进行简单的处理。

项目 1　制作网店装修模块

制作网店装修模块

项目描述

在网店美工中，网店装修模块的制作首先是通过新建图像文件来完成的，学会新建一个符合网店装修条件的图像文件是学习网店美工的第一步。在 Photoshop 中是如何打开已经拍好的图片的？

项目目标

- ✧ 会利用 Photoshop 新建、打开和保存图像文件。
- ✧ 会移动和调整图片进行装修模块制作。

项目实施

任务 1　新建图像文件

新建文件是网店美工的基本操作，无论是店招、导航、欢迎模块，还是收藏区的设计，都是在新建文件的基础上完成的。因此，在学习网店美工前，应该先学会如何快速创建一个符合网店装修条件的图像文件。在 Photoshop 中，新建文件是通过“新建”命令进行的。

操作步骤

（1）执行“文件”→“新建”命令，打开“新建”对话框，为了便于区分网店装修模块，可以在“名称”文本框中输入新的名称，如“pic1”。另外，还可以设置图像文件尺寸，指定背景颜色，如图 3-1 所示。

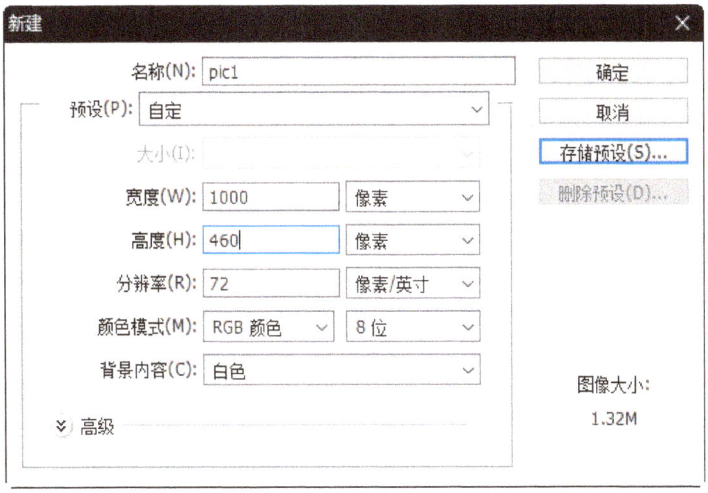

图 3-1　“新建”对话框

（2）单击“确定”按钮，新建指定背景颜色的画布。单击工具箱中的“设置前景色”按钮■，打开“拾色器（前景色）”对话框，设置前景色为 RGB（235，215，6），如图 3-2 所示。

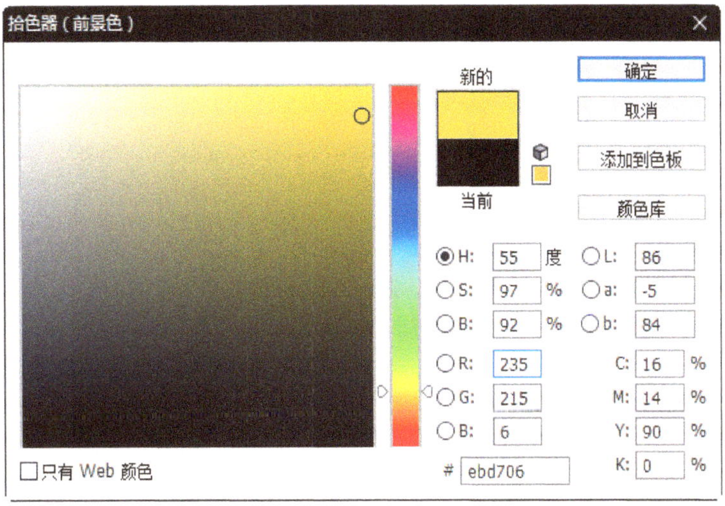

图 3-2　“拾色器（前景色）”对话框

（3）单击“确定”按钮，将前景色设置为指定颜色，按【Alt+Delete】快捷键为画布填充前景色，一个图形文件新建完毕，如图 3-3 所示。

图 3-3　填充前景色的画布

任务 2 打开图像文件

打开文件是网店美工常用的操作，对拍摄好的照片利用 Photoshop 进行图像处理前，必须要先打开图像文件，它是进行网店美工的基础，在 Photoshop 中打开文件是通过“打开”命令进行的。

操作步骤

（1）执行“文件”→“打开”命令，打开“打开”对话框，选择素材图片“open.psd”，单击“打开”按钮，即可打开图像文件，如图 3-4 所示。

图 3-4 打开素材图片

（2）按【Ctrl】键，依次单击图层，选择所有图层，使用“移动工具”，将光标移动到需要移动的图片上，按住鼠标左键将其拖动到新建文件中即可复制图像，按【Ctrl+T】快捷键调整图像的大小，按【Enter】键结束调整，使用“移动工具”调整其位置，效果如图 3-5 所示。

图 3-5 图片效果

（3）执行“文件”→“存储”命令，打开“存储为”对话框，选择保存的位置，输入保存的名称为“装修模块.psd”，单击“存储”按钮，保存制作的图像文件。

项目 2　置入图片到指定位置

项目描述

小刘听说复制图片容易使图片变形，而置入图片不会降低图片品质，但怎么置入图片呢？

项目目标

- ✧ 会利用 Photoshop 置入图像文件。
- ✧ 会进行等比例缩放等变换操作。

项目实施

在进行网店美工时，经常会对导入的图像进行缩放和旋转等变换操作，以使其达到理想的效果。如果将拍摄的照片直接复制到网页中，经过多次的变换操作，会导致图像模糊不清。处理这种情况最好的方法就是置入图像，即将照片通过置入的方法放到页面指定的位置，由于置入时图像被自动转换为智能对象图层。因此用户无论对图像进行多少次缩放、旋转，都不会降低图像的品质。

操作步骤

（1）执行“文件”→“打开”命令，打开素材文件“背景.jpg”，然后执行“文件”→“置入”命令，打开“置入”对话框，选择置入的图片文件“白皙.jpg”，单击“置入”按钮，效果如图 3-6 所示。

图 3-6　置入图片

（2）默认情况下，置入的图像与打开的图像宽度相同，因此，为了让整个画面显得更加协调，需要调整置入图像的大小和位置。将光标移动到图像的角点处，单击并拖动鼠标调整图像的大小和位置，按【Enter】键结束调整，效果如图 3-7 所示。

（3）图像置入后，在“图层”面板中可以见到被置入的图像自动生成了一个智能图层，且以置入文件的名称命名，如图 3-8 所示。执行“文件”→“存储”命令，打开“存储为”对话框，选择保存的位置，单击“存储”按钮，以原文件名保存制作的图像文件。

图 3-7　置入图片并调整效果

图 3-8　智能图层

温馨提示

置入图像后，会在图像边缘产生自由变换编辑框，将光标指向变换编辑框，按【Shift】键的同时拖动鼠标，可以进行等比例缩放；按【Shift+Alt】快捷键的同时拖动鼠标，可以向自由变换编辑框的中心进行等比例缩放。

项目 3　为图片添加注释

为图片添加注释

项目描述

小刘想知道如何在编辑商品的照片时保留与照片相关的重要信息，以方便以后查询，并为协同分工合作提供便利。

项目目标

✧　会使用注释工具添加注释图标。
✧　会对注释信息进行设置。

项目实施

在编辑商品的照片时，为了保留一些与照片相关的重要信息，如拍摄时间、作者、商品特征等，可以在照片中加入注释信息。使用 Photoshop 中的“注释工具”为照片添加注释图标，结合注释面板对注释的信息进行设置即可。

操作步骤

（1）执行“文件”→“打开”命令，打开“打开”对话框，选择素材文件“手机图片.jpg”，单击“打开”按钮，打开拍摄的手机照片，如图 3-9 所示。

图 3-9　打开的素材图片

（2）使用“注释工具”，将光标移动到需要添加注释信息的位置并单击，即可在该处添加一个注释图标，如图 3-10 所示。

图 3-10　添加注释图标

（3）打开“注释”面板，在文本框中输入注释的内容，如“2017 新款推荐，前置 2 千万拍照手机”，如图 3-11 所示。

（4）在工具选项栏中，“作者”选项用于输入注释者的姓名或注释的标题；“颜色”选项用于设置注释图标的颜色，默认色为黄色；“清除全部”按钮用于将图像的所有注释删除，如

图 3-12 所示。

图 3-11　输入注释内容

图 3-12　注释工具选项栏

温馨提示

注释的信息要和商品描述的位置相匹配，这样在浏览图片时易于理解。注释的颜色设置要和图片的主色调有较强的色彩对比，这样可使注释的位置比较醒目。

项目 4　显示并查看图片细节

显示并查看图片细节

项目描述

小刘觉得自己网店的图片整体效果比较好，显示了商品的全貌及背景，但是商品的细节没有很好地展示出来，那么该如何展示商品的细节呢？

项目目标

- ✧ 会运用“导航器”面板查看图片。
- ✧ 会使用“抓手工具”快速查看图片。

项目实施

在编辑商品的照片时，商品图片的全貌只能展示商品的整体。但是商品的细节也不可忽视，俗话讲“细节决定成败”，商品细节能使买家更加深入地了解商品。因此，查看商品细节是网店美工经常遇到的一项操作。在 Photoshop 中，可以通过“导航器”或“抓手工具”实现细节的查看。

操作步骤

（1）执行“文件”→“打开”命令，打开“打开”对话框，打开素材文件“皮鞋.jpg”，如图 3-13 所示。

图 3-13　打开的素材图片

（2）为了更清晰地看到皮鞋的细节，执行“视图”→“100%”命令，将图像放大到 100% 显示，如图 3-14 所示。

图 3-14　放大图像至 100%

（3）利用“导航器”面板移动图像，可以更仔细地查看皮鞋的细节，执行“窗口”→“导航器”命令，打开“导航器”面板，面板中会以红色矩形框提示当前图像显示的区域。若想查看照片的其他区域，则将光标移动到“导航器”面板中，当鼠标指针显示为抓手图标时单击并拖动红色矩形框即可，如图 3-15 所示。

（4）查看商品照片的不同区域时，还可以使用“抓手工具”实现。使用“抓手工具”，将光标移动到图像窗口中，此时，指针变为抓手图标，单击并拖动鼠标即可移动图像以查看不同区域的细节，导航器的红色矩形框也会随之变化，如图 3-16 所示。

（5）执行“视图”→“按屏幕大小缩放”命令，可以将图像恢复到适合屏幕的大小，以便查看整体效果。

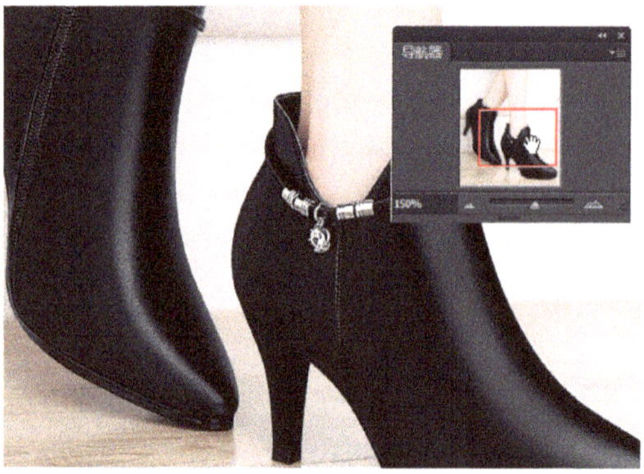

图 3-15　移动图像查看细节

图 3-16　使用抓手工具查看细节

项目 5　以多种格式导出图片

项目描述

小刘制作的图片较大，上传到网店后打开的速度非常慢，影响了网店的运营，小刘非常着急，这怎么办呢？

项目目标

✧　学会“切片工具”的使用。

✧　学会图像的导出方法。

项目实施

在 Photoshop 中制作网店图像时，如果图像较大，直接存储并上传到网店上会大大影响网页的打开和浏览速度，给买家造成不便，影响网店的运营。此时需要使用切片工具和文件导出功能将图像分割成多张图片进行导出，将其保存为适合网络传输的格式，再上传至网店，以加速网页图片的下载速度。

操作步骤

（1）执行“文件”→“打开”命令，打开“打开”对话框，打开素材文件“家居节优惠券.jpg”，如图 3-17 所示。

图 3-17　打开的大图像

（2）使用“切片工具” ，将光标移动到图像上，单击并拖动鼠标，将图像分割成若干份，如图 3-18 所示。

图 3-18　切割图像

（3）执行“文件”→“存储为 Web 所用格式”命令，打开“存储为 Web 所用格式（100%）”对话框，设置图片的格式和品质等选项，如图 3-19 所示。

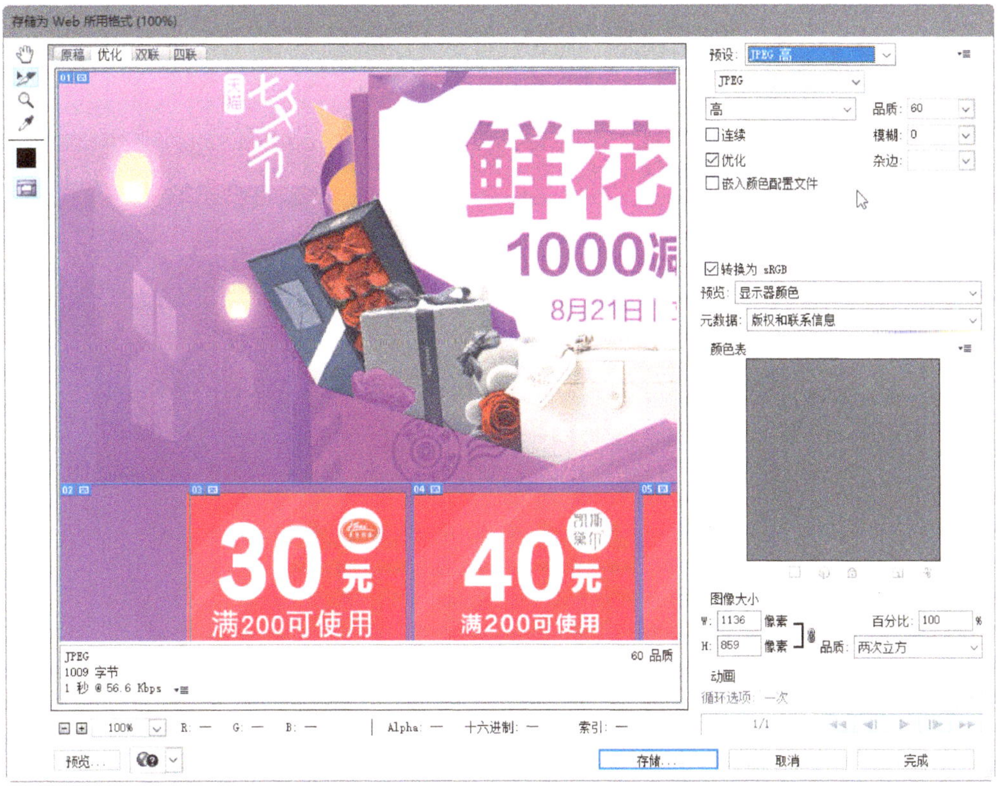

图 3-19　“存储为 Web 所用格式（100%）”对话框

（4）单击“存储”按钮，弹出“将优化结果存储为”对话框，由于图像最终应用于网络，因此格式选择“HTML 和图像”，如图 3-20 所示。

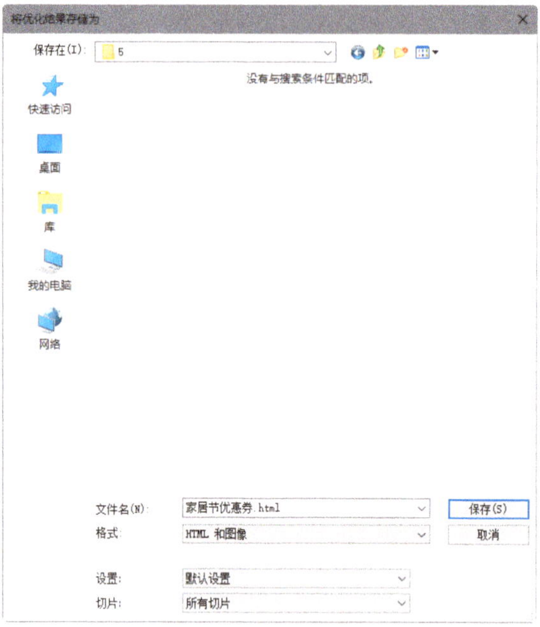

图 3-20 “将优化结果存储为”对话框

（5）单击“保存”按钮，弹出警告对话框，如图 3-21 所示。

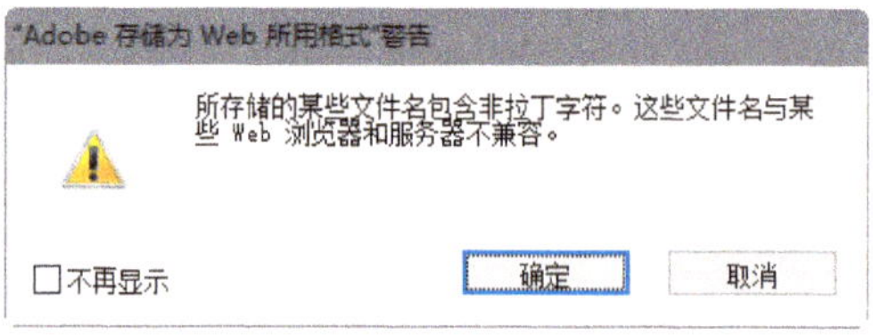

图 3-21 警告对话框

（6）单击“确定”按钮，导出图像。打开文件夹，可以看到根据切片划分存储好的图片，如图 3-22 所示。

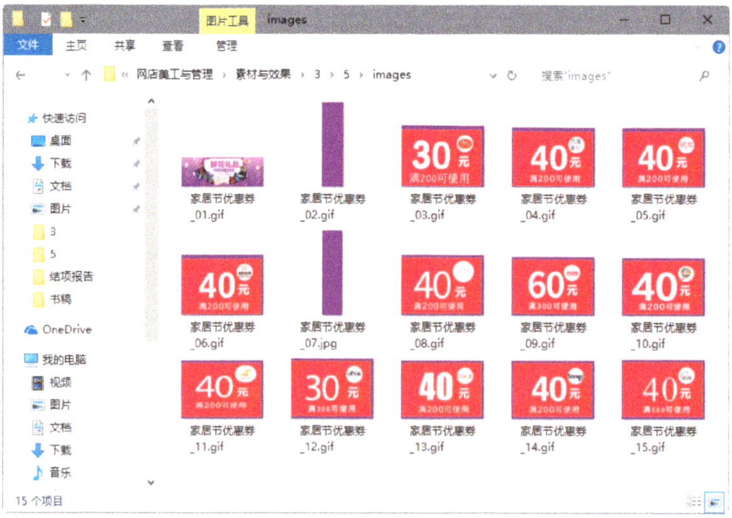

图 3-22 切片划分的图片

项目 6　字体美工

字体美工

项目描述

小刘的网店图文并茂，文字信息也都展示出了商品的功能、特点以及优惠的价格，但是小刘觉得图片中的文字没有任何特点，只是单纯的文字信息，使得图片的吸引力大打折扣。那么，文字应如何美化呢？

项目目标

✧ 学会文字转换为形状的方法。

✧ 掌握为文字添加图层样式的方法。

项目实施

字体决定了文字输入后的整体效果。进行网店美工时，为了让画面中的文字更吸引人，对文字进行艺术化设计是必要的。在 Photoshop 中，使用“转换为形状”命令可以将输入的文字转换为图形，结合路径编辑工具就能完成文字的艺术化变形。另外，利用“图层样式”为文字添加一种或多种样式，可以使文字具有立体的视觉效果。

操作步骤

（1）执行“文件”→“打开”命令，打开“打开”对话框，打开素材文件“夏装.jpg”，如图 3-23 所示。

图 3-23　打开的素材图片

（2）使用“横排文字工具”，设置字体为“方正粗倩简体”，大小为 36 点，颜色为黑色，在画面中单击，依次输入“夏季冰点好货精选”，每个“图层”对应一个文字，如图 3-24 所示。

（3）选择“夏”字所在图层，执行“类型”→“转换为形状”命令，将文字转换为图形。使用“直接选择工具”，可以看到“夏”字上的路径和锚点，使用“转换点工具”，将光标移动到路径上需要转换的锚点上单击即可转换锚点，如图 3-25 所示。

（4）继续在路径上编辑，结合其他路径编辑工具，对“夏”字图形的外形进行艺术设计。执行“图层”→“图层样式”→“描边”命令，打开“图层样式”对话框，设置“描边”颜色为白色，宽度为 3 像素，如图 3-26 所示，单击“确定”按钮，为文字添加“描边”效果。

图 3-24　依次输入文字

图 3-25　编辑“夏”字

图 3-26　描边设置及效果

（5）选中“图层”面板中的其他文字，使用相同的方法，进行文字的艺术设计，如图 3-27 所示。

图 3-27　艺术文字效果

（6）为了增加“好货”两个字的立体感，分别栅格化其所在图层，并执行“图层”→“图层样式”→“斜面和浮雕”命令，打开“图层样式”对话框，设置“样式”为浮雕效果，阴影颜色为白色，单击“确定”按钮，为文字添加立体效果，如图 3-28 所示。

图 3-28　文字立体效果

单元小结

本单元通过 6 个项目的讲解分别介绍了利用 Photoshop 新建网店装修模块，打开、保存、置入图像，为图像添加注释，查看图像细节，切割大图片；为提高视觉度，又介绍了进行字体美工等基本操作，为后续进行网店图像的处理打下了基础。

课后自测

（1）为如图 3-29 所示的“欧莱雅”图片添加注释信息——“七夕节新品：复颜积雪草微精华露。规格：130ml”。

（2）对如图 3-30 所示的“大衣”图片的文字进行加工和美化。

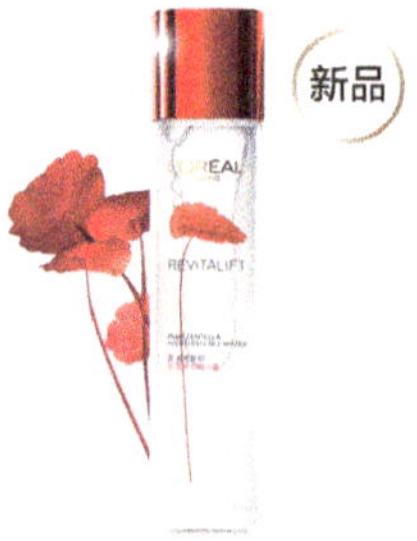

图 3-29 “欧莱雅”图片

图 3-30 “大衣”图片

（3）对如图 3-31 所示的“海外品牌”图片进行切片分割并导出网页图片。

图 3-31 “海外品牌”图片

第 4 单元

网店图片的处理

卖家在网店发布商品之前，首先需要将自己的商品拍成照片。由于某些原因，拍出来的照片并没有想象中的那么完美，这就需要对照片进行处理和美化，处理完成后再将商品照片上传至网店。

项目 1　图片的快速调整

项目描述

小刘已经将拍摄好的照片复制到电脑中，但并不是所有的照片都可以马上使用的，因为网店对商品图片的大小有约束，而受外在拍摄因素的影响，需要对图片的分辨率进行调整，以达到最好的效果。小刘想使用 Photoshop 快速调整图片，如何来实现操作呢？

项目目标

✧　会利用 Photoshop 调整图片的尺寸、大小和分辨率。

✧　会利用 Photoshop 裁剪图片、校正倾斜图片和压缩图片。

项目实施

任务 1　快速缩小照片

为了使拍摄效果清晰，使用数码照相机拍摄的照片常采用高分辨率（300ppi 以上），而网店在装修过程中图像的分辨率不需要这么高，只要达到 72ppi 即可。因此，在上传照片前，可以将照片的分辨率调整为 72ppi，这样也可以达到快速缩小照片尺寸的目的，以提高照片的浏览速度。

操作步骤

（1）双击图像窗口，打开“打开”对话框，选中图片“灯具.jpg”，单击“打开”按钮，打开需要处理的图片文件，如图 4-1 所示。

图 4-1　打开的素材图片

（2）执行“图像”→“图像大小”命令，打开“图像大小”对话框，在对话框右侧可以看到图像的大小为 10.9MB，分辨率为 300 像素/英寸，如图 4-2 所示。

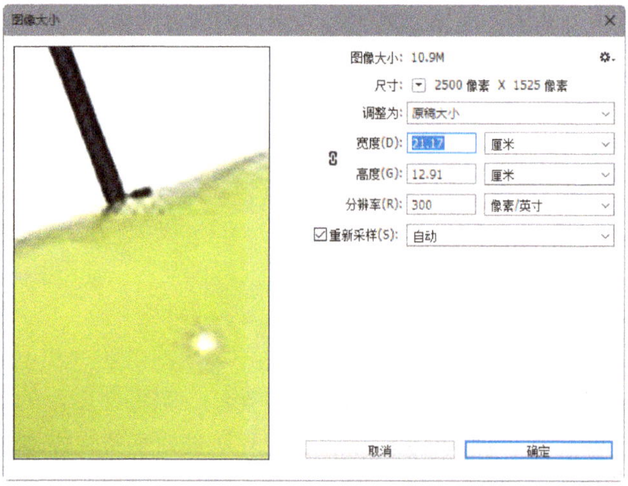

图 4-2　“图像大小”对话框

（3）将光标移动到“分辨率”文本框中，设置分辨率为 72 像素/英寸，此时发现图像大小只有 643.4KB 了，如图 4-3 所示。

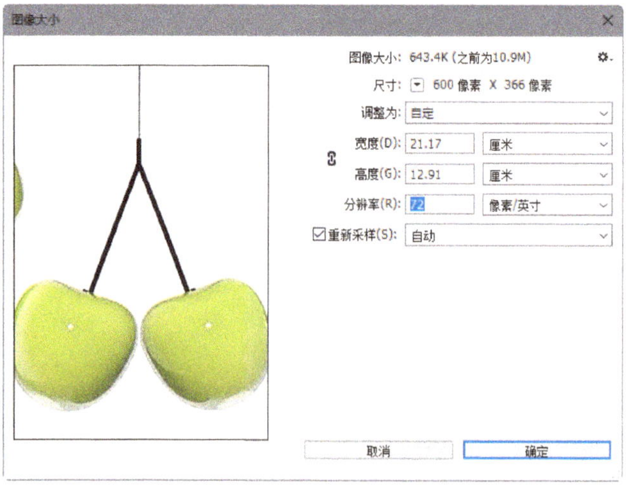

图 4-3　更改分辨率以缩小图片大小

（4）根据网店装修图像的宽度限制，将宽度设置为 950 像素，如图 4-4 所示，单击“确定”按钮，完成图片的压缩。

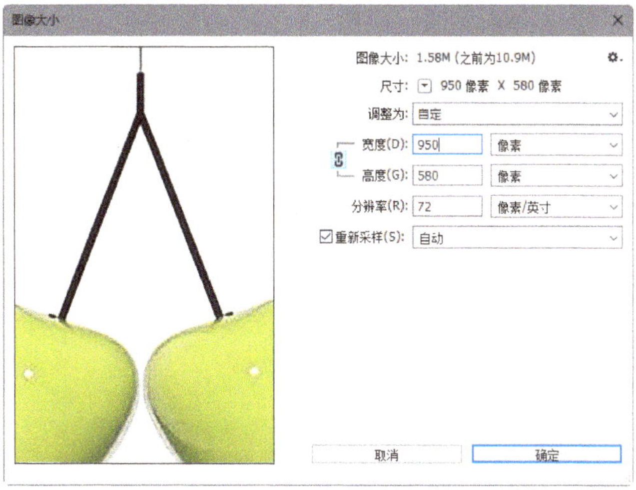

图 4-4　更改图像宽度

（5）使用“缩放工具”，将图像放大，图像仍然非常清晰。执行“文件”→“存储为”命令，打开“另存为”对话框，将图像保存为 JPG 格式，如图 4-5 所示，单击“确定”按钮，完成图像的快速缩小。

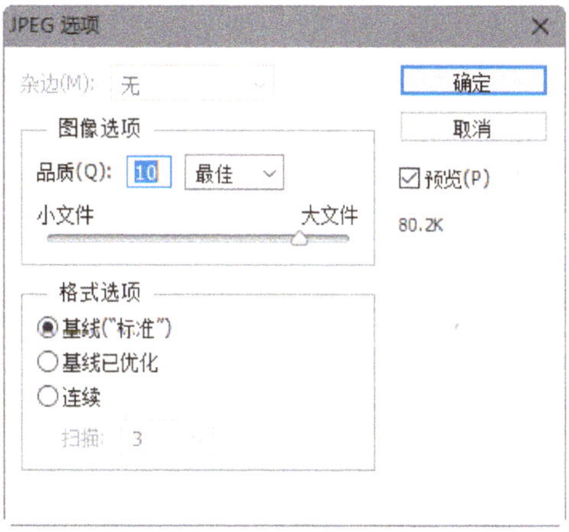

图 4-5　图像保存格式

温馨提示

位图图像在高度和宽度方向上的像素总量称为图像的像素大小，设置“重新采样”时，如果设置的像素大于原图像的像素，则图像会出现模糊或者像素块的情况。

任务 2　调整画布大小

调整画布大小

在后期处理图像时，一些商品的照片由于拍摄时尺寸设置或拍摄角度的问题，不便再裁剪或重设像素，这时就需要通过调整画布大小来解决后期的输出问题。运用“画布大小”命令可以快速地控制画布的大小，使照片满足网店装修的要求。

操作步骤

（1）双击图像窗口，打开“打开”对话框，选中图片“timg1.jpg”，单击“打开”按钮，打开需要处理的图片文件，如图 4-6 所示。

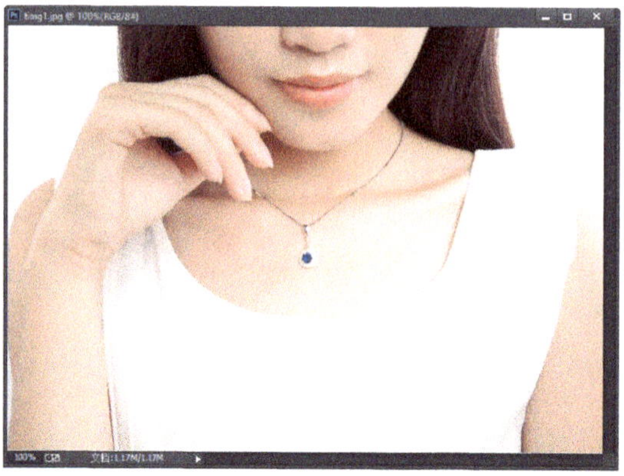

图 4-6　打开的素材图片

（2）此图的主题是项链坠，从图片中可以看到拍摄的背景范围过大，导致画面主题不够醒目。执行“图像”→“画布大小”命令，打开“画布大小”对话框，其中显示了画布的大小，如图 4-7 所示。

（3）由于需要将图片设置为主图效果，因此，先将图片“宽度”的单位设置为“像素”，再根据主图的尺寸要求，设置“宽度”与“高度”值均为“100”，如图 4-8 所示。

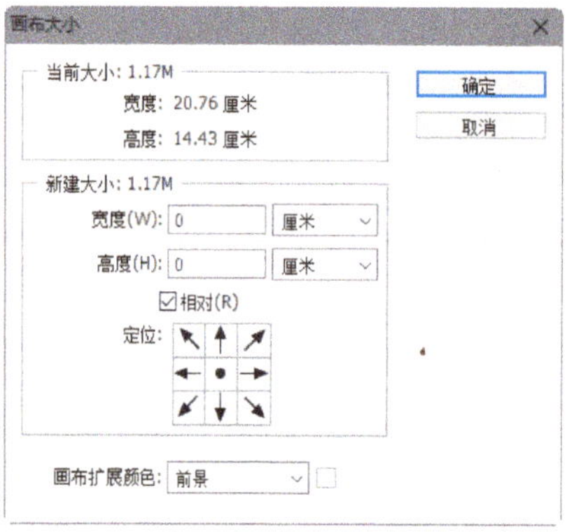

图 4-7　“画布大小”对话框

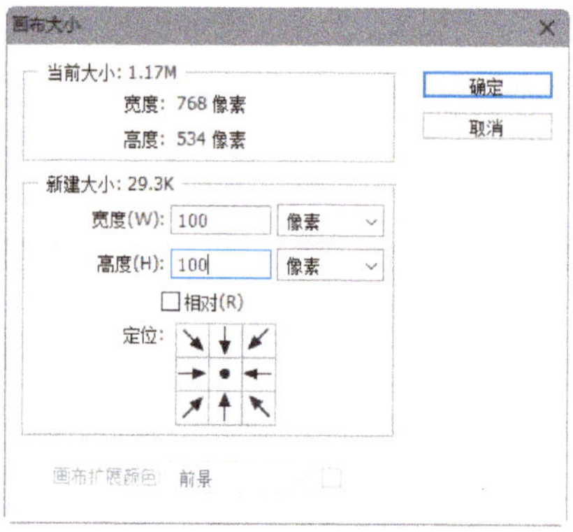

图 4-8　设置图片宽度和高度

（4）单击“确定”按钮，弹出提示对话框，如图 4-9 所示。

（5）单击“继续”按钮，调整画布大小后的效果如图 4-10 所示。

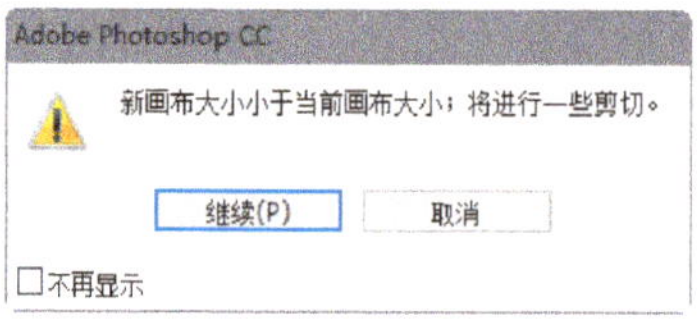

图 4-9　提示对话框

图 4-10　调整画布大小

（6）为了使画面紧凑，可以为图片添加边框，执行“图像”→“画布大小”命令，打开“画布大小”对话框，将单位设置为“像素”，设置“宽度”与“高度”值均为“110”，将画布扩展颜色设置为 RGB（130，130，130），如图 4-11 所示。

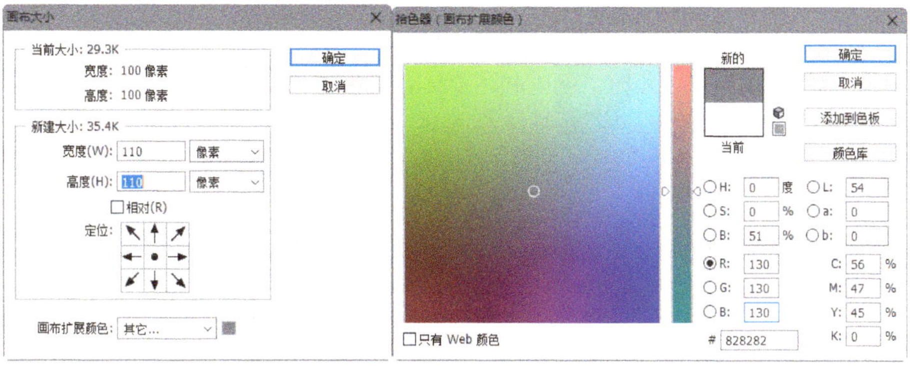

图 4-11　设置画布大小和扩展背景颜色

（7）单击“确定”按钮，为图像添加边框。执行“图像”→“图像大小”命令，打开“图像大小”对话框，将分辨率设置为“72 像素/厘米”，“宽度”与“高度”设置为“150 像素”，如图 4-12 所示。

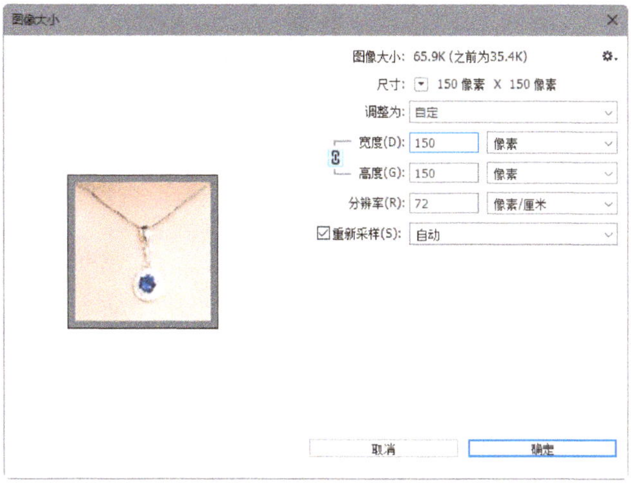

图 4-12　“图像大小”对话框

（8）单击“确定”按钮，主图效果如图 4-13 所示。

图 4-13　主图效果

任务 3 快速裁剪图片

快速裁剪图片

在网店装修过程中，如果只需要拍摄照片中的某一部分的图像，就需要将照片多余的部分裁剪掉，此时，可以利用 Photoshop 的“裁剪工具”对照片完成快速裁剪操作。“裁剪工具”是通过绘制裁剪框来控制裁剪范围的，可根据实际需求来裁剪图片。

操作步骤

（1）按【Ctrl+O】快捷键，打开“打开”对话框，选中图片“裤装.jpg”，单击“打开”按钮，打开需要处理的图片文件，如图 4-14 所示。

图 4-14 打开的素材图片

（2）这张照片主要表现的商品是裤装而不是上衣或者鞋子，需要重新构图。在后期处理时需要对照片进行裁剪，保留主题区域。选择“裁剪工具”，此时在图像边缘显示虚线边框效果，在照片上单击，会显示一个与照片同样大小的裁剪框，如图 4-15 所示。

图 4-15 裁剪框

（3）将光标移动到裁剪框顶部，当指针变为双向箭头时，单击并向下拖动鼠标，调整裁剪框大小。以同样的方法，调整左右大小，保留主题区域，如图 4-16 所示。

图 4-16 调整裁剪框大小

（4）单击“裁剪工具”选项栏中的“提交当前裁剪操作”按钮✓，完成照片的裁剪操作，效果如图 4-17 所示。

图 4-17　裁剪照片效果

温馨提示

使用“裁剪工具”裁剪照片时，除了任意裁剪之外，还可以在选项工具栏中设定长宽比，按照给定的大小进行裁剪；另外，还可以按照预设列表中的选项将照片快速裁剪为指定大小。

任务 4　校正倾斜图片

由于卖家拍摄商品时，如果数码照相机没有保持水平或垂直，那么拍出的照片很容易倾斜，不利于商品的查看，因此需要后期对倾斜的照片进行校正，然后才能上传到网店中使用。

操作步骤

（1）双击图像窗口，打开“打开”对话框，选中图片“qx.jpg”，单击“打开”按钮，打开需要处理的图片文件，如图 4-18 所示。

图 4-18　打开的素材图片

（2）在“图层”面板中，将“背景”图层拖动到“创建新图层”按钮上，创建“背景拷贝”图层，使用“标尺工具”，沿着照片中的水平线单击并拖动鼠标绘制拉直参考线，如图 4-19 所示。

（3）执行“图像”→“图像旋转”→“任意角度”命令，打开“旋转画布”对话框，根据绘制的参考线自动设置图像旋转角度，如图 4-20 所示。

（4）单击“确定”按钮，自动校正倾斜的照片，如图 4-21 所示。

图 4-19　创建拉直参考线

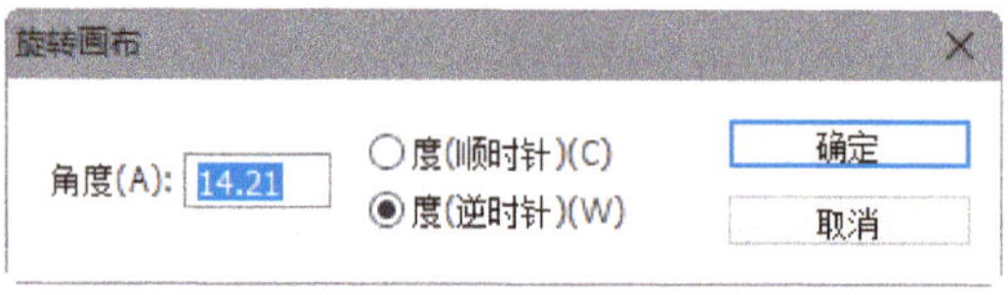

图 4-20　“旋转画布”对话框

图 4-21　校正倾斜的照片效果

（5）照片校正后，多余的部分被背景色填充，为了保证照片的完美，需要将这些多余的部分裁剪掉。使用“裁剪工具”，将光标移动到照片上，单击并拖动鼠标绘制裁剪框，确定裁剪范围，如图 4-22 所示。

图 4-22　确定裁剪范围

（6）右击裁剪框中的图像，在弹出的快捷菜单中执行“裁剪”命令，裁剪掉多余的部分，校正后的效果如图 4-23 所示。

图 4-23　校正后的效果

任务 5　快速提取细节

快速提取细节

在网店的商品描述中经常用到产品细节图，除了在拍摄时可以用微距拍摄出细节特写照之外，还可以将拍摄后的原图放大，从放大后的图片中裁剪出细节图。

操作步骤

（1）双击图像窗口，打开“打开”对话框，选中图片“阿迪达斯.jpg”，单击“打开”按钮，打开需要处理的图片文件，如图 4-24 所示。

图 4-24　打开的素材图片

（2）执行“图像”→“图像大小”命令，打开“图像大小”对话框，设置图像的“宽度”为“58.98”厘米，“高度”为“43.98”厘米，如图 4-25 所示。

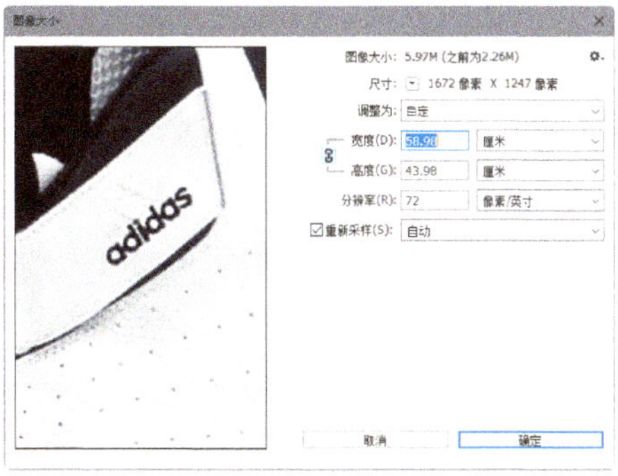

图 4-25　“图像大小”对话框

（3）重设图像大小后，使用“裁剪工具”，从放大后的图片中裁剪出细节图，如图 4-26 所示。

图 4-26　细节图

项目 2　图片的修复与修饰

项目描述

网店营销是一种视觉上的营销，如果商品图片不能吸引人，就会影响商品的销量。但商品图片在没有处理前，所拍摄的照片可能会存在很多差强人意的地方，甚至出现污点、斑点、划痕等瑕疵或缺损。这些都会影响买家对商品的印象，从而影响商品的销售。本项目通过实例来讲解如何处理这些有瑕疵的商品，让商品焕然一新。

项目目标

✧　会利用 Photoshop 修复图片的瑕疵、修补图片的缺陷。

✧　会利用 Photoshop 擦除图片的无用信息，并调整图片的模糊效果。

项目实施

任务 1　快速去除细小瑕疵

在网店页面中看到的商品一般是精心处理过的，它能给买家带来愉悦、怦然心动的感觉，勾起买家的购买欲望。然而，并不是所有的商品都是完整无缺的，它们当中或多或少会有缺损、污渍和瑕疵，这就需要在后期的处理中进行去除，以保证商品的完整度。利用“污点修复画笔工具”可以快速去除照片中的污点、划痕和其他不理想的部分。

操作步骤

（1）启动 Photoshop CC 后，按【Ctrl+O】快捷键，打开“打开”对话框，打开“帽子模特”素材，如图 4-27 所示。这张照片展示的商品是帽子，需要将模特的脸部展现出来，如果模特的妆容存在瑕疵，势必会影响画面中商品的表现。

图 4-27　打开素材

（2）按【Ctrl++】快捷键放大图像，观察其细节，发现模特脸部皮肤有一些小的色斑，如图 4-28 所示，在后期处理中需要将这些色斑去掉。

图 4-28　瑕疵区域

（3）使用“污点修复画笔工具”，可以修复较小且密集的斑点。在工具选项栏中选择笔尖“大小”为 16 像素，柔角，“类型”为内容识别，将光标移动到斑点处并单击，即可看到该位置处的斑点被去掉了，如图 4-29 所示。

图 4-29　去除斑点

图 4-30　去除后的效果

（4）为了让模特的皮肤更干净，继续使用“污点修复画笔工具”在脸部有斑点的地方单击，去除皮肤上更多的斑点，效果如图 4-30 所示。

（5）如果希望模特的皮肤更光滑，则可复制背景图层，执行“滤镜”→“模糊”→“表面模糊”命令，打开“表面模糊”对话框，设置滤镜选项，对人物进行模糊处理，如图 4-31 所示。

（6）通过添加“图层蒙版”，对脸部外的区域使用黑色画笔涂抹，进行磨皮处理，使模特的皮肤更加水嫩和光滑，最终效果如图 4-32 所示。

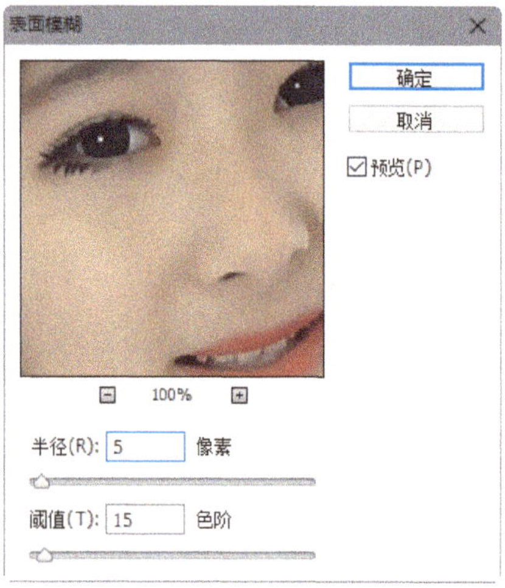

图 4-31 “表面模糊”对话框

图 4-32 最终效果

温馨提示

“污点修复画笔工具”可以快速去除照片中的污点、划痕和其他不理想的部分。它可以自动从修饰区域的周围取样，使用图像或图案中的样本像素进行绘画，并使样本像素的纹理、不透明度和阴影与所修复的像素相匹配。

任务 2 去除照片中多余的物品

去除照片中多余的物品

在网店的装修过程中，为使所拍摄的商品照片背景更加纯粹以突出画面中的商品，可以利用“修复画笔工具”将照片中的多余物品去掉。

操作步骤

（1）启动 Photoshop CC 程序后，按【Ctrl+O】快捷键，打开“打开”对话框，打开“timg.jpg”素材图片，如图 4-33 所示。图片中左侧的躺椅、花纹及右侧的影子会影响整体效果，为了表现服装，这里需要去掉这些元素。

（2）按【Ctrl+J】快捷键，在“图层”面板中复制“背景”图层，得到“图层 1”，使用“修复画笔工具”，在工具选项栏中设置模式为“正常”，将“源”设置为“取样”，按住【Alt】键不放，在右侧干净的背景处单击，设置修复源，然后将光标移动到椅子所在位置，单击并进行涂抹，去除椅子，如图 4-34 所示。

图 4-33　打开素材

图 4-34　去除椅子

（3）继续使用相同的方法修复图像，如果觉得被修复区域与背景融合得不自然，则可以使用“仿制图章工具”对细节做简单的美化，使修复后的画面更加自然，如图 4-35 所示。

（4）对于左侧的花纹可以采用同样的方法去除。使用“修复画笔工具”，按住【Alt】键不放，在右侧干净的背景处单击，设置修复源，然后将光标移动到花纹处，单击并进行涂抹，去除花纹，效果如图 4-36 所示。

图 4-35　去除椅子效果

图 4-36　去除花纹效果

（5）对于右侧的阴影，由于其与主题有交叉，为了将其去除的更准确和干净，可使用“钢笔工具”对阴影部分进行绘制路径操作，然后按【Ctrl+Enter】快捷键将其转换为选区，如图 4-37

所示。

（6）使用“修复画笔工具”，按住【Alt】键不放，在附近干净背景处单击，进行取样，然后将光标移动到选区内单击并进行涂抹，去除阴影，如图 4-38 所示。

图 4-37　制作阴影选区

图 4-38　去除阴影

（7）按【Ctrl+D】快捷键取消选区，如果被修复区域与背景融合得不自然，则可以使用“仿制图章工具”对细节进行简单的美化，使修复后的画面更加自然，效果如图 4-39 所示。

图 4-39　最终效果

修补照片中大面积瑕疵

任务 3　修补照片中的大面积瑕疵

在拍摄照片时，为了使拍摄出来的照片显得干净，可对拍摄环境进行布置，本任务中所拍摄的照片背景没有布置好，左边存在大面积的瑕疵，需要使用“修补工具”进行修复，该工具在修补前需要用选区定位修补范围，用其他区域或图案中的像素来修复选中的区域，并将样本像素的纹理、光照和阴影与源像素进行匹配。

操作步骤

（1）双击图像窗口，打开“打开”对话框，选中图片“hong.jpg”，单击“打开”按钮，打开需要处理的素材图片，如图 4-40 所示。可以看到，图片左边背景不整齐，需要将其修复成与右边一样的背景。

图 4-40　打开素材

（2）按【Ctrl+J】快捷键，在“图层”面板中复制“背景”图层，得到副本图层。使用“修补工具”，在工具选项栏中设置“修补”为“源”，将光标移动到左边位置单击并拖动，为要修复的区域创建选区，以确定要修补的图像范围，如图 4-41 所示。

图 4-41　创建选区

（3）将光标放在选区内单击，并向右侧拖动复制图像，执行“编辑”→“变换”→“水平翻转”命令，将复制的图像水平翻转并向左轻移，按【Ctrl+D】快捷键取消选区，效果如图 4-42 所示。

图 4-42　复制图像并翻转

（4）继续使用上述操作方法，修复左边背景，也可以借助“仿制图章工具”进行精细修复，最终效果如图 4-43 所示。

图 4-43　最终效果

任务 4　修补商品自身缺陷

修补商品自身缺陷

网店中的商品在长期的拍摄过程中难免会出现磨损，为了避免买家对商品的质量产生怀疑，需要在后期处理中对商品自身的缺陷进行修补，使其达到完美的状态。

操作步骤

（1）双击图像窗口，打开“打开”对话框，选中图片“牛仔裤.jpg”，单击“打开”按钮，打开需要处理的素材图片，如图 4-44 所示。可以看到，裤子的膝盖部分有缺陷，需要将其修补完整。

（2）按【Ctrl+J】快捷键，在“图层”面板中复制“背景”图层，得到副本图层。为了防止买家看到图像有修复痕迹，使用“仿制图章工具”进行修补。使用“仿制图章工具”，将光标移动到完好的裤腿位置，按住【Alt】键不放，单击即可取样仿制源，然后将光标移动到破损处单击并涂抹，以修补图像，如图 4-45 所示。

图 4-44　打开素材

图 4-45　涂抹修补

（3）继续使用上述操作方法，修复左边的破损处，处理后得到更加干净完整的商品，最终效果如图 4-46 所示。

图 4-46　最终效果

任务 5　突出照片中的商品

在给商品拍摄照片的过程中，可以利用数码照相机的光圈设置模糊背景，以突出照片中的商品。而对于背景与主体商品都很清晰的图片，需要通过后期处理来模糊背景。可以通过“模糊工具”和与其相关的命令来实现快速模糊。

操作步骤

（1）双击图像窗口，打开“打开”对话框，选中图片“背包.jpg”，单击“打开”按钮，打开需要处理的素材图片，如图 4-47 所示。可以看到，背包是主体商品，是需要突出的部分。

（2）按【Ctrl+J】快捷键，在“图层”面板中复制“背景”图层，得到副本图层。执行“滤镜”→“模糊”→“光圈模糊”命令，在图片中显示了椭圆形光圈控制图钉，如图 4-48 所示。

图 4-47　打开素材

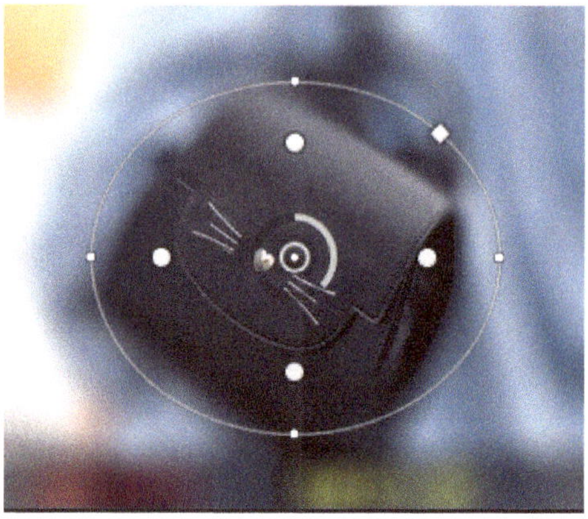

图 4-48　光圈控制图钉

（3）将光标移动到椭圆形模糊图钉上，单击并拖动，调整椭圆的大小和位置，以实现更准确的模糊处理，然后在“模糊工具”面板中增大模糊值，此处设置为 10 像素，以表现不同的景深效果，如图 4-49 所示。

图 4-49　调整模糊区域及模糊值

（4）单击“确定”按钮，开始模糊图像，为了让模糊区域与清晰主体过渡自然，使用“模糊工具”，在工具选项栏中设置模糊的大小和强度，在背景上进行涂抹，模糊图像，最终效果如图 4-50 所示。

图 4-50 最终效果

项目 3 图片色调调整

项目描述

在拍摄过程中，由于受光线、技术、拍摄设备等的影响，拍摄出来的商品图片往往会有一些不足，如逆光、曝光不足、曝光过度、对比度弱等。本项目主要介绍在拍摄网店商品后如何处理出现的各种色调问题，快速掌握各种照片的色调调整技巧，并能够举一反三，让卖家在处理自己的宝贝时得心应手。

项目目标

✧ 会利用 Photoshop 调整曝光不足、偏灰的图片。

✧ 会利用 Photoshop 调整逆光、对比度不强的图片。

项目实施

任务 1 快速调整曝光不足的照片

快速调整照片曝光不足

在拍摄网店商品照片时，如果光线运用不当，或者受天气与环境的影响，会容易出现照片欠爆的情况，即被拍摄的商品偏暗甚至过黑，影响图片的美观。这里主要介绍如何调整曝光不足的图像。

操作步骤

（1）按【Ctrl+O】快捷键，打开“打开”对话框，选中图片“婚纱.jpg”，单击“打开”按钮，打开需要处理的素材图片，如图 4-51 所示。可以看到，照片整体曝光不足，需要调整。

（2）按【Ctrl+J】快捷键，复制“背景”图层，得到“图层 1”图层，执行“图像”→“调整”→“色阶”命令，打开“色阶”对话框，具体参数的设置如图 4-52 所示，单击“确定”按钮，图像效果如图 4-53 所示

（3）执行“图像”→“调整”→“曲线”命令，打开“曲线”对话框，具体参数的设置如图 4-54 所示，调整画面的对比度，单击“确定”按钮，效果如图 4-55 所示。

图 4-51　打开素材

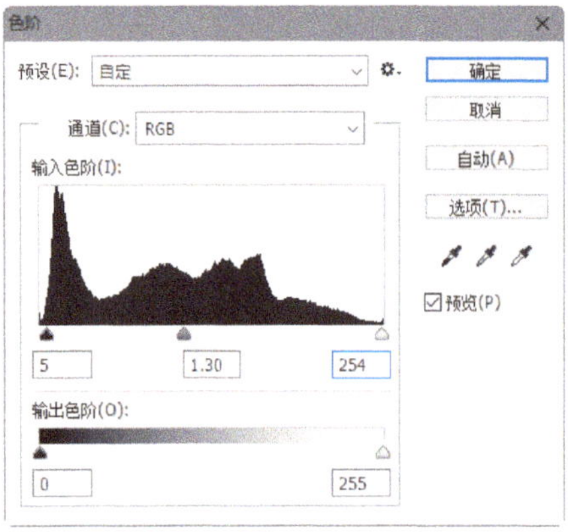

图 4-52　“色阶”对话框

图 4-53　调整色阶后的效果

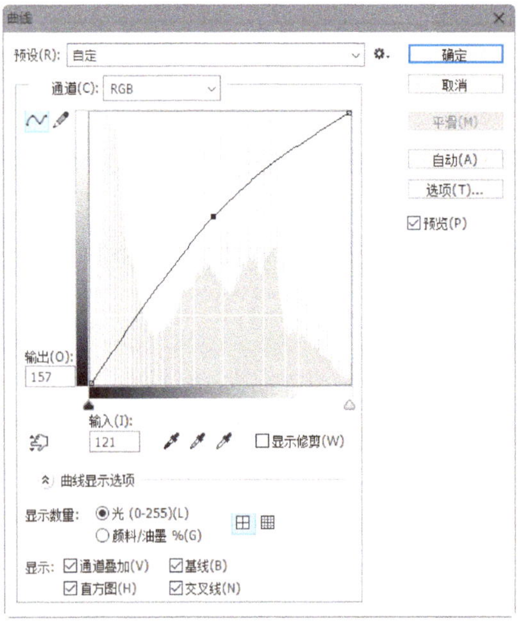

图 4-54　“曲线”对话框

图 4-55　调整曲线后的效果

（4）按【Ctrl+U】快捷键，打开“色相/饱和度”对话框，设置“饱和度”参数，如图 4-56 所示，增加画面的艳丽度，单击“确定”按钮，效果如图 4-57 所示。

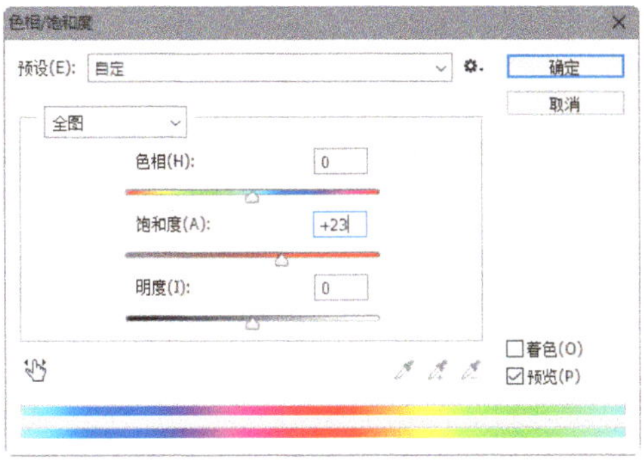

图 4-56　“色相/饱和度”对话框

图 4-57　调整饱和度后的效果

（5）单击“图层”面板底部的“创建新的填充或调整图层”按钮，创建“亮度/对比度”调整图层，在弹出的“亮度/对比度”面板中设置“亮度”与“对比度”参数，最终效果如图 4-58 所示。

图 4-58　最终效果

任务 2　调整偏灰的照片

调整偏灰的照片

有些照片效果会偏灰，这种情况可以使用 Photoshop 的 HDR 功能，运用色阶、色相饱和度、USM 锐化等工具来完成，这里主要介绍如何调整偏灰的图像。

操作步骤

（1）按【Ctrl+O】快捷键，打开“打开”对话框，选中图片“海边婚纱.jpg”，单击“打开”按钮，打开需要处理的素材图片，如图 4-59 所示。可以看到，照片整体偏灰，需要后期调整。

（2）执行“图像”→“调整”→“HDR 色调”命令，在打开的“HDR 色调”对话框中设置默认参数，如图 4-60 所示。

图 4-59　打开素材

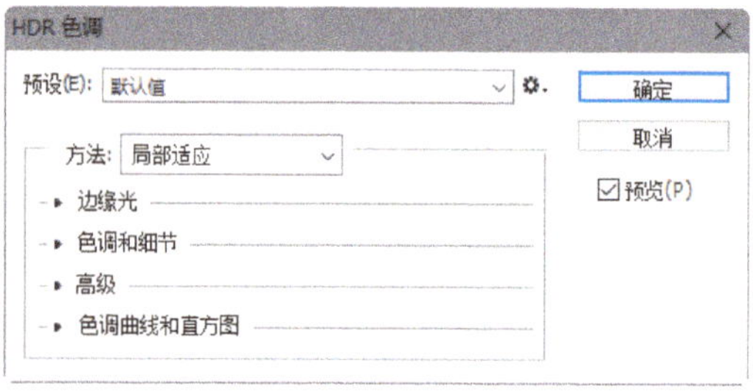

图 4-60　“HDR 色调”对话框

（3）单击“确定”按钮，新建“色阶”调整图层，在“色阶”面板中，选择“预设”为“增加对比度 2”，如图 4-61 所示，效果如图 4-62 所示。

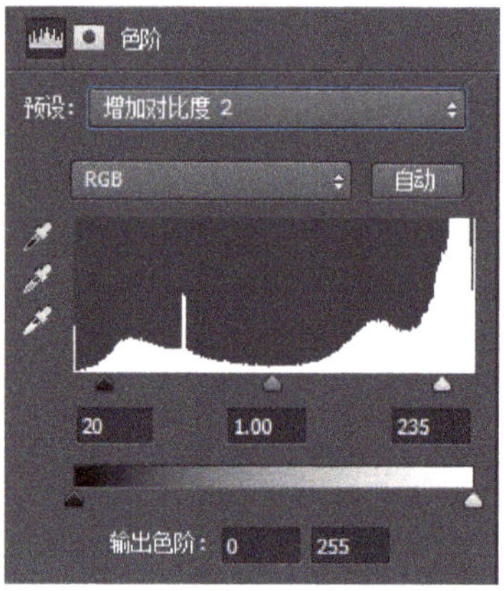

图 4-61　“色阶”面板

图 4-62　调整色阶后的效果

（4）新建“色相/饱和度”调整图层，将饱和度调整为“+10”，如图 4-63 所示。

（5）按【Shift+Ctrl+Alt+E】快捷键盖印图层，执行“滤镜”→“锐化”→“USM 锐化”命令，在打开的“USM 锐化”对话框中设置各项参数，如图 4-64 所示。

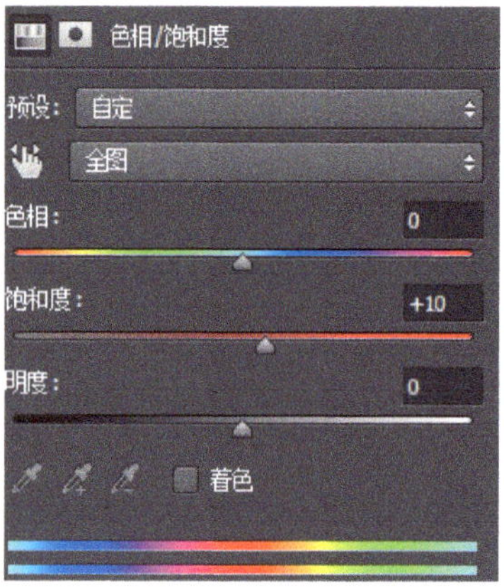

图 4-63　“色相/饱和度”面板

图 4-64　“USM 锐化”对话框

（6）单击“确定”按钮，最终效果如图 4-65 所示。

图 4-65　最终效果

任务 3　修复逆光拍摄的照片

为了突出商品的外形轮廓，拍摄时会采用逆光方式，这样拍出的照片很容易出现暗部细节损失，使得细节不清晰。可以采用“阴影/高光”命令加以修复，这里主要介绍如何使用“阴影/高光”命令来调整逆光拍摄的图片，以显示更多的照片细节。

操作步骤

（1）双击图像窗口，打开“打开”对话框，选中图片“泥塑.jpg”，单击“打开”按钮，打开需要处理的素材图片，如图 4-66 所示。

（2）按【Ctrl+J】快捷键两次，复制两个背景图层——“图层 1”和“图层 1 拷贝”，然后取消“背景”图层的显示，暂时关闭背景图层，如图 4-67 所示。

图 4-66　打开素材

图 4-67　“图层”面板

（3）执行“图像”→“调整”→“阴影/高光”命令，在打开的“阴影/高光”对话框中设置相关参数，如图 4-68 所示，单击“确定”按钮。

（4）加亮阴影后的照片看起来很不自然，将“图层 1 拷贝”图层的混合模式设定为“差值”，得到一张黑白图片，图片内的灰色区域就是刚才使用“阴影/高光”工具加亮的阴影区域，如图 4-69 所示。

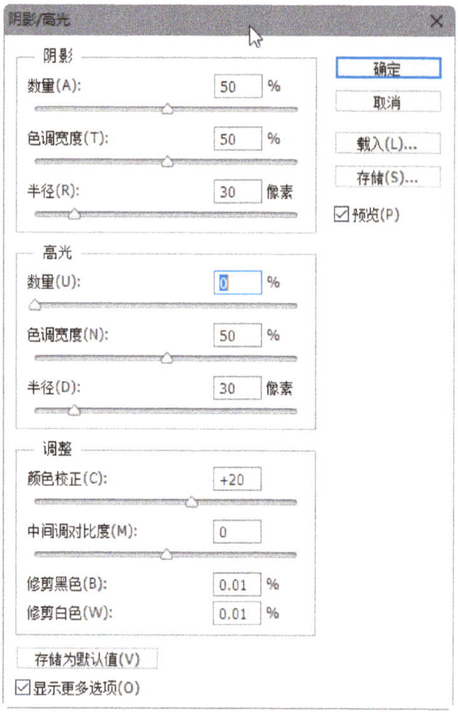

图 4-68 “阴影/高光”对话框

图 4-69 “差值”效果

（5）执行“图层”→“合并可见图层”命令，将“图层 1”和“图层 1 拷贝”合并，合并为“图层 1 拷贝”图层。

（6）执行“图像”→“调整”→“反相”命令，反转图层，反转后的图层底部变为白色，灰色的部分就是将要加亮的区域，如图 4-70 所示。

图 4-70 “反相”效果

（7）由于灰色的部分不够明显，因此要加强对比。执行“图像”→“调整”→“色阶”命令，在打开的“色阶”对话框中设置各参数，如图 4-71 所示。

（8）单击“确定”按钮，使用色阶工具将对比度加强，灰色的部分会变得更明显，将“图层 1 拷贝”图层的混合模式更改为“划分”，如图 4-72 所示。

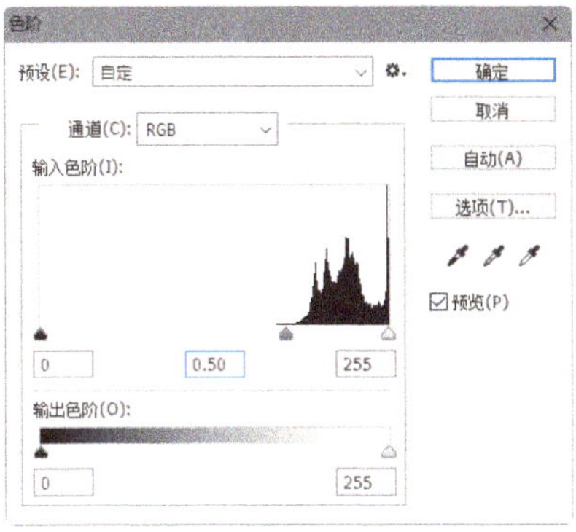

图 4-71　“色阶”对话框

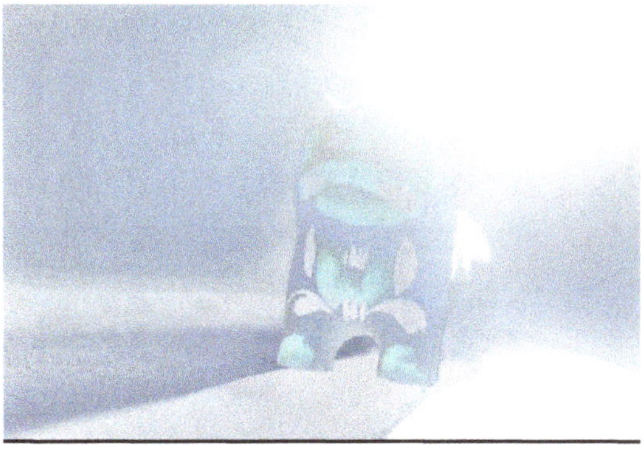

图 4-72　“划分”效果

（9）使“背景”图层显示出来，可以看到阴影区域已经加亮，执行“图层”→“拼合图像”命令，将两个图层合并，最终效果如图 4-73 所示。

图 4-73　最终效果

提升商品的对比度

任务 4　提升商品的对比度

由于天气和拍摄技术的原因，有时拍出来的照片对比度不够，照片看上去像蒙了一层细纱，整张照片看起来灰蒙蒙的。可以使用色阶、曲线、图层模式等工具进行调整。这里将介绍用曲线工具手动调整对比度的方法，使照片“告别”灰蒙蒙的模样。

操作步骤

（1）双击图像窗口，打开“打开”对话框，选中图片“夏装.jpg”，单击“打开”按钮，打开需要处理的素材图片，如图 4-74 所示。

图 4-74　打开素材

（2）执行“图像”→“调整”→“曲线”命令，打开“曲线”对话框，设置各项参数，增加画面的对比度，如图 4-75 所示。

（3）单击“确定”按钮，效果如图 4-76 所示。按【Ctrl+U】快捷键，打开“色相/饱和度”对话框，设置“饱和度”参数，增加画面的艳丽度，如图 4-77 所示。

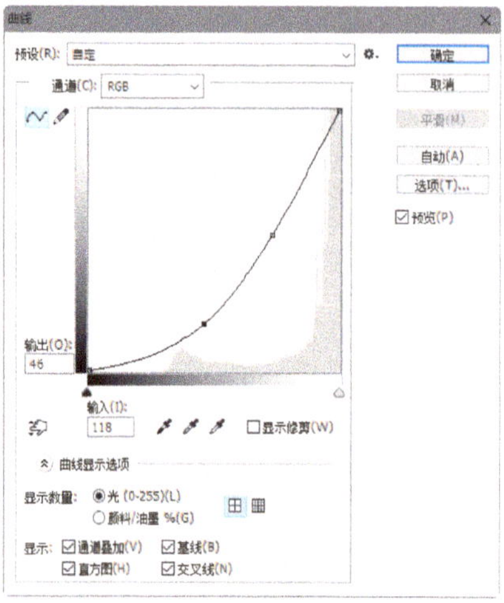

图 4-75　“曲线”对话框

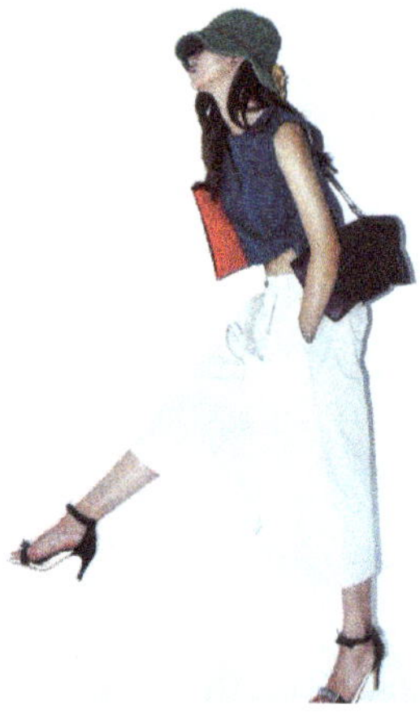

图 4-76　调整“曲线”效果

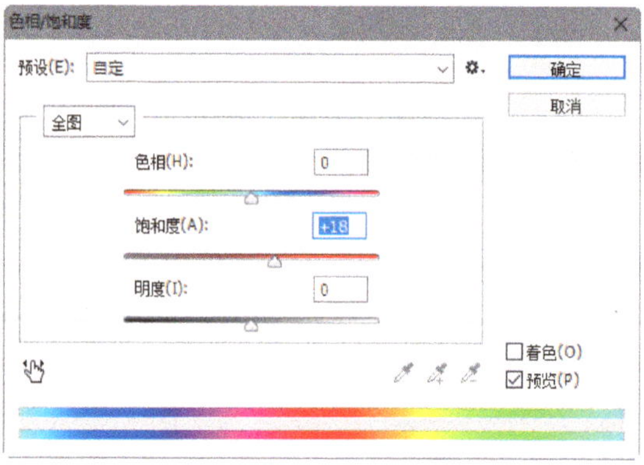

图 4-77　“色相/饱和度”对话框

（4）单击“确定”按钮，最终效果如图 4-78 所示。

图 4-78　最终效果

项目 4　图片色彩调整

项目描述

由于受到环境光线和色彩平衡设置不当的影响，拍摄出来的照片颜色会和人们看到的效果不同。因此，后期对照片的色彩修复与美化就显得尤为重要。照片中商品的颜色是帮助买家判断和决定是否购买商品的关键因素。因此，在对照片进行调色时，不仅需要对色彩进行美化，还需要准确地表现商品的色彩特征，以免为买家带来错误的视觉感受，从而引起不必要的麻烦。

项目目标

✧　会利用 Photoshop 调整图片偏色及为图片改色。

✧　会利用 Photoshop 为图片丰富色彩并转换单色图片。

项目实施

任务 1　快速修复偏色的照片

偏色是摄影中经常遇到的问题，一旦照片偏色，就会给买家带来视觉上的误差，从而造成不必要的麻烦。因此，对于网店中用于展示商品的照片而言，需要对其颜色进行校正。这里对玩具猪进行颜色校正，介绍如何快速修复偏色的商品照片。

操作步骤

（1）双击图像窗口，打开“打开”对话框，选中图片“玩具猪.jpg”，单击“打开”按钮，打开需要处理的素材图片，如图 4-79 所示。可以看到照片偏暖色，需要后期处理加以还原。

图 4-79　打开素材

（2）按【Ctrl+J】快捷键复制图层，得到“图层 1”。执行“滤镜”→“Camera Raw 滤镜”命令，打开 Camera Raw 滤镜窗口，由于图片整体偏暖色，因此要调整“色温”参数，降低画面色温，如图 4-80 所示。

（3）单击“确定”按钮，效果如图 4-81 所示。单击“创建新的填充或调整图层”按钮◐，创建“色彩平衡”调整图层，在打开的“色彩平衡”面板中设置各项参数，如图 4-82 所示，调整图片的偏色，效果如图 4-83 所示。

图 4-80　Camera Raw 滤镜窗口

图 4-81　调整“色温”后的效果

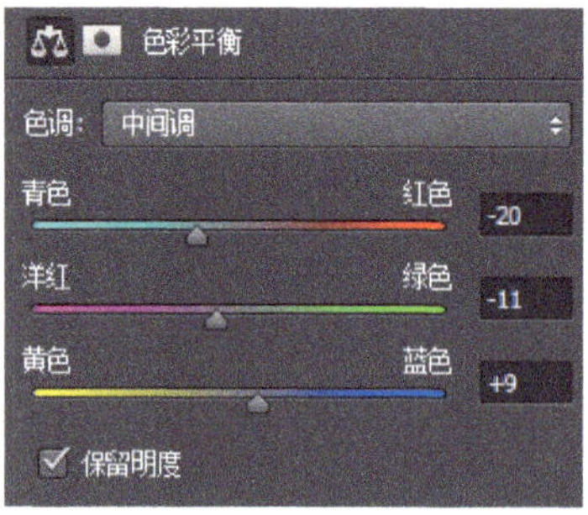

图 4-82　“色彩平衡”面板

图 4-83　调整“色彩平衡”后的效果

（4）创建“可选颜色”调整图层，在打开的“可选颜色”面板中调整“红”通道参数，增加小猪的艳丽度，如图 4-84 所示，效果如图 4-85 所示。

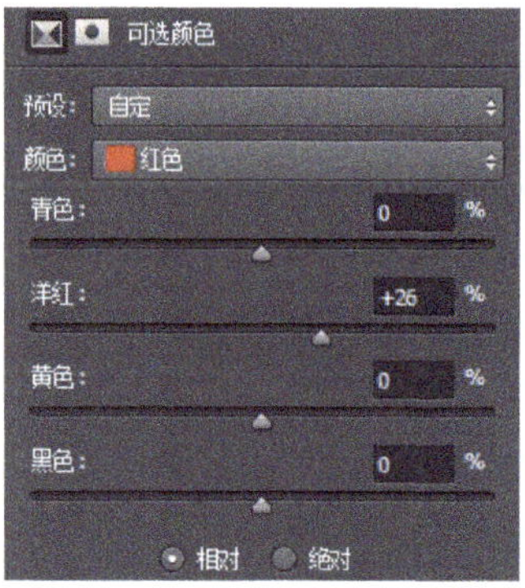

图 4-84　“可选颜色”面板

图 4-85　调整“可选颜色”后的效果

（5）创建“亮度/对比度”调整图层，在打开的“亮度/对比度”面板中设置如图 4-86 所示的参数，增加画面的对比度，效果如图 4-87 所示。

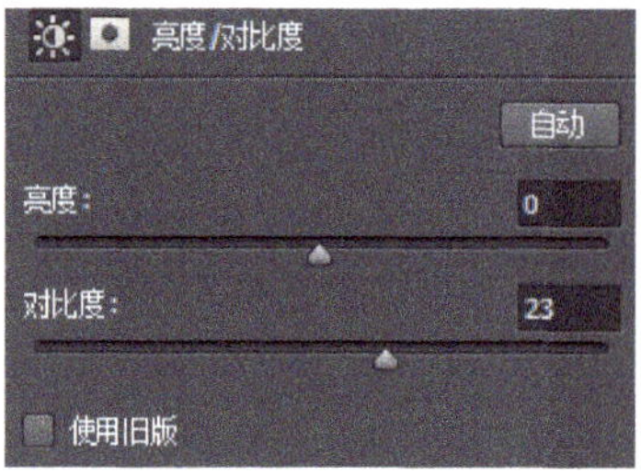

图 4-86　“亮度/对比度”面板

图 4-87　调整“亮度/对比度”后的效果

任务 2　自由更改商品颜色

网店销售的商品往往有多种不同的颜色供买家选择，为了节省拍摄成本，可以在完成一种颜色的商品的拍摄后，通过后期处理调整出同款商品的不同颜色。在 Photoshop 中，可以利用“色相/饱和度”、“色彩平衡”、“曲线”和“可选颜色”等命令来完成。这里应用“可选颜色”自由更改商品颜色，得到色彩更为丰富的商品效果。

自由更换商品颜色

操作步骤

（1）双击图像窗口，打开“打开”对话框，选中图片“timg.jpg”，单击“打开”按钮，打开需要处理的素材图片，如图 4-88 所示。可以看到商品为红色，需要后期处理更改其颜色。

（2）执行“窗口”→“调整”命令，打开“调整”面板，如图 4-89 所示。单击“可选颜色”按钮，新建“选取颜色 1”调整图层，如图 4-90 所示。

图 4-88　打开素材

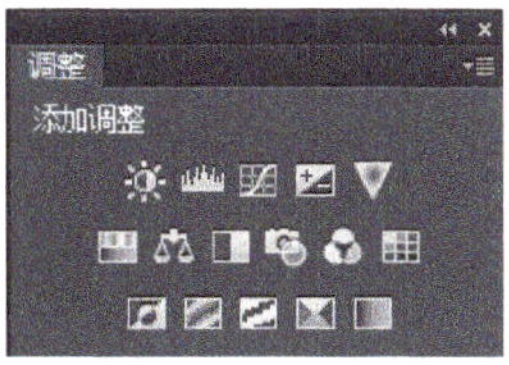

图 4-89　“调整”面板

（3）在“属性”面板中单击“颜色”右侧的下拉按钮，在弹出的下拉列表中选择“红色”选项，对颜色的百分比进行设置，调整出所需颜色，如图 4-91 所示。

图 4-90　创建调整图层

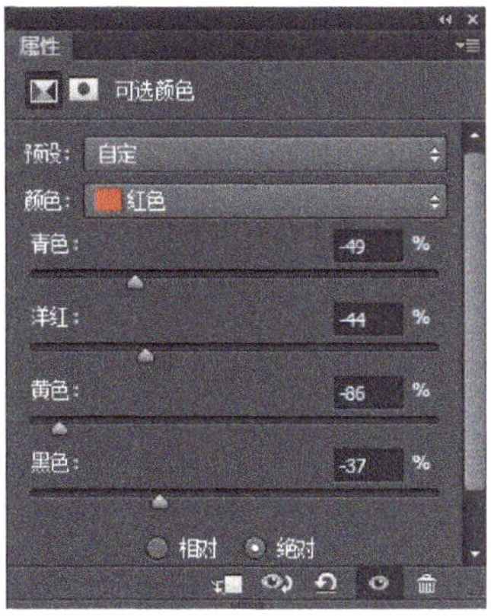

图 4-91　“属性”面板

（4）经过反复调整，最终确定衣服的颜色为粉色。在调整过程中，裤子的颜色发生了轻微变化，可单击“图层”面板中的“添加蒙版”按钮，为“选取颜色 1”调整图层创建蒙版，使用黑色画笔进行涂抹，还原裤子的颜色，最终效果如图 4-92 所示。

图 4-92　更改颜色效果

任务 3　快速丰富商品色彩

快速丰富商品色彩

在网店装修过程中，对商品的颜色进行适当的调整，使其色彩丰富，可以使商品获得更高的点击率，提高商品的销量。这里对拍摄的墨镜添加丰富的色彩使其变得更加漂亮，利用“渐变工具”填充渐变色，然后调整“图层模式”得到颜色更为丰富的镜片效果。

操作步骤

（1）双击图像窗口，打开“打开”对话框，选中图片“墨镜.jpg”，单击“打开”按钮，打开需要处理的素材图片，如图 4-93 所示。可以看到墨镜的颜色单一，需要后期处理使其颜色更加丰富。

（2）使用“钢笔工具”在镜片周围绘制路径，按【Ctrl+Enter】快捷键将路径转换为选区，如图 4-94 所示。

图 4-93　打开素材

图 4-94　绘制选区

（3）单击“图层”面板底部的“创建新图层”按钮，新建图层“图层 1”，为了让填充的颜色叠加于镜片上，设置图层的“混合模式”为“柔光”。

（4）使用“渐变工具”，在工具选项栏中单击“点按可编辑渐变”按钮，打开“渐变编辑器”对话框，在“预设”列表框中选择由紫色到橙色的渐变，根据要填充的渐变颜色调整紫色所在位置，如图 4-95 所示。

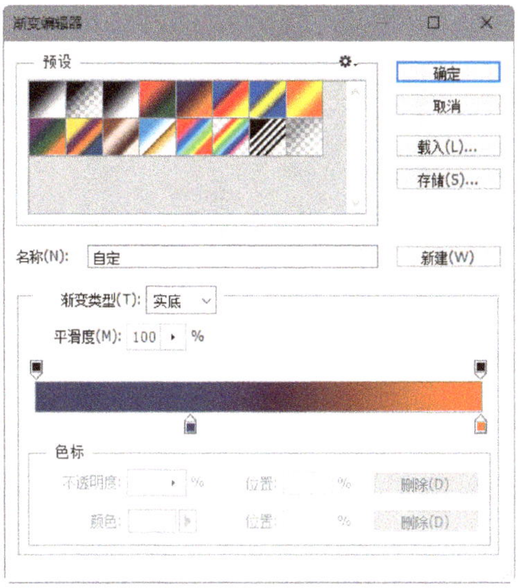

图 4-95　“渐变编辑器”对话框

（5）单击“确定”按钮，在选区中从上到下拖动鼠标进行填充，按【Ctrl+D】快捷键取消选区，以同样的方法制作另一个镜片选区并进行填充，效果如图 4-96 所示。

图 4-96　最终效果

任务 4　商品中的无色彩应用

网店在展示商品时，为了凸显商品的高贵和精致，常常在后期处理中充分运用黑白色调，将拍摄的照片转换为黑白色的。这里对拍摄的手表进行黑白色调调整以提高其品质。

操作步骤

（1）双击图像窗口，打开“打开”对话框，选中图片“手表.jpg”，单击“打开”按钮，打开需要处理的素材图片，如图 4-97 所示。可以看到手表带有淡淡的黄色，显得陈旧，需要后期进行调整。

（2）执行“窗口”→“调整”命令，打开“调整”面板，单击“黑白”按钮，新建“黑白 1”调整图层，如图 4-98 所示，此时图像被转换为黑白色。

图 4-97　打开的素材

（3）为了让效果更加出色，在“属性”面板右上角单击“自动”按钮，如图 4-99 所示，自动调整颜色值。

图 4-98　创建黑白调整图层

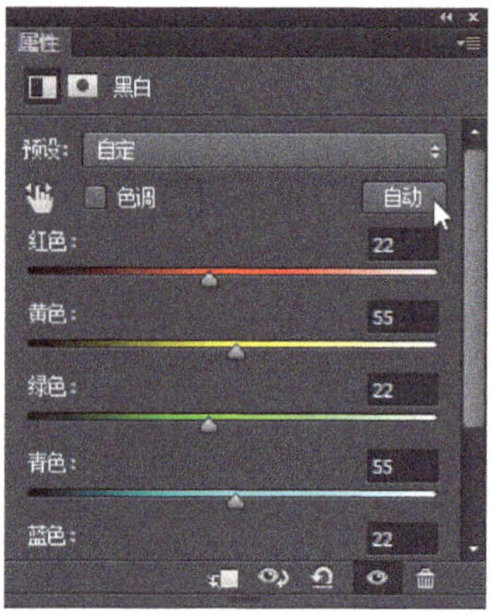

图 4-99　“属性”面板

（4）为了凸显手表的高贵品质，在“调整”面板中单击“亮度/对比度”按钮，新建“亮度/对比度 1”调整图层，在“属性”面板中调整“对比度”，增加图像的对比度，得到更有层次感的图像，效果如图 4-100 所示。

图 4-100　最终效果

单元小结

本单元通过对网店商品图片尺寸、分辨率的快速调整，修复图片瑕疵、修补图片缺陷，调整图片色调及色彩等内容的讲解，了解网店商品图片的基本处理方法，使得卖家能够顺利在网店上发布商品图片信息。高品质的商品图片能够让买家感受到商品价值，全面充分地了解商品内涵并感受到网店的认真态度。因此，卖家应从商品展示开始就认真对待。

课后自测

（1）运用调整“画布大小”来快速控制画布的大小，使如图 4-101 所示的“项链”照片满足网店装修的要求。

（2）对如图 4-102 所示的“手表”图片进行裁剪，以保留中间的表盘。

图 4-101　“项链”图片

图 4-102　“手表”图片

（3）去除图 4-103 所示“杯子”图片的瑕疵。

（4）去除图 4-104 所示“timg1”图片的多余物品，以满足店面装修的需要。

图 4-103　“杯子”图片

图 4-104　“timg1”图片

（5）对如图 4-105 所示的“niuzi”图片的大面积瑕疵进行修补。

（6）对如图 4-106 所示的“坤包”图片进行背景模糊操作，以突出主题商品。

图 4-105　“niuzi”图片

图 4-106　“坤包”图片

（7）对如图 4-107 所示的“呢子外套”图片进行对比度调整，以提亮图片。

（8）对如图 4-108 所示的“外套”图片进行颜色更换，以提高工作效率。

图 4-107 “呢子外套”图片

图 4-108 “外套”图片

（9）对如图 4-109 所示的“bolon”图片的眼镜部分添加色彩，以提高商品的点击率。

（10）对如图 4-110 所示的“long”图片进行黑白色调调整，以提高主题商品的品质。

图 4-109 “bolon”图片

图 4-110 “long”图片

第 5 单元

网店元素设计之一

目前，越来越多的人在网上开店，网店的竞争也日趋激烈，如何在众多的网店中脱颖而出？网店的装修是其非常重要的一个环节。专业且美观的网店会使买家印象深刻，增加信任感，产生购买的欲望。

项目 1　店标设计

项目描述

小刘已经在网上申请开通了一个网店，首先要进行店铺的基本设置，其中就涉及店标的上传，如何设计一个既好看又合适的店标呢？

项目目标

- ✧ 会使用矩形工具。
- ✧ 会添加文字并能够编辑文字。
- ✧ 会使用钢笔工具。
- ✧ 会添加动画效果。
- ✧ 会对画笔进行设置。

项目实施

任务 1　制作静态店标

设计店标（静态店标）

店标是一个店铺的标志，代表店铺的形象和产品特性，精致而富有个性的店标会增加店铺的浏览量，给买家留下深刻的印象。店标的尺寸一般为 80 像素×80 像素，文件格式多为 GIF、JPG、JPEG、PNG，文件大小在 80KB 以内。

根据图片的不同显示效果，店标可以分为静态店标和动态店标。静态店标是由文字和图片组成的，呈静态表现；而动态的店标则是将多个文字和图像效果组合起来，呈现动画的效果，动态店标的格式一般为 GIF。

店标的展示区域有限，需要在有限的区域内将店铺的名称和风格展现在小小的店标上，便于买家识别和记忆。这里，我们给“谷歌翻译”设计店标，根据“谷歌翻译”的特点制作一个文字的静态店标。

操作步骤

（1）执行“文件”→“新建”命令，打开“新建”对话框，设置名称为“静态店标”，宽度为“80”像素，高度为“80”像素，分辨率为“72”像素/英寸，颜色模式为“RGB 颜色”，背景内容为“白色”，单击“确定”按钮，新建空白文档。

（2）使用“矩形工具”，在工具选项栏中设置“填充”为无颜色，“描边”为黑色，“描边宽度”为 1 点，“宽度”和“高度”均为 76 像素。

（3）在画布中单击，打开“创建矩形”对话框，选中“从中心”复选框，如图 5-1 所示，单击“确定”按钮，得到的矩形图形如图 5-2 所示。

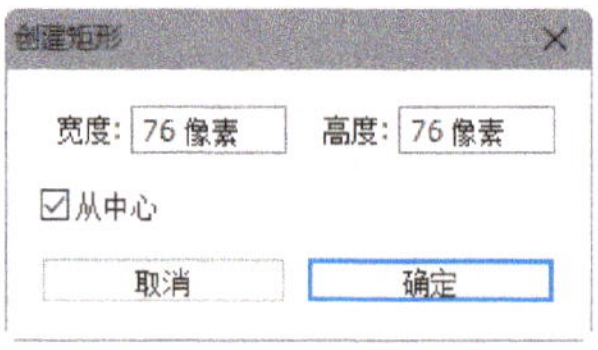

图 5-1　“创建矩形”对话框

图 5-2　创建的矩形

（4）再次在矩形工具选项栏中设置“填充”为黑色，“描边”为无颜色，“宽度”和“高度”均为 37 像素，在画布中绘制一个矩形，得到“矩形 2”图层，并移动“矩形 2”到画布的左下角，如图 5-3 所示。

（5）按【Ctrl+J】快捷键复制“矩形 2”图层，得到“矩形 2 拷贝”图层，并将复制的矩形移动至画布右上角，如图 5-4 所示。

图 5-3　绘制左下角矩形

图 5-4　绘制右上角矩形

（6）使用“横排文字工具”，在工具选项栏中设置“字体系列”为微软雅黑，“字体大小”为 34 点，在画布左上角输入文字“即”，调整其位置，如图 5-5 所示。

（7）重复步骤（6）的操作，依次在画布的右上角、左下角和右下角分别输入文字“时”、“简”、“单”，并调整到适当位置，如图 5-6 所示。

（8）分别选中文字“时”和“简”，将其颜色设置为白色，如图 5-7 所示。

（9）执行“文件”→“存储为”命令，打开“另存为”对话框，选择保存的位置，输入保存的文件类型为“psd”，单击“保存”按钮，保存制作的图像文件。

图 5-5　输入“即”字

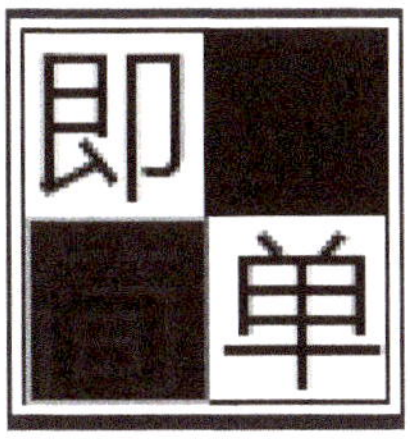

图 5-6　输入其他三个字

图 5-7　修改文字颜色

任务 2　制作动态店标

相对于静态店标而言，动态店标比较生动形象，更能吸引人的眼球，彰显个性。因此，制作动态店标也是网店美工应掌握的技能。这里给某房产租赁网店设计制作动态店标。

操作步骤

（1）绘制房子轮廓。执行“文件”→“新建”命令，打开“新建”对话框，设置宽度为“80”像素，高度为“80”像素，分辨率为“72”像素/英寸，颜色模式为“RGB 颜色”，背景内容为“白色”，单击“确定”按钮，创建空白文档。

（2）设置前景色为 RGB（28，111，2），使用“画笔工具”，在“画笔预设选择器”中设置画笔样式为“硬边圆”，画笔大小为“2 像素”，如图 5-8 所示。

（3）执行“视图”→“标尺”命令，打开标尺。将鼠标指针置于水平方向的标尺上，按住鼠标左键拖动到合适的位置后释放鼠标左键，绘制一条水平参考线，如图 5-9 所示。

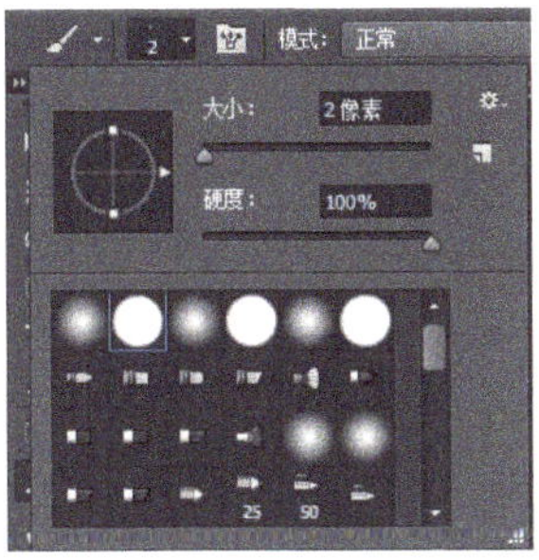

图 5-8　设置“画笔”参数

图 5-9　绘制水平参考线

（4）参照步骤（3）中的方法，绘制其余水平参考线和垂直参考线，如图 5-10 所示。

（5）使用“钢笔工具”，在工具选项栏中设置工具模式为“路径”，在画布中绘制如图 5-11 所示的路径。

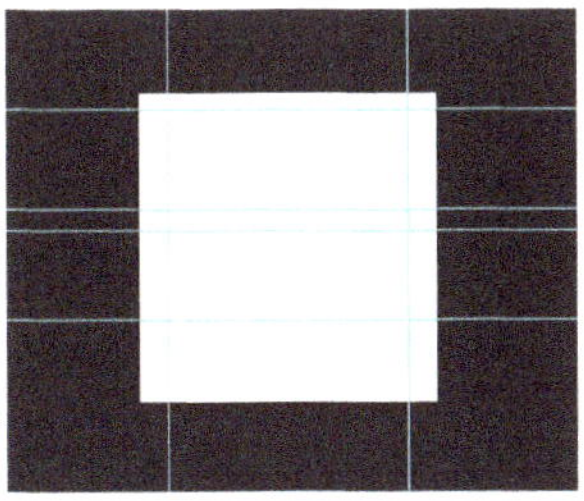

图 5-10　绘制其余参考线

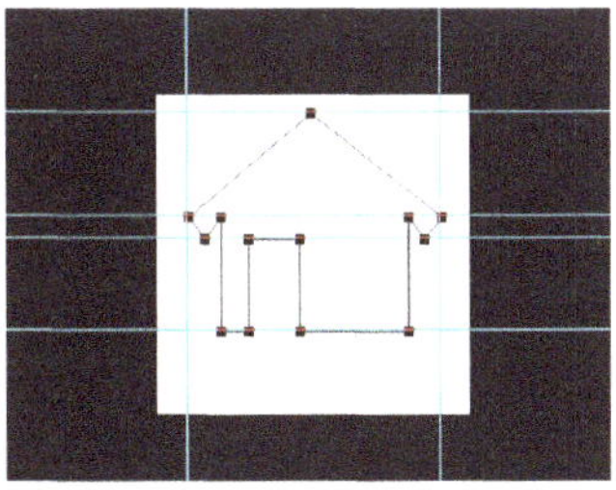

图 5-11　绘制路径

（6）新建一图层，得到“图层 1”，指向路径并右击，在弹出的快捷菜单中执行“描边路径”命令，打开“描边路径”对话框，设置“工具”为“画笔”，选中“模拟压力”复选框，如图 5-12 所示。

（7）单击“确定”按钮，为绘制的路径进行描边，效果如图 5-13 所示。

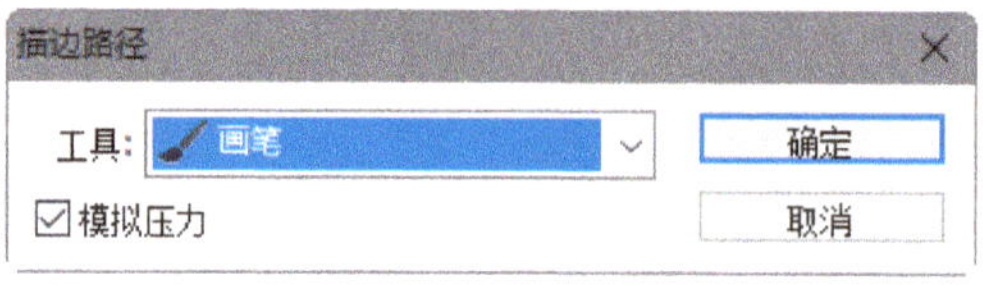

图 5-12 “描边路径”对话框

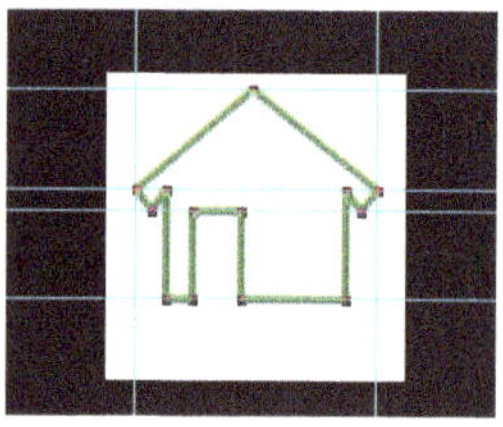

图 5-13 描边效果

（8）按【Ctrl+H】快捷键隐藏路径，再按两次【Ctrl+J】快捷键复制两次“图层 1”，以加强线条的立体感，效果如图 5-14 所示。

（9）选中除背景以外的所有图层，按【Ctrl+E】快捷键合并图层，得到“图层 1 拷贝 2”。

（10）绘制背景及添加文字。使用“钢笔工具”，在工具选项栏中设置“工具模式”为形状，设置“填充”为 RGB（28，111，2），在画布中绘制填充颜色的形状，如图 5-15 所示。

（11）使用“横排文字工具”T，在工具选项栏中设置字体系列为“微软雅黑”，设置字体大小为 15 点，字体颜色为白色，在画布中输入文字“爱巢家居”，效果如图 5-16 所示。

图 5-14 加深线条

图 5-15 绘制形状

图 5-16 输入文字

（12）合并除背景层之外的所有图层，得到“爱巢家居”图层。

（13）添加心形。同步骤（10）的操作，在画布中绘制如图 5-17 所示的心形形状，得到“形状 1”图层。

（14）制作动画效果。选中“形状 1”和“爱巢家居”两个图层，按【Ctrl+J】快捷键将其复制 2 次，增加 4 个图层，如图 5-18 所示。

图 5-17 绘制心形

图 5-18 复制图层

（15）隐藏新建的 4 个图层，执行“窗口”→“时间轴”命令，打开“时间轴”面板，将动画模式设置为帧动画，如图 5-19 所示。

图 5-19　“时间轴”面板

（16）在“时间轴”面板中单击“复制所选帧”按钮，在“图层”面板中隐藏“形状 1”和“爱巢家居”两个图层，显示“形状 1 拷贝”和“爱巢家居拷贝”两个图层的内容，并向上移动心形至如图 5-20 所示的位置。

（17）在“时间轴”面板中单击“复制所选帧”按钮，隐藏“形状 1 拷贝”和“爱巢家居拷贝”两个图层，显示“形状 1 拷贝 2”和“爱巢家居拷贝 2”两个图层的内容，并向上移动心形至如图 5-21 所示的位置。

图 5-20　设置第 2 帧效果

图 5-21　设置第 3 帧效果

（18）在“时间轴”面板中选中所有帧，设置“延迟时间”为 0.2 秒，“循环次数”为永远，如图 5-22 所示，单击“播放动画”按钮，预览动画效果。

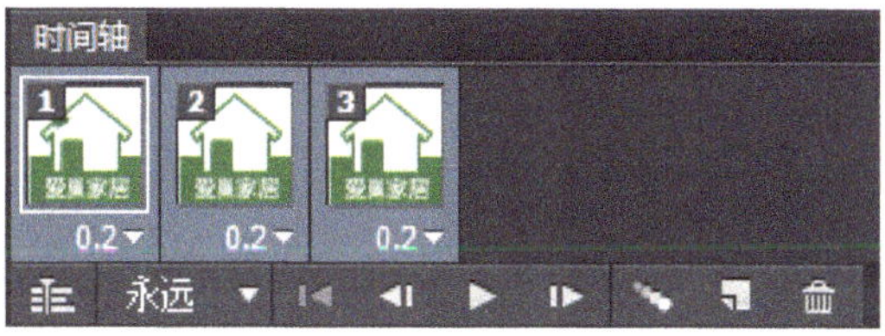

图 5-22　设置播放效果

（19）执行“文件”→“存储为 Web 所用格式”命令，打开“存储为 Web 所用格式（100%）”对话框，单击“存储”按钮，选择保存的位置，输入保存的名称为“爱巢家居.gif”，保存制作的文档。

项目 2　LOGO 设计

设计 LOGO

项目描述

小刘听说在网店的页面或图片中加入 LOGO 不仅可以加深买家对网店的印象，还可以防止盗图，那么怎样设计和制作 LOGO 呢？

项目目标

✧　会使用椭圆工具。

- ✧ 会使用椭圆选框工具。
- ✧ 会使用多边形工具。
- ✧ 会进行自由变换、水平翻转、垂直翻转等变换操作。
- ✧ 会添加文字并对文字进行编辑。

项目实施

LOGO 可通过简洁鲜明、统一标准的视觉符号，将企业文化、经营内容、产品特性等要素传递给买家。LOGO 可以理解为店铺的形象代言，通过在店铺页面和产品图片中反复摆放 LOGO，使顾客产生重复记忆，强化对网店的品牌印象。

LOGO 可以分为文字 LOGO、图形 LOGO 和图文结合型 LOGO 三种类型。文字 LOGO 一般主要由品牌或网店的名称或缩写组成。图形 LOGO 则是通过视觉图形符号来传达网店的特点或理念。图文结合型 LOGO 由图形和文字组成，不仅在视觉上给人们以美感，还以文字说明使买家对企业或产品一目了然。

下面通过设计制作一款“孕婴童”店铺的 LOGO 来介绍其具体的设计制作方法。

操作步骤

（1）绘制左侧图形。执行“文件”→“新建”命令，打开“新建”对话框，设置宽度为“800”像素，高度为“400”像素，分辨率为“72”像素/英寸，颜色模式为“RGB 颜色”，背景内容为“白色”，单击“确定”按钮，创建空白文档。

（2）按【Ctrl+Shift+Alt+N】快捷键新建“图层 1”，设置前景色为 RGB（0，133，228），使用“椭圆选框工具”绘制一个椭圆选区，并按【Alt+Delete】快捷键填充前景色，按【Ctrl+D】快捷键取消选区，效果如图 5-23 所示。

（3）按【Ctrl+T】快捷键调出变换框，将椭圆顺时针旋转，效果如图 5-24 所示。

（4）复制“图层 1”，得到复制的椭圆，按【Ctrl+T】快捷键调出变换框，右击，在弹出的快捷菜单中执行“水平翻转”命令，按住【Shift】键不放，向右移动复制的椭圆，使其与原椭圆组合成一个对称的图形，效果如图 5-25 所示。

图 5-23 绘制椭圆

图 5-24 对椭圆进行旋转

图 5-25 对称椭圆效果

（5）设置前景色为 RGB（0，133，228），使用“椭圆工具”，按住【Shift】键绘制一个正圆，效果如图 5-26 所示。

（6）选择除背景图层以外的所有图层，按【Ctrl+E】快捷键合并图层。

（7）按【Ctrl+T】快捷键调出变换框，在工具选项栏中设置旋转度数为“-45° ”，按【Enter】键确认旋转操作，效果如图 5-27 所示。

（8）按【Ctrl+J】”快捷键复制图层，得到“椭圆 1 拷贝”图层。按【Ctrl+T】快捷键调出变换框，右击，在弹出的快捷菜单中执行“水平翻转”命令，按住【Shift】键向右移动到如图 5-28 所示位置，按【Enter】键确认。

图 5-26 绘制正圆

图 5-27 旋转-45°

图 5-28 水平翻转

（9）复制“椭圆 1”图层，得到“椭圆 1 拷贝 2”图层。按【Ctrl+T】快捷键进行自由变换，右击，在弹出的快捷菜单中执行“垂直翻转”命令，按住【Shift】键向下移动至如图 5-29 所示位置，按【Enter】键确认。

（10）选中“椭圆 1 拷贝 2”图层，参照步骤（8），复制该图层并进行水平翻转，并将其移动到右下角，效果如图 5-30 所示。

图 5-29　垂直翻转效果

图 5-30　水平翻转效果

（11）设置前景色为 RGB（255，159，5），选中“椭圆 1 拷贝”图层，按【Ctrl】键并单击图层缩览图，将该图层中的图像载入选区，按【Alt+Delete】快捷键填充前景色，效果如图 5-31 所示。

（12）参照步骤（11），分别设置“椭圆 1 拷贝 2”图层、“椭圆 1 拷贝 3”图层的前景色为 RGB（21，184，17）、RGB（255，53，134），效果如图 5-32。

（13）设置前景色为 RGB（255，159，5），使用“多边形工具”，在工具选项栏中设置“边数”为 4，单击“创建多边形”按钮，在其下拉列表中选中“星形”复选框，缩进边依据为“80%”，选中“平滑缩进”复选框，在画布中间绘制星形，如图 5-33 所示。

图 5-31　修改颜色（1）

图 5-32　修改颜色（2）

图 5-33　绘制星形

（14）添加文字。使用“横排文字工具”，在工具选项栏中设置字体为“华康海报体”，字体大小为 65 点，单击“切换字符和段落面板”按钮，打开“字符”面板，设置“字符的字距”为 220，在画布中输入“快乐天使”，按【Ctrl+Enter】快捷键完成文字的编辑，如图 5-34 所示。

图 5-34　输入文字

（15）使用“横排文字工具”，在画布中选中文字“快”，在工具选项栏中设置“文本颜色”为 RGB（0，133，228），效果如图 5-35 所示。

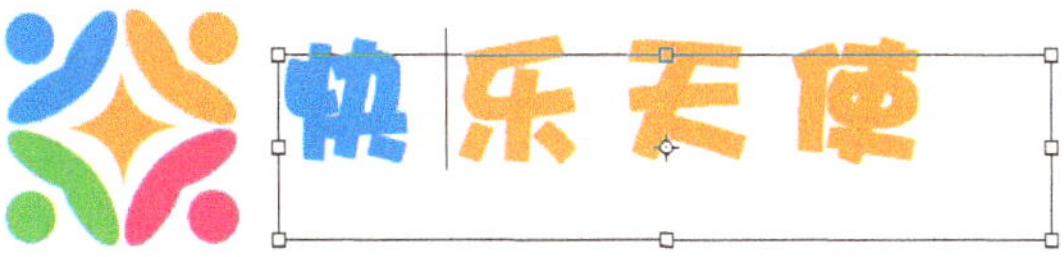

图 5-35　设置文本颜色

（16）参照步骤（15），分别设置最后两个字的颜色为 RGB（255，53，134）、RGB（21，184，17），效果如图 5-36 所示。

图 5-36　设置文本颜色

（17）使用“横排文字工具”，在画布中输入文字“孕婴童生活馆”，选中文字，在工具选项栏中设置字体为“隶书”，字体大小为 27 点，字体颜色为 RGB（0，133，228），字符的字距为“860”，按【Ctrl+Enter】快捷键完成文字的编辑，效果如图 5-37 所示。

图 5-37　添加文本

（18）执行“文件”→“存储”命令，打开“存储为”对话框，选择保存的位置，输入保存的名称为“快乐天使 LOGO.psd”，单击“保存”按钮，保存制作的图像文件。

项目 3　店招设计

项目描述

小刘知道店招是店铺品牌展示的重要窗口，那么怎么制作一个既规范又美观的店招呢？

项目目标

- ✧ 会使用矩形工具。
- ✧ 会使用矩形选框工具。
- ✧ 会添加图层样式。
- ✧ 会使用直线工具绘制渐变水平线。
- ✧ 会使用圆角矩形工具。
- ✧ 会添加文字并对文字进行编辑。

项目实施

网店店招就好比实体店的招牌，位于店铺页面的顶端，其作用是让买家在第一时间记住店铺，达到宣传和推广的目的。鲜明而有特色的店招对于卖家店铺形成品牌和产品定位有不可替代的作用。

店铺店招一般有两种：常规店招和通栏店招。常规店招的尺寸是 950 像素×120 像素，常规店招上传到淘宝店铺页面后，店招两侧呈空白显示；通栏店招的尺寸是 1920 像素×150 像素，这是淘宝旺铺使用较多的尺寸。通栏店招在上传到淘宝店铺页面中后，店招两侧会根据设计的效果进行显示。

任务 1　制作常规店招

设计店招（常规店招）

这里以设计制作以经营咖啡为主的网店店招为例进行介绍。

操作步骤

（1）添加图标。执行“文件”→“新建”命令，打开“新建”对话框，设置宽度为“950 像素”，高度为“120 像素”，分辨率为“72”像素/英寸，颜色模式为“RGB 颜色”，背景内容为“白色”，单击“确定”按钮，创建空白文档。

（2）设置前景色为 RGB（246，230，196），按【Alt+Delete】快捷键给画布填充前景色。打开素材图片“咖啡杯.psd”，拖动素材图片至画布左侧，如图 5-38 所示。

图 5-38　添加图片

（3）设置前景色为黑色，使用“矩形工具”在画布中绘制一个 119 像素×108 像素的黑色矩形，如图 5-39 所示。

图 5-39　绘制黑色矩形

（4）使用“矩形工具”在画布中绘制一个 98 像素×32 像素的矩形，在工具选项栏中设置“填充”颜色为 RGB（250，166，53），如图 5-40 所示。

图 5-40　绘制矩形

（5）使用“横排文字工具”，输入文字“YIRAN”，选中文字并在工具选项栏中设置“字体系列”为 Franklin Gothic Heavy，“样式”为“Regular”，“字体大小”为 27 点，“文本颜色”为 RGB（255，255，255）。单击“切换字符和段落面板”按钮，打开“字符”面板。

（6）在“字符”面板中，设置“字距”为 140，“垂直缩放”为 113%，单击工具选项栏中的“提交所有当前编辑”按钮，完成当前文字的编辑，效果如图 5-41 所示。

图 5-41　添加文字

（7）复制“矩形 2”图层，使用“移动工具”，按住【Shift】键在画布上向下垂直拖动复制的矩形至合适位置。设置前景色为 RGB（35，31，32），按【Alt+Delete】快捷键填充前景色，效果如图 5-42 所示。

图 5-42　填充前景色

（8）使用“横排文字工具”，在复制的矩形处输入“COFFE”，如图 5-43 所示。

图 5-43　添加文字

（9）新建图层，设置前景色为 RGB（6，164，123），使用“矩形选框工具”，在工具选项栏中设置“样式”为固定大小，宽度为“98 像素”，高度为“12 像素”，在画布中绘制一个矩形选区，按【Alt+Delete】快捷键填充前景色，然后按【Ctrl+D】快捷键取消选区，效果如图 5-44 所示。

图 5-44　绘制矩形

（10）设置前景色为“白色”，使用“矩形选框工具”，在工具选项栏中设置“样式”为固定大小，宽度为“33 像素”，高度为“12 像素”，在画布中绘制一个矩形选区，按【Alt+Delete】快捷键填充前景色，按【Ctrl+D】快捷键取消选区。

（11）设置前景色为 RGB（241，98，87），参照步骤（10）进行操作，效果如图 5-45 所示。

图 5-45　填充颜色

（12）添加店名。使用“横排文字工具”，在工具选项栏中设置“字体系列”为 Myriad Pro，“样式”为 Regular，“字体大小”为 35.09 点，“字体颜色”为 RGB（72，25，19）。单击“切换字符和段落面板”按钮，打开“字符”面板。

（13）在“字符”面板中，设置“垂直缩放”为 110%，仿粗体，在画布中输入文字“YIRAN 怡然咖啡”，单击“提交所有当前编辑”按钮，完成当前文字的编辑，效果如图 5-46 所示。

图 5-46　添加店名

（14）选中文字“YIRAN”，在工具选项栏中设置颜色为 RGB（250，166，53）。

（15）选中“YIRAN 怡然咖啡”图层，单击“添加图层样式”按钮，在弹出的下拉列表中选择“投影”选项，打开“图层样式”对话框。设置“不透明度”为 70%，“角度”为 150 度，“距离”为 6 像素，“大小”为 5 像素，单击“确定”按钮，效果如图 5-47 所示。

图 5-47　添加投影效果

（16）使用“横排文字工具”，输入文字“品尝悠闲，溶于生活”，在工具选项栏中设置“字体系列”为华文宋体，“字体大小”为 18 点，“字体颜色”为 RGB（40，13，10），单击“提交所有当前编辑”按钮，完成当前文字的编辑。

（17）使用“直线工具”，在工具选项栏中设置“填充”为渐变填充，无描边，设置“填充角度”为 180 度，“渐变颜色”为 RGB（40，13，10）至 RGB（255，255，255），如图 5-48 所示。

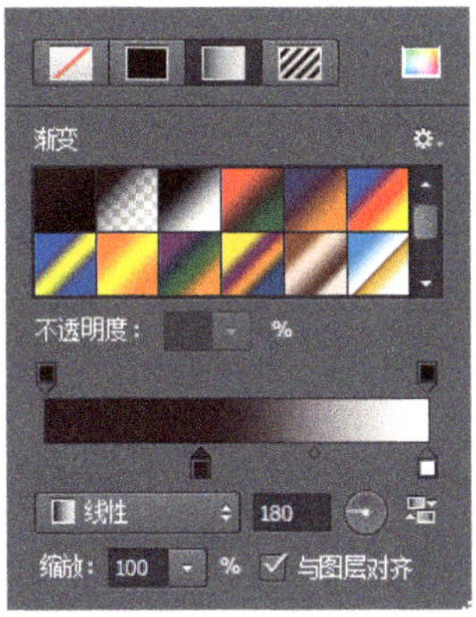

图 5-48　设置直线渐变

（18）按【Shift】键在“品尝悠闲，溶于生活”左侧绘制一条渐变水平线，然后在其右侧绘制渐变水平线，在工具选项栏的“填充”下拉列表中选择“渐变”选项，单击“反向渐变颜色”按钮，效果如图 5-49 所示。

图 5-49　绘制水平线

（19）添加产品信息。执行“文件”→“置入”命令，打开“置入”对话框，将“速溶咖啡.psd”素材置入画布中，并移动至画布合适位置，效果如图 5-50 所示。

图 5-50　置入图像

（20）使用“横排文字工具”，在工具选项栏中设置“字体”为微软雅黑，“字体大小”为 17 点，仿粗体，输入文字“速溶咖啡”，设置文字颜色为 RGB（72，25，19），在画布中输入文字“买就送杯”，设置文字颜色为 RGB（250，166，53），效果如图 5-51 所示。

图 5-51　添加文字“速溶咖啡”

（21）使用“圆角矩形工具”，在工具选项栏中设置“填充”为 RGB（72，25，19），“半径”为 8 像素，在“买就送杯”文字下方绘制圆角矩形。

（22）使用“横排文字工具”，在工具选项栏中设置“字体大小”为 20 点，“文本颜色”为白色，在圆角矩形中输入文字“¥29.9”，效果如图 5-52 所示。

图 5-52　添加文字“¥29.9”

（23）执行“文件”→“置入”命令，将“咖啡机.psd”素材置入到画布中，并移动至画布右侧。

（24）使用“横排文字工具”，在咖啡机右侧输入文字“限时优惠 送咖啡豆”，选中文字，在工具选项栏中设置“字体”为微软雅黑，“字体大小”为 17 点，文字“限时优惠”的“文本颜色”为 RGB（250，166，53），文字“送咖啡豆”的“文本颜色”为 RGB（72，25，19），效果如图 5-53 所示。

图 5-53　添加文字“限时优惠 送咖啡豆”

（25）使用“圆角矩形工具”，在工具选项栏中设置“填充”为 RGB（72，25，19），“半径”为 8 像素，在文字下方绘制一个圆角矩形，选中该图层并右击，在弹出的快捷菜单中执行“栅格化图层”命令，将其转化为普通图层。

（26）执行“文件”→“置入”命令，将“购物车.png”素材置入画布中，并移动至矩形左侧。在该图层上右击，在弹出的快捷菜单中执行“栅格化图层”命令，按住【Ctrl】键并单击图层缩览图，把购物车载入选区，设置前景色为白色，按【Alt+Delete】快捷键填充购物车选区颜色为白色，效果如图 5-54 所示。

图 5-54　添加和修改购物车素材

（27）使用“矩形选框工具”，在购物车右侧绘制一个矩形选区，选中圆角矩形所在图层，并按【Delete】键进行删除，效果如图 5-55 所示。

图 5-55　删除部分矩形

（28）使用“横排文字工具”，在工具选项栏中设置“字体”为华文宋体，字体大小为 15 点，字体颜色为白色，在椭圆矩形中输入文字“立即购买”，效果如图 5-56 所示。

图 5-56　添加文字“立即购买”

（29）执行“文件”→“存储”命令，打开“存储为”对话框，选择保存的位置，输入文件名称为“怡然咖啡.psd”，单击“保存”按钮，保存制作的图像文件。

任务 2　制作通栏店招

通栏店招能够使店铺显得高端大气，视觉冲击力强，较多网店采用了通栏店招。通栏店招包括店招和页头背景两部分，店招尺寸要求是 950 像素×120 像素，如果把店招的尺寸设为 950 像素×150 像素，则上传到店铺后，会覆盖掉系统中默认的导航条。页头背景的高度尺寸要求为 150 像素，包含 30 像素的导航条，页头背景大小不可以超过 200KB。

基于上述要求，这里以设计和制作“怡然咖啡”的通栏店招为例，介绍通栏店招（包括店招和页头背景两张图片）的制作方法。

操作步骤

（1）执行“新建”→“文件”命令，新建一个 1920 像素×150 像素的空白文件，设置前景色为 RGB（246，230，196），按【Alt+Delete】快捷键填充画布。

（2）设置前景色为 RGB（80，39，29），使用“矩形选框工具”，在工具选项栏中设置“样式”为固定大小，宽度为 1920 像素，高度为 30 像素，在画布上单击，添加矩形选区，按【Alt+Delete】快捷键填充前景色，效果如图 5-57 所示。

图 5-57　添加矩形

（3）同常规店招的制作方法，制作相同的店招，效果如图 5-58 所示。

图 5-58　添加店招元素

（4）选中所有图层，按【Ctrl+E】快捷键合并图层，双击该图层，在打开的“新建图层”对话框中单击“确定”按钮，把背景图层转换为普通图层。

（5）执行“视图”→“新建参考线”命令，在打开的“新建参考线”对话框中设置“取向”为垂直，“位置”为 485 像素。

（6）参照步骤（5），建立“取向”为垂直、“位置”为 1435 像素的参考线。

（7）使用“裁剪工具”，在工具选项栏中设置“裁剪模式”宽为“950 像素”，高为“150 像素”，分辨率为“72”像素/英寸，在画布中单击，如图 5-59 所示。单击“提交当前操作按钮”，完成图像的裁剪。

图 5-59　创建裁剪区域

（8）执行“文件”→“存储为”命令，打开“另存为”对话框，选择保存的位置，设置保存类型为 JPEG，输入保存的名称为“通栏店招.jpg”，单击“保存”按钮，保存制作的店招。

（9）制作页头背景。按【Ctrl+Alt+Z】快捷键撤销上一步操作，返回未裁剪前图片效果，使用“矩形选框工具”，设置样式为“固定大小”，宽为“950”像素，高为“150”像素，在左侧的参考线处单击，创建选区，如图 5-60 所示。

图 5-60　创建选区

（10）按【Delete】键删除该区域，按【Ctrl+D】快捷键取消选区。

（11）执行“文件”→“存储为”命令，打开“另存为”对话框，选择保存的位置，设置保存类型为 JPEG，输入保存的名称为“页头.jpg”，单击“保存”按钮，保存制作的页头背景。

温馨提示

通栏店招中店招部分的高度为 150 像素时，最下面 950 像素 × 30 像素的图像为导航条，在上传到网店店铺前，应完善导航条的具体内容，如图 5-61 所示。这里没有涉及导航条制作，导航条的设计可参考第 6 单元项目 2。

图 5-61　制作导航条详细信息

项目 4　主图设计

主图设计

项目描述

在网店装修中，商品主图是买家对一件商品的第一印象，它是吸引买家进店浏览的关键。那么，如何制作优良品质的主图呢？

项目目标

- ✧ 会使用钢笔工具绘制形状。
- ✧ 会添加图层样式。
- ✧ 会使用多边形套索工具。
- ✧ 会添加路径文字。
- ✧ 会使用直线工具。
- ✧ 会使用自定形状工具。

项目实施

在不同的电商平台中，主图的尺寸要求存在一定的区别，在设计过程中要根据具体尺寸要求对主图进行调节。同时，在设计主图的过程中，为了增强其表现力，可根据店铺的活动动态及商品内容，在画面中添加一些能刺激买家购买欲望的文字，以起到增加商品点击率和销量的作用。

主图一般包括产品、店铺名、产品卖点和促销等信息。好的主图不仅可以使买家获得产品相关信息，还能强化品牌印象，提升买家购买欲望，从而提高网店的点击率和转化率。

主图尺寸一般是正方形的，例如，淘宝中主图最小为 310 像素×310 像素。如果主图尺寸在 800 像素×800 像素以上，则可以在宝贝详情页中提供图片放大功能，因此，建议主图尺寸使用 800 像素×800 像素。

操作步骤

（1）绘制主图背景。执行“文件”→“新建”命令，打开“新建”对话框，设置宽度为 800 像素，高度为 800 像素，分辨率为 72 像素/英寸，颜色模式为“RGB 颜色”，背景内容为白色，单击“确定”按钮，创建空白文档。

（2）使用“矩形选框工具”，在画布的最下方绘制一个长方形选区，如图 5-62 所示。

（3）设置前景色为 RGB（207，0，214），背景色为 RGB（164，0，242），使用“渐变工具”，在工具选项栏中单击“线性渐变”按钮，再单击渐变颜色条，在打开的“渐变编辑器”对话框中，选择“预设”列表框中的“前景色到背景色渐变”选项，单击“确定”按钮。将光标移动到画布选区的左侧，按住【Shift】键，向右拖动光标至选区右侧，如图 5-63 所示。

图 5-62 绘制选区

图 5-63 添加长方形渐变

（4）设置前景色为 RGB（254，230，0）选择“钢笔工具”，在工具选项栏中设置“工具模式”为形状，无描边，绘制如图 5-64 所示图形。

（5）使用“钢笔工具”，绘制如图 5-65 所示图形，并在工具选项栏中设置“填充颜色”为 RGB（225，121，0）。

图 5-64 绘制不规则形状（1）

图 5-65 绘制不规则形状（2）

（6）选中背景所在图层，使用“钢笔工具”，绘制如图 5-66 所示阴影，并在工具选项栏中设置“填充颜色”为 RGB（72，1，34）。

（7）使用“钢笔工具”，在画布右上角绘制如图 5-67 所示图形。

图 5-66　绘制阴影

图 5-67　绘制形状

（8）选中“形状 4”图层，在该图层名称后空白处双击，打开“图层样式”对话框，选中“渐变叠加”复选框，单击渐变条，打开“渐变编辑器”对话框，设置左侧色标颜色为 RGB（164，0，242），右侧色标颜色为 RGB（207，0，214），单击“确定”按钮；继续设置“样式”为线性，“角度”为 90 度，如图 5-68 所示。

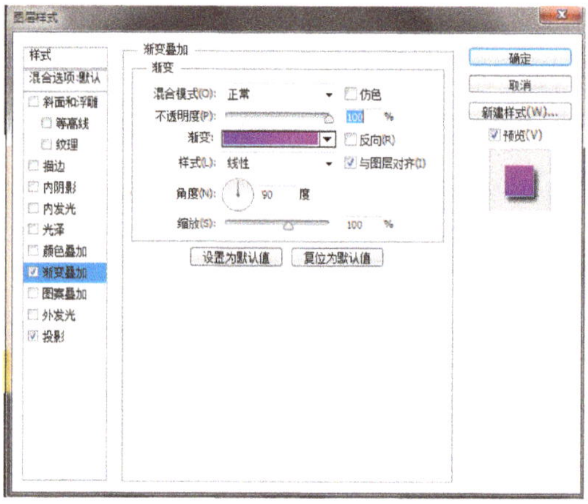

图 5-68　设置“渐变叠加”样式

（9）选中“投影”复选框，设置“不透明度”为 75%，“角度”为 120 度，单击“确定”按钮，效果如图 5-69 所示。

（10）选中背景图层，按【Ctrl+Shift+Alt+N】快捷键新建图层，设置前景色为 RGB（170，170，168），使用“多边形套索工具”，在工具选项栏中设置“羽化”为 7 像素，在右上角创建不规则选区，按【Alt+Delete】快捷键填充前景色，如图 5-70 所示，按【Ctrl+D】快捷键取消选区。

图 5-69　右上角形状效果

图 5-70　绘制阴影效果

（11）添加产品图片。执行“文件”→“置入”命令，打开“置入”对话框，选择置入的图片文件“水壶.psd”，单击“置入”按钮，按住【Alt+Shift】快捷键不放，用鼠标拖动定界框的角点，将图像缩放到合适大小，按【Enter】键确认变换，效果如图 5-71 所示。

（12）添加文字。使用“横排文字工具”，在工具选项栏中设置“字体”为华康俪金黑 W8，“大小”为 50 点，“颜色”为 RGB（225，19，57），在左下角输入文字“抢购价￥”，效果如图 5-72 所示。

图 5-71　添加产品

图 5-72　添加文字“抢购价￥”

（13）参照步骤（12），在“抢购价￥”右侧输入文字“39”，修改文字“大小”为 124 点。

（14）使用“横排文字工具”，输入“原价：149”，在工具选项栏中设置“字体”为华康俪金黑 W8，“大小”为 30 点，“颜色”为 RGB（0，0，0），“字距”为 0，效果如图 5-73 所示。

（15）使用“直线工具”，在工具选项栏中设置“填充”为黑色，无描边，“粗细”为 1 像素，按住【Shift】键在文字“原价：149”中间绘制一条直线，效果如图 5-74 所示。

图 5-73　输入文字“原价：149”

图 5-74　绘制直线

（16）使用“横排文字工具”，输入“限时疯抢”，在工具选项栏中设置“字体”为华康俪金黑 W8，“大小”为 90 点，“颜色”为 RGB（255，255，255），“字距”为 217，效果如图 5-75 所示。

（17）使用“钢笔工具”，在工具选项栏中设置“工具模式”为路径，在右上角创建一条曲线路径，如图 5-76 所示。

图 5-75　输入文字“限时疯抢”

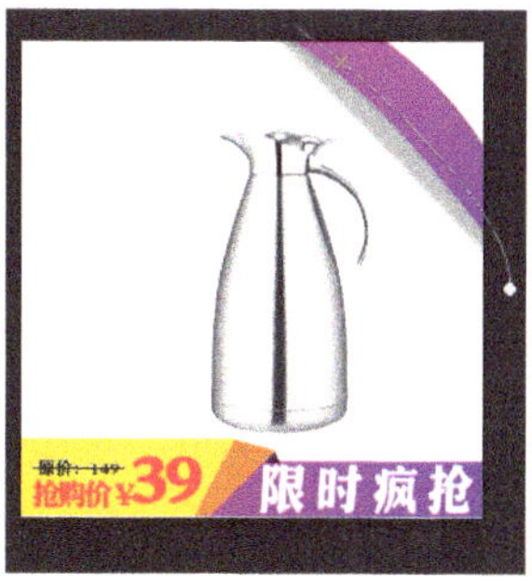

图 5-76　创建曲线路径

（18）使用“横排文字工具”，移动光标至曲线上，单击并输入曲线文字“热卖新品”，文字即会沿路径排列。在工具选项栏中设置“字体”为华康俪金黑 W8，“大小”为 66.93 点，“颜色”为 RGB（255，255，255），“字距”为 156，效果如图 5-77 所示。

图 5-77 添加曲线文字“热卖新品”

（19）使用“横排文字工具”，在左上角输入文字“原装正品”，选中该文字，在工具选项栏中设置“字体”为 Adobe 黑体 Std，“大小”为 61.93 点，“颜色”为 RGB（246，26，28），“字距”为 16。

（20）使用“自定形状工具”，在工具选项栏中设置“填充”为 RGB（246，26，28），无描边，“形状”为，拖动鼠标在画布中绘制该形状。

（21）使用“横排文字工具”，在形状后输入文字“表面光滑”，选中该文字，在其工具选项栏中设置“大小”为 45 点。

（22）参照步骤（20）和步骤（21），添加产品的其他特点，效果如图 5-78 所示。

图 5-78 输入文字

（23）执行“文件”→“存储为”命令，打开“另存为”对话框，选择保存的位置，输入名称为“水壶主图.psd”，单击“保存”按钮，保存制作的图像。

温馨提示

在网店装修中，还有一种图片为商品的直通车图片。直通车是一种推广搜索竞价模式，按照点击付费，进行商品精准推广。直通车图片出现在网上搜索宝贝结果页面的右侧和最下端。直通车推广图片默认选择的是宝贝主图中的任意一张。直通车图片尺寸和主图类似，一般为 800

×800 像素，可以多加一些促销性质的文案。另外，图片中还要突出产品的卖点。

项目 5　商品细节描述设计

商品细节描述设计

项目描述

商品细节描述页面（商品详情页）的设计主要是对网店中销售的单个商品的细节及购买流程等一系列内容进行介绍。由于在网店交易中没有实物和工作人员，因此商品的细节描述页面就承担着主要的宣传和推销工作。可以看到，商品细节描述页面制作的好坏直接影响着买家是否购买该商品。那么，怎样制作能够吸引人的商品详情页呢？

项目目标

- ✧ 会使用矩形选框工具和椭圆选框工具。
- ✧ 会使用矩形工具和直线工具。
- ✧ 会使用渐变工具。
- ✧ 会使用自定形状工具。
- ✧ 会添加横排文字和直排文字。
- ✧ 会添加图层样式。
- ✧ 会创建组。
- ✧ 会使用剪切蒙版。

项目实施

商品细节描述页面是对网店中销售的单个商品的细节、材质、竞争优势、洗涤方式、优惠活动等内容进行展示的页面，也是买家了解商品信息的重要页面。由于在网上购物时，买家看不到实物商品，只能通过图片、文字来了解商品，而商品详情页是唯一的向买家详细介绍商品的地方。因此，制作优秀的商品细节描述页面至关重要，它能够延长买家的逗留时间，提高买家的购买率。

商品细节描述页面的宽度是 750 像素，高度不限，通常使用标题栏的表现形式对页面中的信息进行分组，便于买家进行阅读。

这里以一款苦荞饼干为例介绍商品细节描述页面的具体设计和制作。

操作步骤

（1）添加画布背景。执行“文件”→“新建”命令，打开“新建”对话框，设置宽度为 750 像素，高度为 3464 像素，分辨率为 72 像素/英寸，颜色模式为 RGB 颜色，背景内容为白色，单击“确定”按钮，创建空白文档。

（2）设置前景色为 RGB（202，238，178），按【Alt+Delete】快捷键填充前景色。

（3）置入图片。执行“文件”→“置入”命令，打开“置入”对话框，选择需要置入的图片“绿叶.psd”，单击“置入”按钮，完成图像的置入。按【Ctrl+T】快捷键调出变换框，拖动定界框角点进行缩放，效果如图 5-79 所示。

图 5-79　置入图像

（4）新建一图层，使用“渐变工具”，将前景色和背景色均设为白色，在工具选项栏中选择“从前景色到透明渐变”选项，单击“径向渐变”按钮，在图片左下方拖动，绘制亮光，效果如图 5-80 所示。

图 5-80　绘制亮光

（5）设置前景色为 RGB（53，23，13），使用“横排文字工具”，输入文字“糖醇苦荞饼干”，在工具选项栏中设置“字体”为微软雅黑，“字体大小”为 50 点，单击“切换字符和段落面板”按钮，在打开的“字符”面板中设置“字距”为 80，“垂直缩放”为 120%，效果如图 5-81 所示。

图 5-81　添加文字

（6）设置前景色为 RGB（166，197，5），背景色为 RGB（73，159，29），使用“自定形状工具”，在工具选项栏中设置“填充”为“从前景色到背景色渐变”，选择形状，绘制形状，效果如图 5-82 所示。

图 5-82　绘制形状

（7）使用“横排文字工具”T，输入文字“健康营养 亲近美味”，并设置“字体”为华康海报体，“字体大小”为 45 点，“字距”为 16，“行距”为 58 点，效果如图 5-83 所示。

图 5-83　添加文字“健康营养 亲近美味”

（8）执行“文件”→“置入”命令，打开“置入”对话框，选择需要置入的图片“饼干.psd”，单击“置入”按钮，完成图像的置入。在该图层空白处单击，打开“图层样式”对话框，设置“样式”为投影，“不透明度”为 60%，“距离”为 13 像素，“扩展”为 2%，“大小”为 7 像素，效果如图 5-84 所示。

图 5-84　添加产品图片并设置其样式

(9) 选中除背景图层外的所有图层，按【Ctrl+G】快捷键创建组，并在组名称处双击，修改组名为“海报”。

(10) 添加产品信息。设置前景色为 RGB（166，197，5），背景色为 RGB（73，159，29），新建一图层，使用“矩形选框工具”，在海报下面绘制长条形选区，使用“渐变工具”，在工具选项栏中单击颜色渐变条，打开“渐变编辑器”对话框，设置“预设”为前景色到背景色渐变，对称渐变，从选区中间向右边水平拖动，填充渐变，效果如图 5-85 所示，按【Ctrl+D】快捷键取消选区。

图 5-85　绘制渐变矩形

(11) 使用“横排文字工具”，在矩形中间输入文字“产品信息 INFORMATION”，选中文字，在工具选项栏中设置“字体”为 Adobe 黑体 Std，“字体大小”为 25 点，“文本颜色”为 RGB（255，255，255），效果如图 5-86 所示。

图 5-86　添加文字“产品信息 INFORMATION”

(12) 执行“文件”→“置入”命令，打开“置入”对话框，选择需要置入的图片“饼干 1.psd”，单击“置入”按钮，完成图片的置入。按【Ctrl+T】快捷键调出变换框，拖动角点缩放图像。

(13) 置入图片“饼干 2.psd”，缩放至合适大小。选中“饼干 1”图层和“饼干 2”图层，按【Ctrl+E】快捷键合并图层，效果如图 5-87 所示。

图 5-87 合并图层

（14）双击该图层名称后的空白处，打开“图层样式”对话框，选中“投影”复选框，设置“距离”为 9 像素，“大小”为 11 像素，投影效果如图 5-88 所示。

图 5-88 添加投影效果

（15）使用“横排文字工具”T，在产品右侧输入文字“糖醇苦荞饼干”，在工具选项栏中设置“字体”为 Adobe 黑体 Std，“字体大小”为 29 点，“文本颜色”为 RGB（73，159，29），效果如图 5-89 所示。

图 5-89 添加文字“糖醇苦荞饼干”

（16）使用“直线工具”，在工具选项栏中设置无填充，“描边”为黑色，“粗细”为 1

像素，“描边选项”选择虚线，按住【Shift】键拖动鼠标绘制一条水平线，如图 5-90 所示。

图 5-90　绘制一条水平线

（17）连续按【Ctrl+J】快捷键 6 次，复制 6 条同样的水平线，选中“形状 2 拷贝 6”图层，使用“移动工具”，向下移动该图层图像，效果如图 5-91 所示。

图 5-91　移动图像

（18）选中所有直线图层，使用“移动工具”，在工具选项栏中设置“垂直居中分布”，效果如图 5-92 所示。

图 5-92　垂直居中分布

（19）使用“横排文字工具”，在产品右侧输入文字，在工具选项栏中设置“字体”为

Adobe 黑体 Std，“字体大小”为 18 点，“文本颜色”为 RGB（0，0，0），文字内容及效果如图 5-93 所示。

图 5-93　输入文字

（20）选中除了背景图层和海报组以外的所有图层，按【Ctrl+G】快捷键创建组，并在组名称处双击，修改组名为“产品信息”。

（21）添加产品功能。选中“产品信息”组，按【Ctrl+G】快捷键，在“产品信息”组上方创建新组，并在组名称处双击，修改组名为“产品功能”。

（22）选中“产品信息”组中的导航条及导航条上文字所在图层，按【Ctrl+J】快捷键复制图层，将其移动至“产品功能”组中。使用“移动工具”，移动“产品信息”内容至如图 5-94 所示位置。

图 5-94　复制并移动导航栏信息

（23）选中“产品功能”组中的文字图层，使用“横排文字工具”，在文字上单击，修改“产品信息 INFORMATION”为“产品功能 FUNCTION”。

（24）执行“视图”→“标尺”命令，使用“移动工具”，从左侧标尺处拖动鼠标创建 4 条垂直参考线，如图 5-95 所示。

（25）新建一图层，设置前景色为 RGB（121，121，121），使用“矩形选框工具”，在工具选项栏中设置“羽化”为 5 像素，在左侧参考线处绘制矩形，按【Alt+Delete】快捷键填充前景色，效果如图 5-96 所示。

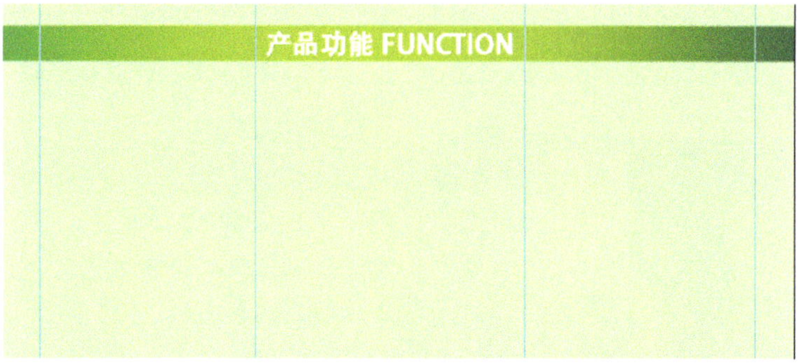

图 5-95　创建参考线

图 5-96　绘制矩形

（26）使用“矩形工具”，绘制矩形，在工具选项栏中设置“填充”为白色，“描边”为黑色，“描边宽度”为 1 点，“描边选项”选择第 3 种，效果如图 5-97 所示。

图 5-97　绘制白色矩形

（27）使用“矩形工具”，绘制一个比白色矩形稍小的矩形，在工具选项栏中设置“填充”为黑色，无描边，效果如图 5-98 所示。

（28）执行“文件”→“置入”命令，打开“置入”对话框，选择置入的图片“老人.jpg”，单击“置入”按钮，置入图片。按【Ctrl+T】快捷键，拖动鼠标进行缩放，并移动到如图 5-99 所示位置。

图 5-98　绘制黑色矩形

图 5-99　置入图片

（29）选中图片所在的图层并右击，在弹出的快捷菜单中选择“创建剪切蒙版”命令，效果如图 5-100 所示。

图 5-100　创建剪切蒙版

（30）使用“矩形工具”，绘制矩形，在工具选项栏中设置“填充”为 RGB（250，131，3），无描边，效果如图 5-101 所示。

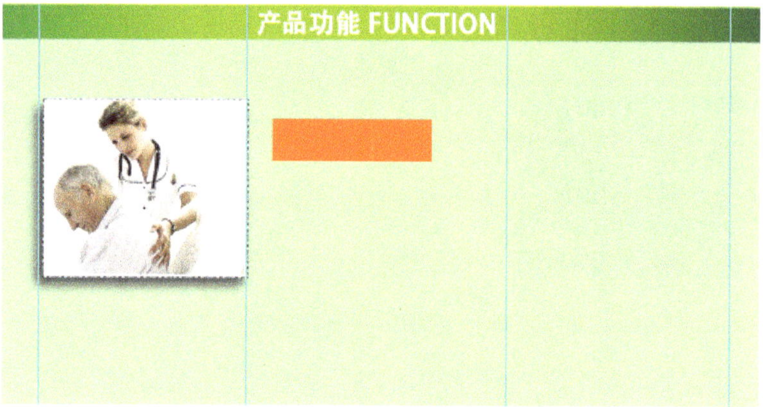

图 5-101　绘制矩形

（31）使用“横排文字工具”T，输入文字，在工具选项栏中设置“字体”为隶书，“字体大小”为 27.16 点，“文本颜色”为白色，效果如图 5-102 所示。

图 5-102　输入文字（1）

（32）使用“横排文字工具”T，输入文字，在工具选项栏中设置“字体”为 Adobe 黑体 Std，“字体大小”为 15 点，“文本颜色”为 RGB（76，42，36），效果如图 5-103 所示。

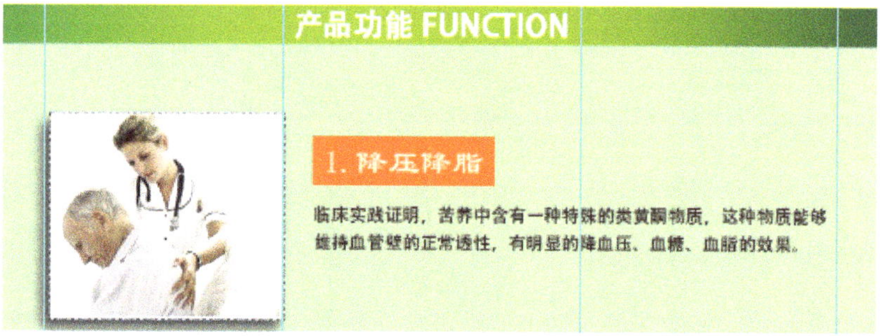

图 5-103　输入文字（2）

（33）使用“直线工具”，按住【Shift】键绘制一条水平直线，在工具选项栏中设置为无填充，“描边颜色”为黑色，“描边宽度”为 1 点，“描边选项”为第 2 种，效果如图 5-104 所示。

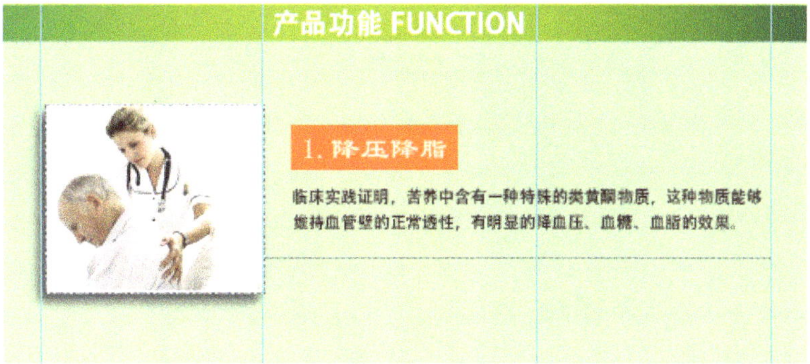

图 5-104　绘制直线

（34）选择产品功能组中除“图层 2 拷贝”、“产品功能 FUNCTION”以外的所有图层，按【Ctrl+G】快捷键创建新组，修改组名为“功能 1”。

（35）参照“功能 1”组的操作，制作如图 5-105 所示效果，完成产品功能的制作。

图 5-105　制作产品功能

（36）添加产品展示。选中“产品功能”组，按【Ctrl+G】快捷键，在“产品功能”组上方创建新组，并在组名称处双击，修改组名为“产品展示”。

（37）按【Ctrl+;】快捷键隐藏参考线，选中“产品信息”组中的导航条及导航条上文字所在图层，按【Ctrl+J】快捷键复制图层，移动图层至“产品展示”组中。使用“移动工具”，移动复制的图像至“产品功能”下方，修改文本“产品信息 INFORMATION”为“产品展示 EXHIBITION”，效果如图 5-106 所示。

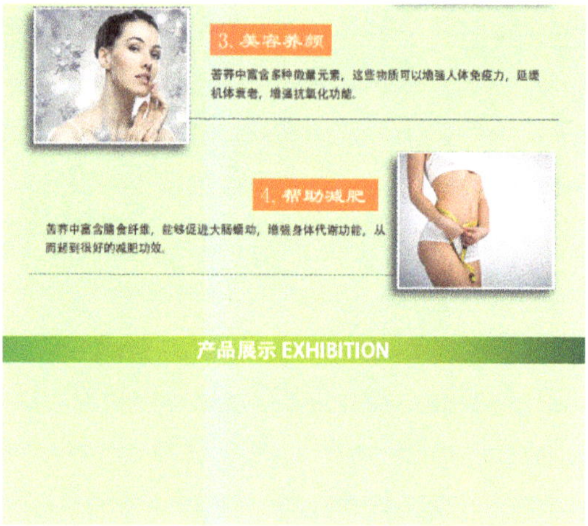

图 5-106　复制并修改图像

（38）复制“产品信息”组中的“饼干 2”图层，并将其移动至“产品展示”组中，使用“移动工具”，移动图像至产品展示导航条下方。按【Ctrl+T】快捷键调出变换框，拖动定界框角点对图像进行缩放，效果如图 5-107 所示。

图 5-107　复制图片

（39）新建一图层，使用“椭圆选框工具”，在工具选项栏中设置“羽化”为 20 像素，拖动鼠标绘制椭圆选区，设置前景色为黑色，按【Alt+Delete】快捷键填充前景色，效果如图 5-108 所示。

图 5-108　绘制椭圆

（40）执行“文件”→“置入”命令，打开“置入”对话框，选择置入的图片文件“饼干3.jpg”，单击“置入”按钮，置入图片。将图片移动到黑色椭圆位置，在该图层上右击，在弹出的快捷菜单中执行“创建剪切蒙版”命令，效果如图 5-109 所示。

图 5-109　置入图像

（41）设置前景色为 RGB（53，23，13），使用“直排文字工具”![IT]，在图片左侧输入文字“真苦荞 真营养”，选中文字，在工具选项栏中设置“字体”为隶书，“字体大小”为 39 点，“设置消除锯齿的方法”为浑厚。

（42）使用“直排文字工具”![IT]，在文字“真苦荞 真营养”左侧输入文字，选中该段文字，在工具选项栏中设置“字体”为幼圆，“字体大小”为 27 点，“设置消除锯齿的方法”为锐利，设置“行距”为 37.5 点，文字内容及效果如图 5-110 所示。

图 5-110　添加文字效果

（43）参照步骤（39）～步骤（42）的操作，绘制如图 5-111 所示效果。

图 5-111　添加产品图片及文字

（44）执行“文件”→“存储为”命令，打开“另存为”对话框，选择保存的位置，输入名称为“饼干细节描述.psd”，单击“保存”按钮，保存制作的图像。

单元小结

本单元通过制作动画、绘制不规则形状、添加图层样式、创建组、创建剪切蒙版等操作和矩形工具、椭圆工具、多边形工具、直线工具、文字工具、自定形状工具、选框工具等的使用，介绍了网店的基本元素的制作方法和步骤，具体包括设计店标、设计 LOGO、设计店招、主图设计、商品细节描述设计等。

课后自测

（1）为一家日用家居网店店铺设计并制作一款动态店标，参考效果如图 5-112 所示。

图 5-112　动态店标效果

（2）为一家经营女装的店铺设计一款 LOGO，参考效果如图 5-113 所示。

图 5-113　女装 LOGO 效果

（3）根据提供的电子产品素材，为数码专营店铺设计一款店招，参考效果如图 5-114 所示。

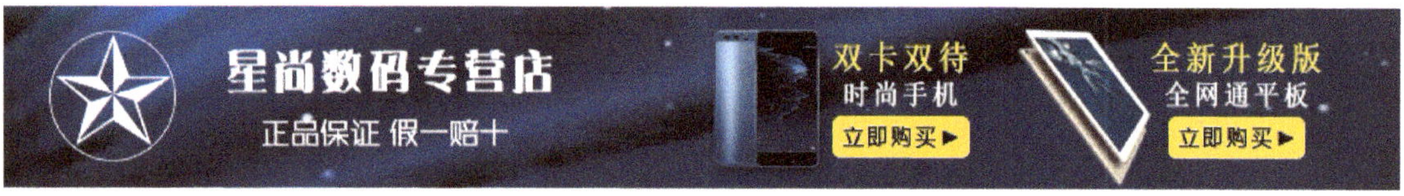

图 5-114　店招效果

（4）根据提供的素材“行李箱.jpg”，设计主图效果，参考效果如图 5-115 所示。

（5）根据提供的饰品素材，为其设计商品细节描述图，参考效果如图 5-116 所示。

图 5-115　行李箱主图效果

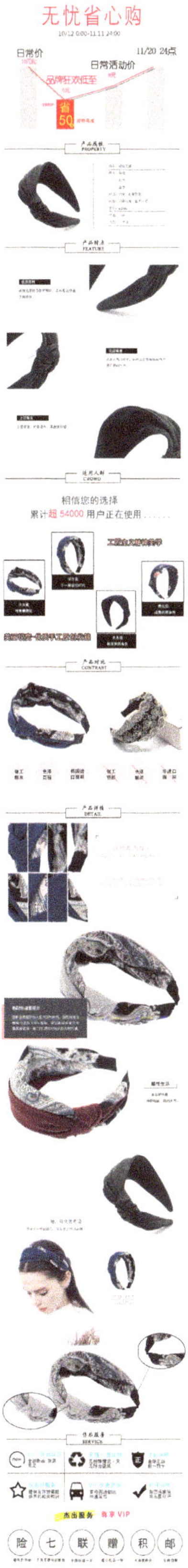

图 5-116　商品细节描述图效果

第 6 单元

网店元素设计之二

在网店装修过程中，除了要设计和制作店标、店招、主图、商品细节描述等基本网店元素之外，为了使网店能够吸引买家，提高点击率和购买率，还需要进一步设计和制作公告栏、分类导航、收藏区等元素。

项目 1　公告栏设计

项目描述

小刘的店铺刚刚开张，有朋友提醒他可以通过添加公告栏来发布通知、店铺动态等，那么什么是公告栏？怎么设计公告栏呢？

项目目标

- ✧ 会使用矩形工具。
- ✧ 会使用魔棒工具。
- ✧ 会使用椭圆工具。
- ✧ 会添加文字和编辑文字。
- ✧ 会设置图层样式。
- ✧ 会使用自定形状工具。
- ✧ 会设置图层的混合模式。
- ✧ 会创建动画效果。

项目实施

公告栏是买家了解店铺动态和促销活动的重要窗口，网店卖家可以在公告栏介绍店铺、发布通知消息、展示店铺活动，从而引起买家的注意，对店铺产生深刻印象，提高网店的购买率和回头率，因此，公告栏是网店美工中不可或缺的重要元素。

公告栏的宽度一般不超过 480 像素，否则超出部分无法显示，长度不限制。促销区域的公告栏的宽度一般为 750 像素，高度大小则根据实际需要进行设置。

根据公告栏的表现形式可分为文字公告栏、图片公告栏和动态公告栏 3 种类型。

文字公告栏是以纯文字方式显示的，可在其中显示店铺名称、促销信息及联系方式等。在网店“店铺装修”后台直接输入文字并对文字进行编辑，即可完成文字公告栏的制作。

图片公告栏与文字公告栏相比，具有内容更醒目、效果更美观的特点，因此大多店铺选用图片公告栏形式。

动态公告栏指在图文公告栏的基础上，利用各种动态特效使公告栏中需要强调的内容更加醒目，整个画面更加生动活泼。

这里，以图片公告栏和动态公告栏的制作为例，介绍公告栏的制作方法。

任务 1　制作图片公告栏

设计公告栏

操作步骤

（1）执行“文件”→“新建”命令，打开“新建”对话框，设置宽度为 750 像素，高度为 460 像素，分辨率为 72 像素/英寸，颜色模式为 RGB 颜色，背景内容为白色，单击“确定”按钮，创建空白文档。

（2）执行“文件”→“置入”命令，打开“置入”对话框，选择置入的图片文件“大海.jpg”，单击“置入”按钮，置入图片。按【Ctrl+T】快捷键调出变换框，将图片缩放至整个画布，效果如图 6-1 所示。

图 6-1　置入图片

（3）使用“矩形工具”，在工具选项栏中设置“填充”为白色，无描边，在画布中央绘制一个矩形，效果如图 6-2 所示。

图 6-2　添加矩形

（4）选中矩形所在图层，按【Ctrl+J】快捷键复制矩形。使用“矩形工具”，在工具选项栏中设置无填充，“描边”为 RGB（42，141，196），“描边宽度”为 3 点，“描边选项”为实线。按【Ctrl+T】快捷键调出变换框，按【Alt+Shift】快捷键拖动角点，围绕中心点等比例缩小，效果如图 6-3 所示。

图 6-3　绘制矩形描边

（5）设置前景色为 RGB（25，165，178），使用“横排文字工具”T，输入文字“店铺公告”，在工具选项栏中设置“字体”为微软雅黑，“字体样式”为 Bold，“字体大小”为 59 点，设置消除锯齿的方法为浑厚。

（6）使用“横排文字工具”T，输入公告内容，在工具选项栏中设置“字体”为隶书，“字体大小”为 27 点，设置消除锯齿的方法为平滑，效果如图 6-4 所示。

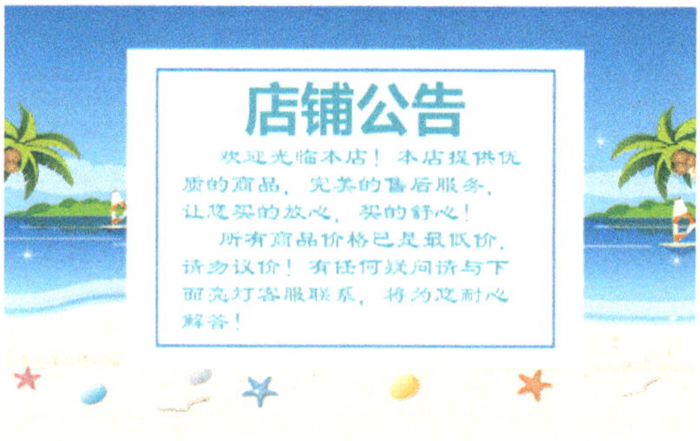

图 6-4　添加文字

（7）使用“自定形状工具”，在工具选项栏中设置“填充”为白色，无描边，“形状”为云彩 1，拖动鼠标在画布中绘制，效果如图 6-5 所示。

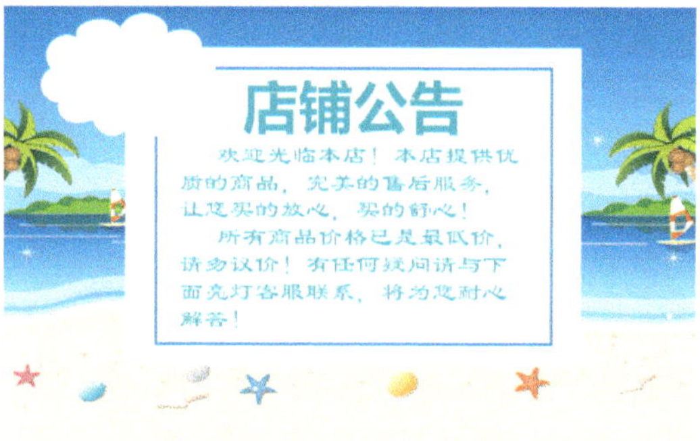

图 6-5　绘制云彩

（8）选中该图层，单击“添加图层样式”按钮 fx，在弹出的下拉列表中选择“投影”选项，打开“图层样式”对话框，设置“距离”为 12 像素，效果如图 6-6 所示。

图 6-6　添加投影效果

（9）置入图像“气球.psd”，并移动到画布右上角，效果如图 6-7 所示。

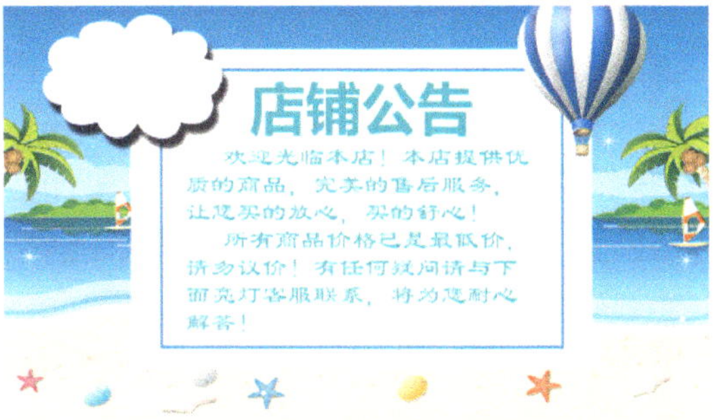

图 6-7　置入图像

（10）参照步骤（7）和步骤（8），再次添加云彩，效果如图 6-8 所示。

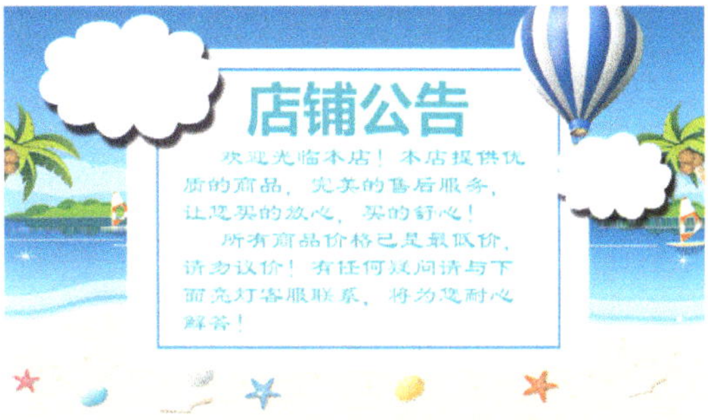

图 6-8　添加云彩

（11）执行“文件”→“存储为”命令，打开“另存为”对话框，选择保存的位置，输入名称为“店铺公告.psd”，单击“保存”按钮，保存制作的图像。

任务 2　制作动态公告栏

操作步骤

（1）绘制公告栏背景。执行“文件”→“新建”命令，打开“新建”对话框，设置宽度为 950 像素，高度为 500 像素，分辨率为 150 像素/英寸，颜色模式为 RGB 颜色，背景内容为白色，单击“确定”按钮，创建空白文档。

（2）执行“文件”→“置入”命令，打开“置入”对话框，选择需要置入的图片“花纹.jpg”，单击“置入”按钮，置入图片，按【Ctrl+T】快捷键调出变换框，将图片缩放至整个画布大小，效果如图 6-9 所示。

图 6-9　置入图片

（3）选择“魔棒工具”，在工具选项栏中设置“容差”为 15%，取消选中“连续”复选框，单击画布中的白色区域创建选区，按【Delete】键删除选区内容，即白色部分。按【Ctrl+Shift+I】快捷键反选选区，设置前景色为 RGB（251，238，0），按【Alt+Delete】快捷键填充选区，效果如图 6-10 所示。

图 6-10　修改花纹颜色

（4）单击“图层”面板中背景图层的眼睛图标，隐藏背景图层。新建一图层，设置前景色为 RGB（211，13，24），按【Alt+Delete】快捷键填充前景色，设置图层混合模式为“滤色”，效果如图 6-11 所示。

图 6-11　混合模式效果

（5）选中花纹图层，设置图层不透明度为“13%”，效果如图 6-12 所示。

图 6-12　不透明度效果

（6）添加公告牌。使用“椭圆工具”，在工具选项栏中设置“填充”为白色，“描边”为 0.5 点，绘制一个大小超出画布的椭圆，效果如图 6-13 所示。

图 6-13　绘制椭圆

（7）选中椭圆图层，双击该图层，打开“图层样式”对话框，选中“投影”复选框，设置“距离”为 8 像素，“扩展”为 0%，“大小”为 5 像素，单击“确定”按钮。

（8）添加鞭炮和烟花。执行“文件”→“置入”命令，打开“置入”对话框，选择置入的图片“鞭炮.psd”，单击“置入”按钮，置入图片。按【Shift】键拖动角点，等比例放大图像，并移动到如图 6-14 所示位置。

图 6-14　置入图片（1）

（9）再次置入图片“鞭炮.psd”，移动至如图 6-15 所示位置。

图 6-15　置入图片（2）

（10）执行“文件”→“置入”命令，打开“置入”对话框，选择置入的图片“烟花 1.psd”，单击“置入”按钮，置入图片，将图片缩放和移动至如图 6-16 所示位置。

图 6-16　置入图片（3）

（11）以同样的方法置入图片“烟花 2.psd”，移动至如图 6-17 所示位置，设置“图层的混合模式”为滤色。

图 6-17　置入图片并设置混合模式

（12）以同样的方法置入图片“烟花 3.psd”，缩放和移动至如图 6-18 所示位置。

（13）添加文字。设置前景色为 RGB（185，18，25），使用“横排文字工具”T，输入文字“放假公告”，在工具选项栏中设置“字体”为文鼎 CS 中黑，“字体大小”为 40.96 点，效果如图 6-19 所示。

图 6-18　置入图片并缩放和移动图片

图 6-19　输入文字

（14）输入公告栏内容，在工具选项栏中设置“字体”为隶书，“字体大小”为 17.46 点，“文本颜色”为 RGB（252，200，108），“行距”为 25.69 点。双击该图层，打开“图层样式”对话框，选中“描边”复选框，设置“大小”为 2 像素，“填充颜色”为 RGB（152，0，3），单击“确定”按钮，效果如图 6-20 所示。

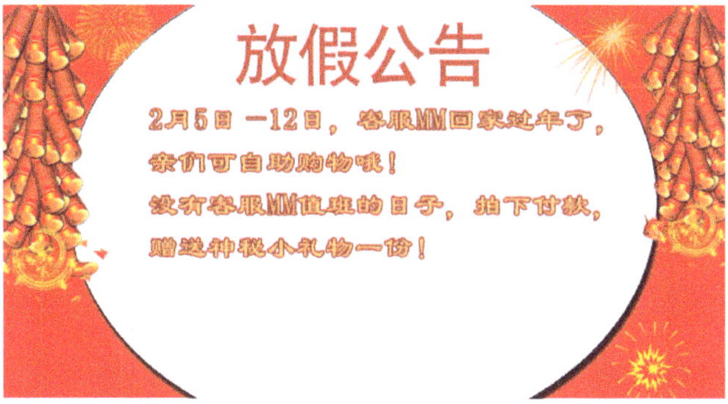

图 6-20　描边效果

（15）使用“横排文字工具” T，输入文字“祝您”，在工具选项栏中设置“字体”为迷你简汉真广标，“字体大小”为 30.2 点。双击该图层，打开“图层样式”对话框，选中“渐变叠加”复选框，单击渐变颜色条，打开“渐变编辑器”对话框，设置左色标颜色为 RGB（255，44，2），右色标颜色为 RGB（255，255，0），单击“确定”按钮。

（16）选中“投影”复选框，设置“距离”为 8 像素，“扩展”为 0%，“大小”为 5 像素，单击“确定”按钮，效果如图 6-21 所示。

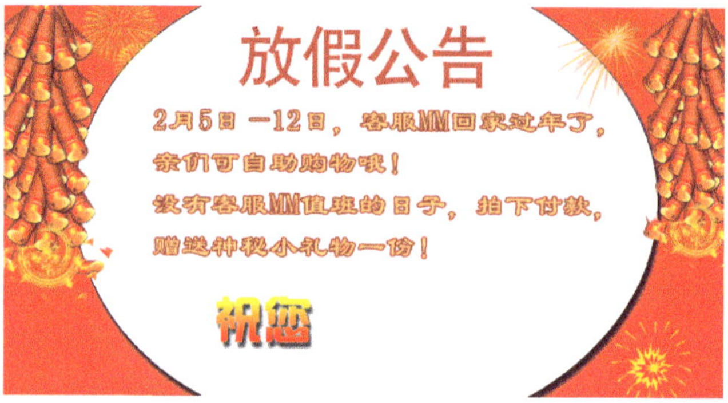

图 6-21　图层样式效果

（17）右击该文字图层，在弹出的快捷菜单中执行“拷贝图层样式”命令。使用“横排文字工具”T，在“祝您”后输入文字“新”，右击文字“新”图层，在弹出的快捷菜单中执行“粘贴图层样式”命令，效果如图 6-22 所示。

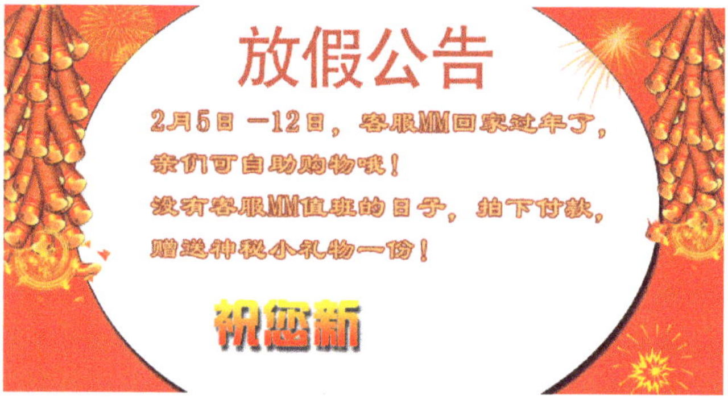

图 6-22　添加文字和样式

（18）参照步骤（17），分别输入“年”、“快”、“乐”、“！”等字，效果如图 6-23 所示。

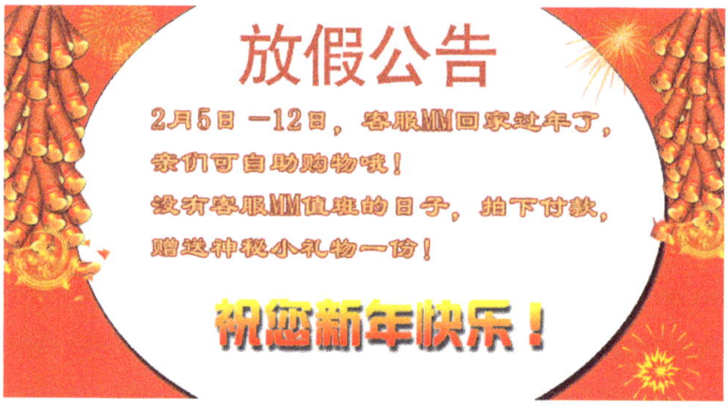

图 6-23　输入文字

（19）创建动画效果。执行“窗口”→“时间轴”命令，打开“时间轴”面板，在第 1 帧隐藏文字图层“新”、“年”、“快”、“乐”、“！”和图层“烟花 2”、“烟花 3”，如图 6-24 所示。

（20）在时间轴中单击“复制所选帧”按钮，并显示“新”图层和“烟花 2”图层，效果如图 6-25 所示。

图 6-24　设置第 1 帧

图 6-25　设置第 2 帧

（21）在“时间轴”面板中单击“复制所选帧”按钮，显示“年”图层和“烟花 3”图层。

（22）在“时间轴”面板中单击“复制所选帧”按钮，显示“快”图层，隐藏“烟花 1”图层。

（23）在“时间轴”面板中单击“复制所选帧”按钮，显示“乐”图层和“烟花 1”图层，隐藏“烟花 2”图层。

（24）在“时间轴”面板中单击“复制所选帧”按钮，显示“！”图层和“烟花 2”图层，隐藏“烟花 3”图层。

（25）在“时间轴”面板中选中所有帧，设置“延迟时间”为 0.2 秒，“循环次数”为永远，单击“播放动画”按钮，预览动画效果。

（26）执行“文件”→“存储为 Web 所用格式”命令，打开“存储为 Web 所用格式（100%）”对话框，选择保存的位置，输入名称为“动态公告.gif”，单击“存储”按钮，保存制作的动态公告栏。

项目 2　导航条设计

设计导航条

项目描述

导航条是依附在店招下方的一个细长的矩形，其作用是对商品和服务进行分类，方便买家通过页面跳转来快速访问所需要的内容。因此，导航条是买家访问店铺的快捷通道，那么如何设计导航条呢？

项目目标

- ✧ 会使用椭圆选框工具。
- ✧ 会使用圆角矩形工具。
- ✧ 会添加和编辑文字。

项目实施

导航条是买家在不同页面之间跳转的快速通道，帮助买家快速找到所需要的商品信息，从而提高店铺的转化率。导航条一般包括所有分类、首页、新品展示、热销爆款、促销活动以及商品分类等内容。导航条的宽度一般为 950 像素，模板自带导航条的高度为 30 像素。

导航条的设置可以分为两种。一种是使用店铺模板中自带的导航条，在添加了宝贝分类信息后，可以在网店后台“页面装修”中对导航条进行编辑，把商品分类信息添加到导航条上，如图 6-26~图 6-28 所示。

如果需要在导航条中添加一些促销活动、个性栏目等自定义页面，可以在图 6-27 所示对话框中选择“页面”选项卡进行添加。

另一种设置导航条的方法是买家自己设计制作导航条，并切片添加链接。在设计导航条时应当使其外观和色彩与店招和店铺的整体装修风格协调。在设计导航条的过程中，需要考虑导航条中信息的处理，要简明扼要、整齐简洁，让买家能够直观地感受到店铺商品的分类信息，这样才能更好地起到引导作用。下面介绍导航条的具体制作方法。

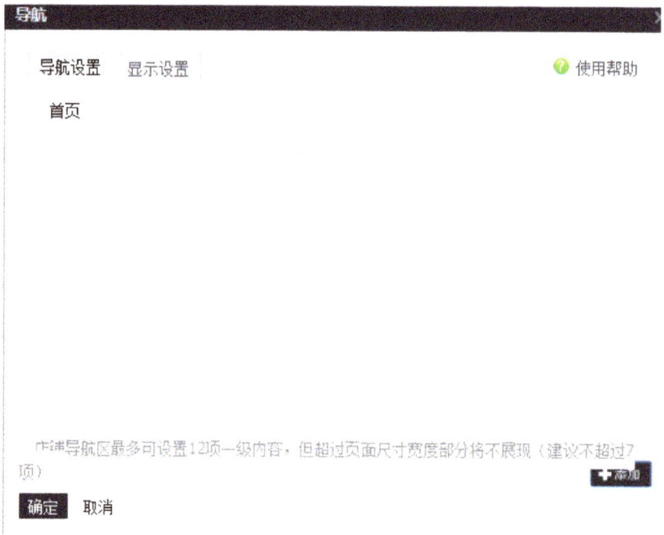

图 6-26　“导航”对话框

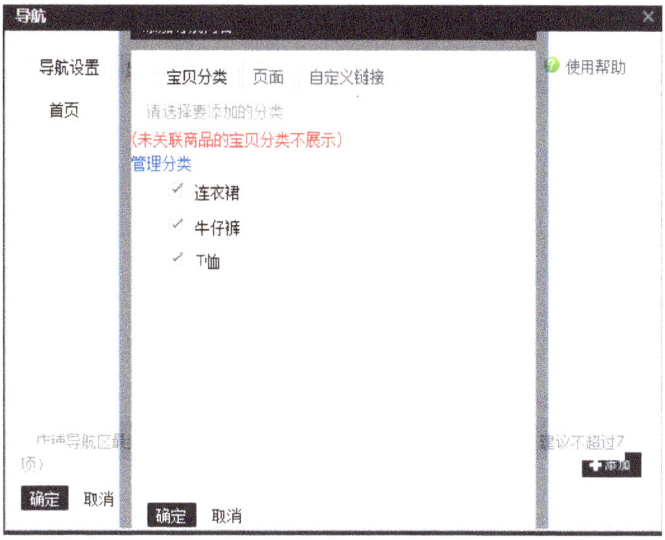

图 6-27　添加宝贝分类

图 6-28　最终效果

操作步骤

（1）执行“文件”→“新建”命令，打开“新建”对话框，设置“宽度”为 950 像素，“高度”为 50 像素，“分辨率”为 72 像素/英寸，“颜色模式”为 RGB 颜色，“背景内容”为白色，单击“确定”按钮，创建空白文档。

（2）设置前景色为 RGB（81，138，176），按【Alt+Delete】快捷键填充前景色。

（3）新建一图层，设置前景色为“白色”，使用“椭圆选框工具”，按【Shift】键绘制正圆选区，选区上半部分超出了画布，按【Alt+Delete】快捷键填充白色，按【Ctrl+D】快捷键取消选区，效果如图 6-29 所示。

图 6-29　绘制半圆效果

（4）按【Alt】键拖动鼠标复制多个正圆，按【Shift】键依次单击，选中所有正圆图层，按【Ctrl+E】快捷键合并图层，效果如图 6-30 所示。

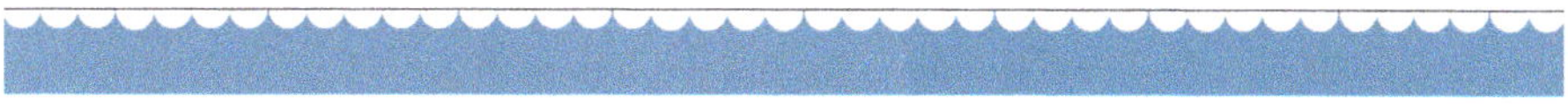

图 6-30　复制多个正圆

（5）使用“横排文字工具”，在工具选项栏中设置“字体”为迷你简少儿，“字体大小”为 22 点，“文本颜色”为白色，输入文字，效果如图 6-31 所示。

图 6-31　添加文字

（6）使用“圆角矩形工具”，在文字“首页”上方绘制一个圆角矩形，在工具选项栏中设置“填充”为白色，无描边，“半径”为 5 像素，移动该图层至文字图层下方，效果如图 6-32 所示。

图 6-32　绘制圆角矩形

（7）设置前景色为 RGB（81，138，176），使用“横排文字工具” T，选中文字“首页”图层，按【Alt+Delete】快捷键填充前景色，修改文字颜色，效果如图 6-33 所示。

图 6-33　修改文字颜色

（8）执行“文件”→“存储为”命令，打开“另存为”对话框，选择保存的位置，输入名称为“导航条.psd”，单击“保存”按钮，保存制作的导航条。

项目 3　分类导航设计

设计分类导航

项目描述

分类导航在电商平台中被广泛应用，它向买家展示了所有品类商品的详细分布。买家通过单击分类导航中的文字或图片可快捷轻松地选购符合需求的商品。因此，商品分类导航可以帮助买家快速找到所需要的商品，提高买家满意度。那么，如何设计商品分类呢？

项目目标

- ✧ 会使用矩形选框工具。
- ✧ 会使用图层样式。
- ✧ 会设置水平居中对齐和垂直居中对齐。
- ✧ 会使用矩形工具和自定形状工具。
- ✧ 会添加标尺和参考线。

项目实施

商品分类是店铺装修的重要环节，因为不论普通店铺还是旺铺，清晰的商品分类会让买家很容易找到想要的商品，尤其是商品种类繁多的时候。在网店中，分类导航的设计既可以通过文字来表现，又可以用图片和文字相结合的方式来表现，其表现形式需要根据整个店铺的装修风格来定，其中的图片要选择具有代表性的商品照片，使买家第一眼就知道商品的分类情况。

商品导航分类的图片尺寸要求最大宽度为 160 像素，高度不限，可以使用 JPG 或 GIF 图片格式。

下面介绍分类导航的具体制作方法。

操作步骤

（1）执行“文件”→“新建”命令，打开“新建”对话框，设置“宽度”为 150 像素，“高度”为 569 像素，“分辨率”为 72 像素/英寸，“颜色模式”为 RGB 颜色，“背景内容”为白色，单击“确定”按钮，创建画布。

（2）设置前景色为 RGB（236，201，245），按【Alt+Delete】快捷键给画布填充前景色。

（3）执行“文件”→“置入”命令，打开“置入”对话框，选择置入的图片“花边.psd”，单击“置入”按钮，置入图片，将其移动到画布最上端，如图 6-34 所示。

（4）双击该图层，打开“图层样式”对话框，选中“颜色叠加”复选框，设置“叠加颜色”为 RGB（244，183，19），效果如图 6-35 所示。

图 6-34　置入图片

图 6-35　设置“颜色叠加”

（5）新建一图层，得到“图层 1”，拖动“图层 1”至“花边”图层下方，使用“矩形选框工具”，绘制矩形选区，设置前景色为 RGB（118，0，0），按【Alt+Delete】快捷键填充前景色，效果如图 6-36 所示。

（6）设置前景色为 RGB（236，201，145），使用“横排文字工具”，输入文字“宝贝分类”，在工具选项栏中设置“字体”为微软雅黑，“字体大小”为 28 点，效果如图 6-37 所示。

图 6-36　绘制红色矩形

图 6-37　输入文字

（7）选择所有图层，使用“移动工具”，在工具选项栏中依次单击“水平居中对齐”按钮和“垂直居中对齐”按钮，对齐所有图层内容。

（8）设置前景色为 RGB（118，0，0），使用“横排文字工具”，输入文字“查看所有宝贝>>”，在工具选项栏中设置“字体”为微软雅黑，“字体大小”为 16 点。

（9）使用“横排文字工具”，输入文字“按销量”，在工具选项栏中设置 “字体大小”为 9.73 点。

（10）参照步骤（9），输入文字“按新品”、“按价格”、“按收藏”，效果如图 6-38 所示。

（11）选择所有文字图层，使用“移动工具”，在工具选项栏中单击“垂直居中对齐”按钮，垂直对齐。

（12）使用“矩形工具”，绘制一个矩形，在工具选项栏中设置“填充”为 RGB（118，0，0），效果如图 6-39 所示。

图 6-38　输入文字

图 6-39　绘制矩形

（13）执行“文件”→“置入”命令，打开“置入”对话框，选择置入的图片“图标.psd”，单击“置入”按钮，置入图片，将图片移动到矩形左上方。

（14）设置前景色为 RGB（236，201，145），使用“横排文字工具”，输入文字“产品材质”，在工具选项栏中设置“字体”为微软雅黑，“字体大小”为 18 点，效果如图 6-40 所示。

（15）使用“自定形状工具”，在工具选项栏中设置“填充”为 RGB（118，0，0），无描边，在“形状”中选择形状，在画布中绘制一个三角形，并旋转移动至合适位置，效果如图 6-41 所示。

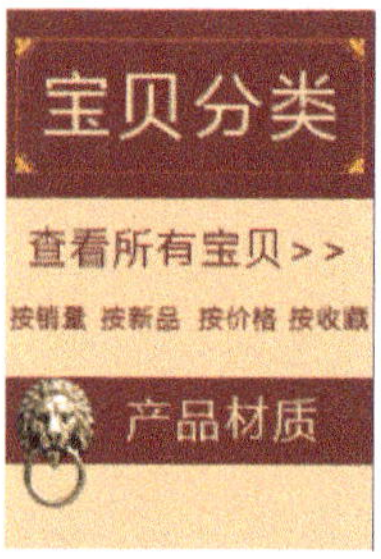

图 6-40　输入文字

图 6-41　绘制三角形

（16）设置前景色为 RGB（118，0，0），使用“横排文字工具”，输入文字“小叶紫檀”，在工具选项栏中设置“字体”为微软雅黑，“字体大小”为 17 点。

（17）执行“视图”→“标尺”命令，调出标尺。将鼠标指针置于垂直方向的标尺上，将其拖动至三角形左侧，创建一条垂直参考线。在文字“小叶紫檀”左侧再创建一条参考线，效果如图 6-42 所示。

（18）选中“形状 1”图层和“小叶紫檀”文字图层，按【Ctrl+J】快捷键复制图层，复制所选内容。使用“移动工具”，在画布中按【Shift】键向下垂直拖动，效果如图 6-43 所示。

图 6-42　创建垂直参考线

图 6-43　复制图层

（19）使用“横排文字工具”，更改复制的图层的文字“小叶紫檀”为“花梨”，并移动到参考线左侧，效果如图 6-44 所示。

（20）参照步骤（18）和步骤（19）的操作，添加图标和文字，效果如图 6-45 所示。

图 6-44　更改文字

图 6-45　添加图标和文字

（21）选中“产品材质”中所包含的所有图层，按【Ctrl+G】快捷键创建新组，并修改组名为“产品材质”。

（22）选中“矩形 1”图层、“图标”图层和“产品材质”图层，按【Ctrl+J】快捷键复制图层，使用“移动工具”，在画布中按【Shift】键向下垂直拖动，并更改文字“产品材质”为“产品用途”。

（23）参照步骤（18）和步骤（19）的操作，添加图标和文字效果如图 6-46 所示。

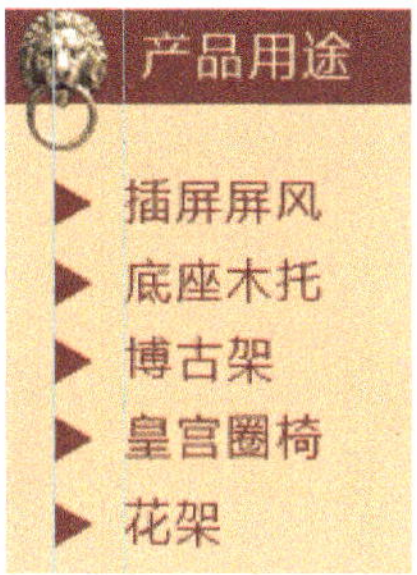

图 6-46　添加图标和文字

（24）选中“产品用途”中所包含的所有图层，按【Ctrl+G】快捷键创建新组，并修改组名为“产品用途”。

（25）执行“文件”→“存储为”命令，打开“另存为”对话框，选择保存的位置，输入名称为“宝贝分类.psd”，单击“保存”按钮，保存制作的分类导航。

项目 4　欢迎模块设计

设计欢迎模块

项目描述

网店中的欢迎模块是通过文字和商品图片相结合的形式对店铺最新热卖商品进行的展示或对买家的欢迎语，通常位于店铺导航条的下方，比导航条和店招所占区域尺寸都要大，是买家进入店铺后最容易被吸引的地方，其设计的好坏将直接影响店铺的点击率和商品销量。

项目目标

- ✧ 会添加和编辑文字。
- ✧ 会使用“图层样式”。
- ✧ 会绘制多边形。
- ✧ 会创建动画效果。
- ✧ 会使用钢笔工具。
- ✧ 会添加滤镜效果。

项目实施

网店的欢迎模块一般放在店铺的侧边，添加了一些静态或动态的欢迎图片，能够让买家感到宾至如归，吸引了买家的注意力，展示了店铺的个性。一般情况下，欢迎模块的宽度一般为 190 像素以内，高度不限。

操作步骤

（1）执行“文件”→“新建”命令，打开“新建”对话框，设置宽度为“750”像素，高度为“1007”像素，分辨率为“72”像素/英寸，颜色模式为“RGB 颜色”，背景为“白色”，单击“确定”按钮，创建空白画布。

（2）设置前景色为 RGB（200，22，29），按【Alt+Delete】快捷键填充前景色。

（3）使用“矩形工具”，在画布左侧绘制长条形“矩形 1”，并在工具选项栏中设置“填充”为白色，效果如图 6-47 所示。

（4）按【Ctrl+J】快捷键连续复制“矩形 1”图层 19 次，得到 19 个白色长条矩形，并选中图层“矩形 1 拷贝 19”，使用“移动工具”，按【Shift】键移动该图像至画布右侧，效果如图 6-48 所示。

图 6-47　绘制长条矩形

图 6-48　移动“矩形 1 拷贝 19”

（5）选中所有绘制的长条形状图层，单击工具选项栏中的“水平居中分布”按钮，效果如图 6-49 所示。

（6）按【Ctrl+E】快捷键合并所有形状图层，将合并后的图层命名为“长条形”，右击，在弹出的快捷菜单中执行“栅格化图层”命令，将其转换为图形。

（7）执行“滤镜”→“扭曲”→“极坐标”命令，在打开的“极坐标”对话框中单击“确定”按钮，效果如图 6-50 所示。

图 6-49　分布图层对象

图 6-50　极坐标效果

（8）按【Ctrl+T】快捷键调出变换框，将鼠标指针置于变换框角点处，按住【Alt+Shift】快捷键不放，向外拖动鼠标，放大图形，效果如图 6-51 所示，按【Enter】键确定该变换。

（9）选中“长条形”图层，设置其不透明度为 8%，效果如图 6-52 所示。

图 6-51　变换图像

图 6-52　设置图层不透明度效果

（10）使用“钢笔工具”，在工具选项栏中设置为无填充，“描边”为 25 点，绘制如图 6-53 所示形状。

图 6-53　绘制形状

（11）双击“形状 1”图层，打开“图层样式”对话框，选中对话框左侧的“斜面和浮雕”复选框，设置“样式”为内斜面，“深度”为 100%，“大小”为 20 像素，“角度”为 120 度，如图 6-54 所示。

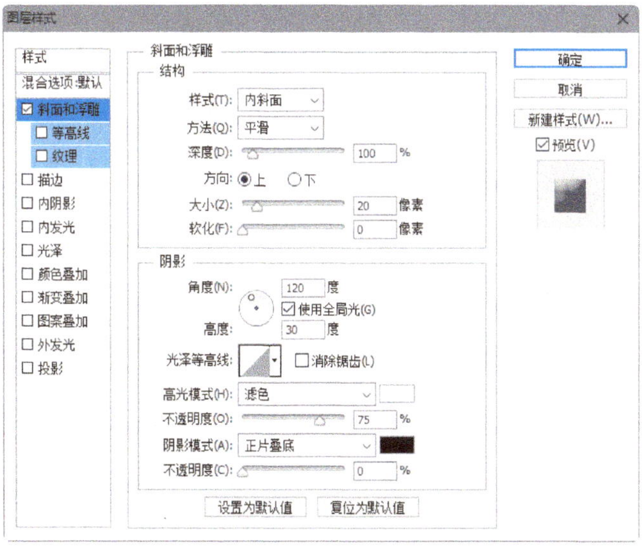

图 6-54　设置“斜面和浮雕”样式的参数

（12）选中对话框左侧的“描边”复选框，设置“大小”为 9 像素，“位置”为外部，“填充类型”为渐变，角度为 0 度，如图 6-55 所示。

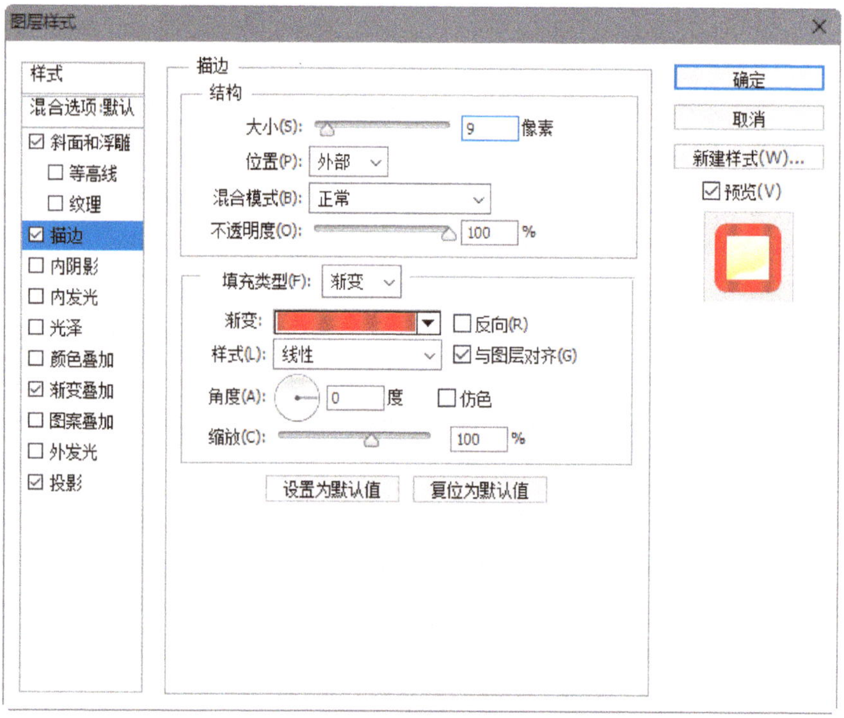

图 6-55　设置“描边”样式的参数

（13）单击渐变颜色条，打开“渐变编辑器”对话框，添加色标，两种颜色交替添加，具体颜色设置如图 6-56 所示。

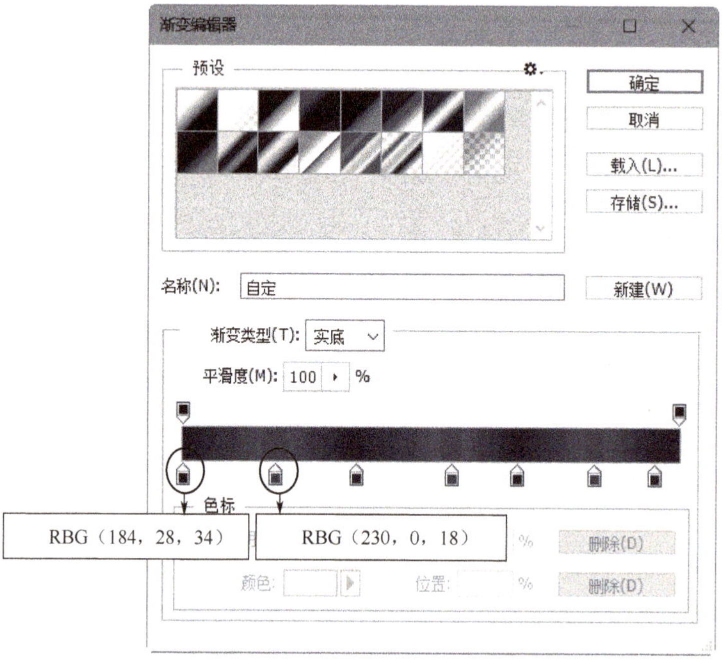

图 6-56　“渐变编辑器”对话框

（14）选中对话框左侧的“渐变叠加”复选框，具体参数的设置如图 6-57 所示。单击渐变颜色条，打开“渐变编辑器”对话框，设置左侧色标颜色为 RGB（255，227，63），右侧色标颜色为白色，设置“不透明度”为 100%，“角度”为 90 度，如图 6-58 所示。

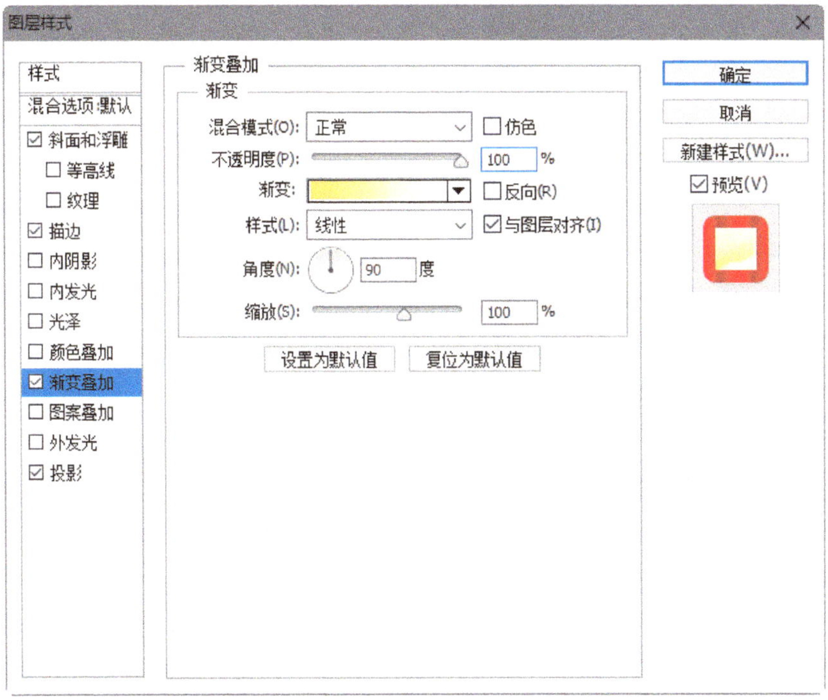

图 6-57　设置“渐变叠加”样式的参数

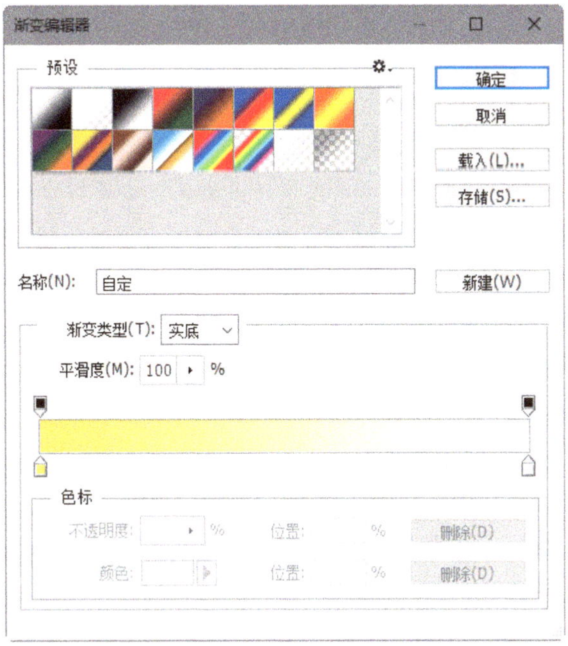

图 6-58　“渐变编辑器”对话框

（15）选中对话框左侧的“投影”复选框，设置“不透明度”为 75%，“角度”为 120 度，“距离”为 3 像素，“大小”为 68 像素，如图 6-59 所示。

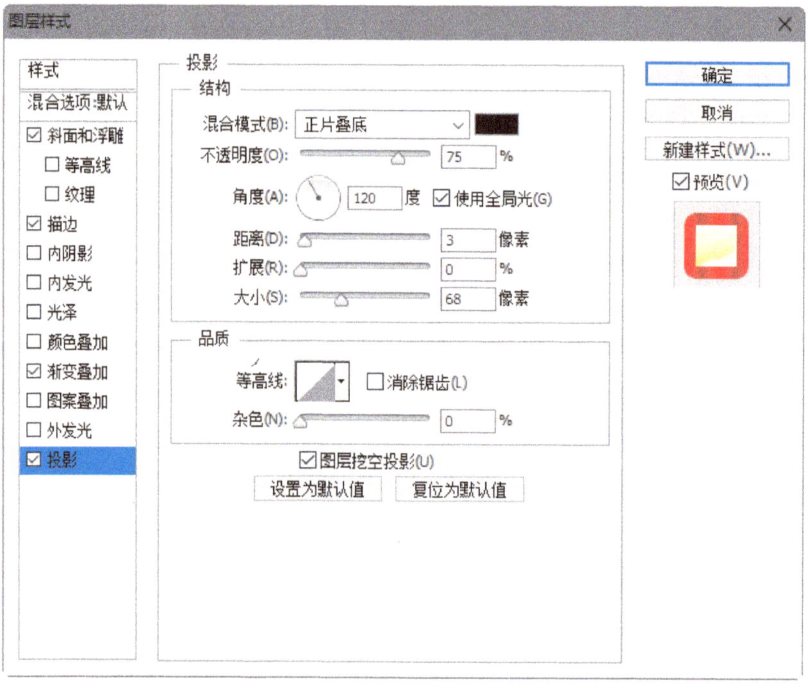

图 6-59　设置“投影”样式的参数

（16）单击“确定”按钮，效果如图 6-60 所示。

图 6-60　添加图层样式效果

图 6-61　绘制星形

（17）使用“多边形工具”，在工具选项栏中设置“填充”为白色，“边”为 5，单击“边”左侧的按钮，在弹出的下拉列表中，选中“星形”复选框，设置缩进边依据为“50%”，按住鼠标左键在画布中拖动鼠标绘制星形，效果如图 6-61 所示。

（18）选中“形状 1”图层并右击，在弹出的快捷菜单中执行“拷贝图层样式”命令，选中“多边形 1”图层并右击，在弹出的快捷菜单中执行“粘贴图层样式”命令，隐藏“渐变叠加样式”，效果如图 6-62 所示。

（19）使用“横排文字工具”，在工具选项栏中设置“字体”为方正正大黑简体，“字体大小”为 130 点，单击“字符和段落面板”按钮，在打开的“字符”面板中设置“行距”为 19 点，“字距”为 20 点，“垂直缩放”为 100%，在画布中输入文字“欢迎光临”，并复制、粘贴“形状 1”的图层样式，效果如图 6-63 所示。

图 6-62　粘贴图层样式

图 6-63　添加文字

（20）使用“横排文字工具”T，设置“字体大小”为 120 点，“垂直缩放”为 84%，在画布中输入文字“全场”，并复制、粘贴“形状 1”的图层样式。

（21）输入文字“惊喜不断送豪礼”，设置“字体大小”为 85 点，“垂直缩放”为 112%，“字距”为 0，并复制、粘贴“形状 1”的图层样式，效果如图 6-64 所示。

（22）选中“形状 1”图层并右击，在弹出的快捷菜单中执行“栅格化图层”命令，使用“橡皮擦工具”，选择“硬边圆”，设置合适的大小，在画布中擦除形状 1 和文字重合的区域，效果如图 6-65 所示。

图 6-64　添加文字

图 6-65　擦除重合区域

（23）设置前景色为 RGB（247，243，211），使用“横排文字工具”T，在工具选项栏中设置“字体”为方正正大黑简体，“字体大小”为 33 点，“垂直缩放”为 112%，输入文字“MEISHENG 美生”。

（24）设置“字体”为宋体，“字体大小”为 26 点，输入文字“高端多功能电热锅”，效果如图 6-66 所示。

（25）执行“文件”→“置入”命令，打开“置入”对话框，选择置入的图片文件“火锅.psd”，单击“置入”按钮，并缩放至合适大小，如图 6-67 所示。

（26）选择“横排文字工具”T，在工具选项栏中设置“字体大小”为 34 点，“字距”为 -40，输入文字“6L 加深大容量电热锅”。

（27）设置“字体”为黑体，输入文字“原价：169”，效果如图 6-68 所示。

（28）使用“直线工具”，在工具选项栏中设置“无描边”，“粗细”为 2 像素，按住【Shift】键在文字“169”上绘制直线，效果如图 6-69 所示。

图 6-66 输入文字

图 6-67 置入图片

图 6-68 输入文字

图 6-69 绘制直线

（29）设置前景色为 RGB（245，233，49），使用“横排文字工具”T，在工具选项栏中设置“字体”为方正正大黑简体，“字体大小”为 42 点，“字距”为 160 点，输入文字“到手价”。

（30）设置“字体大小”为 80 点，“字距”为-40，输入文字“139”，效果如图 6-70 所示。

（31）使用“矩形工具”，在工具选项栏中设置“描边”为 3 点，“描边颜色”为白色，在画布中绘制矩形，效果如图 6-71 所示。

图 6-70 输入文字

图 6-71 绘制矩形

（32）设置前景色为 RGB（231，31，25），使用“横排文字工具”T，在工具选项栏中设置“字体大小”为 40，“字距”为 20，输入文字“立即购买”。

（33）设置“字体大小”为 47 点，输入符号“＞”，并复制该图层两次，分别移动至图 6-72 所示位置。

图 6-72　输入特殊符号

（34）执行“窗口”→“时间轴”命令，打开“时间轴”面板，单击“复制所选帧”按钮两次，如图 6-73 所示。

图 6-73　复制所选帧

（35）在第 1 帧处设置“>”图层为显示状态，“>拷贝”和“>拷贝 2”图层为隐藏状态；在第 2 帧处设置“>拷贝”图层为显示状态，其他图层为隐藏状态；在第 3 帧处设置“>拷贝 2”图层为显示状态，其他图层为隐藏状态。

（36）在“时间轴”面板中选中所有帧，设置“延迟时间”为 0.5 秒，“循环次数”为永远，单击“播放动画”按钮，预览动画效果。

（37）执行“文件”→“存储为 Web 所用格式”命令，打开“存储为 Web 所用格式（100%）”对话框，单击“存储”按钮，选择保存的位置，输入保存的名称为“欢迎光临.gif”，保存制作的文件。

项目 5　收藏区设计

设计收藏区

项目描述

小刘听说买家在购物时若遇到自己喜欢的店铺，通常会把这家店铺收藏起来，以便以后经常光顾，怎样制作店铺收藏呢？

项目目标

✧　会使用多边形工具。
✧　会使用椭圆工具。
✧　会使用直线工具。
✧　会添加文字并为文字设置样式。

项目实施

在网店页面中，除了上述店招、导航、欢迎模块、商品细节描述之外，还应包含用于收藏店铺内容的收藏区。收藏区是为了方便买家再次购物时能够直接从收藏的店铺中找到自己喜欢的店铺而设计的。收藏区一般放置在店招上、店铺左侧的模块中、店铺各个页面的不同位置。为了提醒买家收藏，提高店铺的人气，网店通常会在店铺的许多位置放置统一的收藏图片。收藏区一般宽度为190像素，高度不限，但不能过高，否则会影响整体的美观度。

操作步骤

（1）执行“文件”→“新建”命令，打开“新建”对话框，设置宽度为“190 像素”，高度为“190 像素”，分辨率为“72”像素/英寸，颜色模式为“RGB 颜色”，背景内容为“白色”，单击“确定”按钮，创建空白画布。

（2）设置前景色为 RGB（174，146，100），使用“多边形工具”，在工具选项栏中设置“边”为21，单击“创建多边形”按钮，在打开的面板中设置相关参数，如图 6-74 所示。

（3）拖动鼠标，在画布上绘制如图 6-75 所示的多边形形状。

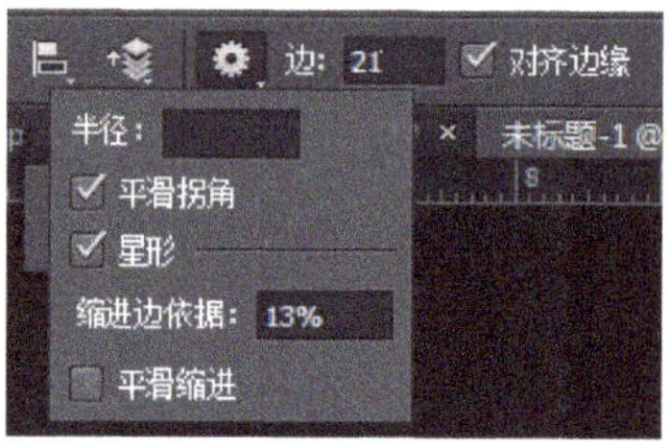

图 6-74　设置多边形参数

图 6-75　绘制多边形

（4）按【Ctrl+J】快捷键复制多边形，得到“多边形 1 拷贝”图层，按【Ctrl+T】快捷键进行自由变换，按【Alt+Shift】快捷键围绕中心点等比例缩小，并在工具选项栏中设置“无填充”，“描边颜色”为 RGB（59，52，42），“描边宽度”为 0.5 点，效果如图 6-76 所示。

（5）使用“椭圆工具”，按【Shift】键绘制正圆，在工具选项栏中设置“无填充”，“描边颜色”为白色，“描边宽度”为 0.6 点，在“描边选项”中单击“更多选项”按钮，在打开的对话框中选中“虚线”复选框，设置虚线间隙为“9342”，效果如图 6-77 所示。

图 6-76　描边效果

图 6-77　白色描边

（6）使用“直线工具”，在工具选项栏中设置“无填充”，描边颜色为 RGB（106，68，36），在“描边选项”中设置“虚线”为 3，“间隙”为 3，效果如图 6-78 所示。

（7）复制该虚线，并向下移动至如图 6-79 所示位置。

图 6-78　绘制虚线

图 6-79　复制虚线

（8）使用“横排文字工具”，输入文字“收藏本店”，在工具选项栏中设置“字体”为 Adobe 黑体 Std，“字体大小”为 14 点，“文本颜色”为 RGB（92，42，31）。单击“添加图层样式”按钮，打开“图层样式”对话框，选中“描边”复选框，设置“大小”为 3 像素，“位置”为外部，“颜色”为白色，单击“确定”按钮，效果如图 6-80 所示。

（9）使用“横排文字工具”，输入文字“COLLECTION”，在工具选项栏中设置“字体”为 Impact，“字体大小”为 11 点。单击“添加图层样式”按钮，打开“图层样式”对话框，选中“斜面和浮雕”复选框，设置“样式”为内斜面，“大小”为 3 像素，“软化”为 0 像素。

（10）选中“渐变叠加”复选框，单击渐变颜色条，打开“渐变编辑器”对话框，设置左色标颜色为 RGB（118，75，41），右色标颜色为 RGB（250，235，215），在位置 32%处单击，添加一个色标，颜色设置为 RGB（118，75，41）。

（11）选中“投影”复选框，设置“距离”为 3 像素，“大小”为 3 像素，“投影颜色”为黑色，效果如图 6-81 所示。

图 6-80　添加文字

图 6-81　文字样式效果

（12）使用“横排文字工具”，输入文字“Collect our shop!”，在工具选项栏中设置“字体”为 MV Boli，“字体大小”为 5 点，“文本颜色”为 RGB（92，42，31），在“字符”面板中设置“仿斜体”。

（13）单击“添加图层样式”按钮，打开“图层样式”对话框，选中“投影”复选框，设置“不透明度”为 20%，“距离”为 3 像素，“大小”为 3 像素，“投影颜色”为黑色，效果如图 6-82 所示。

图 6-82　添加文字及样式

（14）执行“文件”→“存储为”命令，打开“另存为”对话框，选择保存的位置，输入名称为“收藏本店.psd”，单击“保存”按钮，保存制作的收藏区。

单元小结

本单元通过矩形工具、椭圆工具、直线工具、圆角矩形工具、自定形状工具、多边形工具、画笔工具、渐变工具等的使用，创建动画效果、创建剪切蒙版、添加图层的混合模式、添加标尺和参考线等操作，介绍了网店的相关元素的操作过程，其中包括公告栏、导航条、分类导航、欢迎模块、促销广告、优惠券、收藏区等内容。

课后自测

（1）请为某美妆护肤店铺设计一个关于新店开张的公告栏，参考效果如图 6-83 所示。

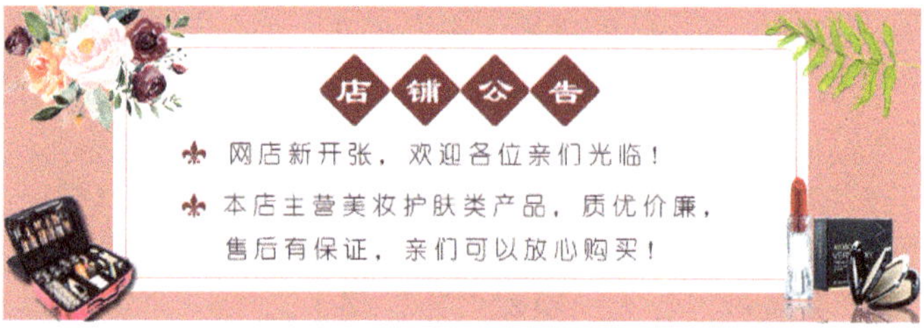

图 6-83　公告栏效果

（2）请为某手机店铺设计一个导航条，要求时尚简约、体现现代感，参考效果如图 6-84 所示。

图 6-84　导航条效果

（3）请为某女装店铺设计一款分类导航，分类信息如下。

上装：风衣、针织衫、T 恤、衬衫。

裤装：牛仔裤、休闲裤、打底裤、短裤。

裙装：连衣裙、背心裙/吊带裙、半身裙。

配饰：围巾、女包、女鞋。

参考效果如图 6-85 所示。

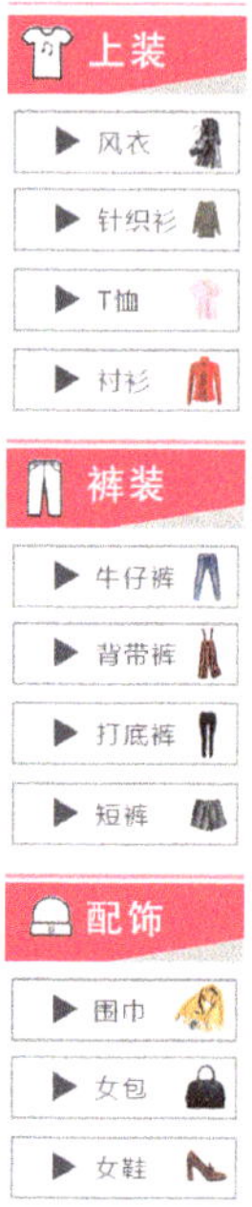

图 6-85　分类导航效果

第 7 单元

网店图片的合成

在网店装修过程中，设计制作前面单元中介绍的元素时经常会遇到将拍摄的商品从背景中抠取出来，然后与某些图片进行合成的情况，其中，图片的抠取是合成的前提。因此，抠图操作是网店美工设计的必备技能。当打开一张商品图片时，面对错综复杂的背景，使用什么方法才能快速地将商品对象完美地抠取出来？

项目 1　商品图片的抠取

项目描述

小刘在网店装修过程中常常需要将商品从照片中抠取出来进行合成，但面对纷繁复杂的照片，如何快速将商品抠取出来？小刘觉得很是棘手，你能帮助他吗？

项目目标

✧　会用“魔棒工具”抠取图片。
✧　会用“选框工具”抠取图片。
✧　会用“套索工具”抠取图片。
✧　会用“钢笔工具”抠取图片。
✧　会用“快速选择工具”抠取图片。
✧　会用“蒙版”抠取图片。
✧　会用“色彩范围”抠取图片。
✧　会用“通道”抠取图片。

项目实施

“抠图”就是将商品主体从图片中经过选择后形成选区，然后将选区内容分离出来的操作。抠图是进行图像合成的基础，是进行网店装修的必备技能。

任务 1　抠取单一背景的商品

当照片背景色单一、商品轮廓清晰，且商品与背景的颜色具有一定的差异时，可以使用“魔棒工具”快速选择并抠出商品。“魔棒工具”的使用方法非常简单，只需单击背景，Photoshop 就会通过选择色调相似的像素来进行选区的制作。

操作步骤

（1）按【Ctrl+O】快捷键，打开“打开”对话框，选择要打开的图片“精油.jpg”，单击“确定”按钮，打开素材图片，如图 7-1 所示。

图 7-1　打开素材图片

（2）使用“魔棒工具”，在工具选项栏中设置“容差”为 16%，选中“消除锯齿”、“连续”与“对所有图层取样”复选框，单击“添加到选区”按钮，如图 7-2 所示。

图 7-2　“魔棒工具”的工具选项栏

（3）在图像背景上单击，创建选区，按【Ctrl++】快捷键放大窗口的显示比例，按住【Space】键拖动鼠标移动画面并查看图像，在漏选的地方单击，将其添加到选区中，如图 7-3 所示。

图 7-3　创建选区

（4）执行“选择”→“反向”命令，将选区反选，按【Ctrl+J】快捷键复制选区内的图像至新的图层中，如图 7-4 所示。

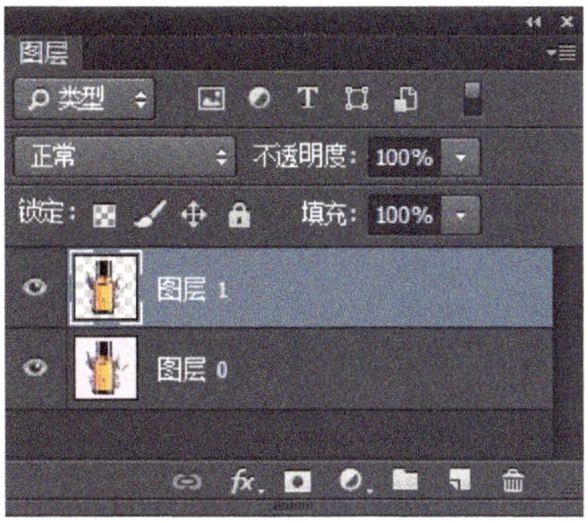

图 7-4　复制选区图像

（5）按【Ctrl+O】快捷键，打开“薰衣草.jpg”素材图片，如图 7-5 所示。

图 7-5　打开素材图片

（6）使用“移动工具”，将抠选出来的“精油”选区图片移动到“薰衣草.jpg”背景素材中，进行图像合成，并按【Ctrl+T】快捷键调出变换框，按【Shift】键，以等比例调整好图像的大小，按【Enter】键确认大小，然后调整好位置，效果如图 7-6 所示。

图 7-6　图像合成

（7）再次按【Ctrl+J】快捷键复制图像，按【Ctrl+T】快捷键调出变换框，右击，在弹出的快捷菜单中执行“垂直翻转”命令，如图 7-7 所示。

图 7-7　垂直翻转

（8）使用“移动工具”，将垂直翻转的图像移动到复制的图像下方。设置其不透明度为50%，效果如图 7-8 所示。

图 7-8　调整位置和不透明度

（9）单击“图层”面板底部的“添加图层蒙版”按钮，为该图层添加一个蒙版。使用“渐变工具”，单击线性渐变颜色条，在“渐变编辑器”对话框中选择黑色到透明色的渐变，在投影区域从下向上拖动鼠标，填充渐变，隐藏部分阴影图像，合成效果如图 7-9 所示。

图 7-9　合成效果

任务 2　抠取外形较规则的商品

抠取外形较规则商品

如果抠取的商品外形较为规则，则可以使用“矩形选框工具”或“椭圆选框工具”快速抠出商品图像，这两个工具可以创建较为规则的矩形或圆形选区。

操作步骤

（1）按【Ctrl+O】快捷键，打开“打开”对话框，选择要打开的图片“apple.jpg”，单击“确定”按钮，打开素材图片，如图 7-10 所示。

（2）使用“矩形选框工具”，从包装盒左上角单击并拖动鼠标至右下角，绘制选区，选择图像，如图 7-11 所示。

图 7-10　打开素材图片

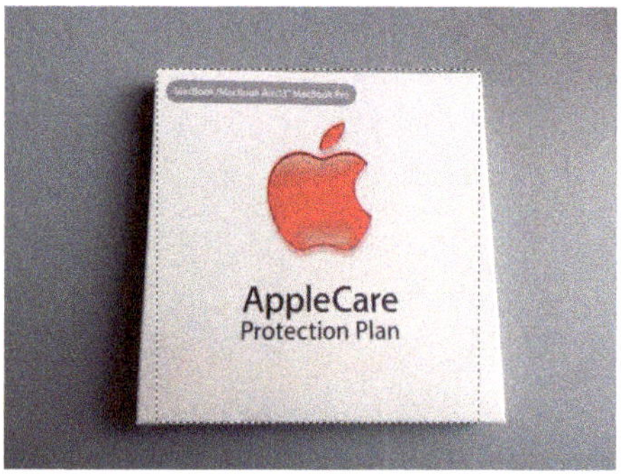

图 7-11　绘制矩形选区

（3）由于商品主图非矩形，因此需要调整选区。执行“选择”→“变换选区”命令，调出定界框，按【Ctrl】键，分别调整左下和右下控制点，变换选区，如图 7-12 所示。

（4）按【Enter】键确认变换，执行“文件”→“打开”命令，打开“打开”对话框，选择背景图片“背景 2.jpg”，单击“确定”按钮，打开背景图片，如图 7-13 所示。

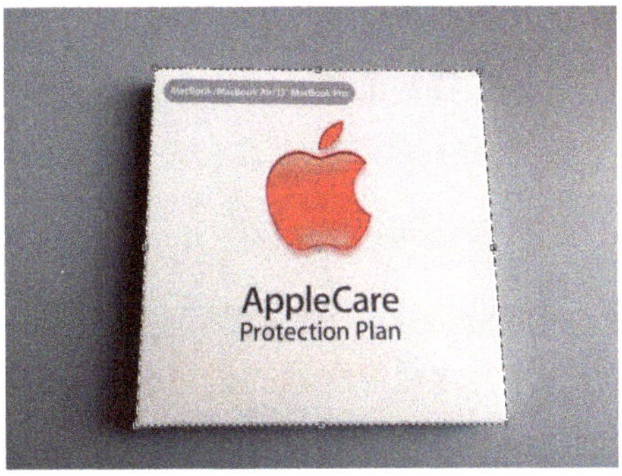

图 7-12　变换选区

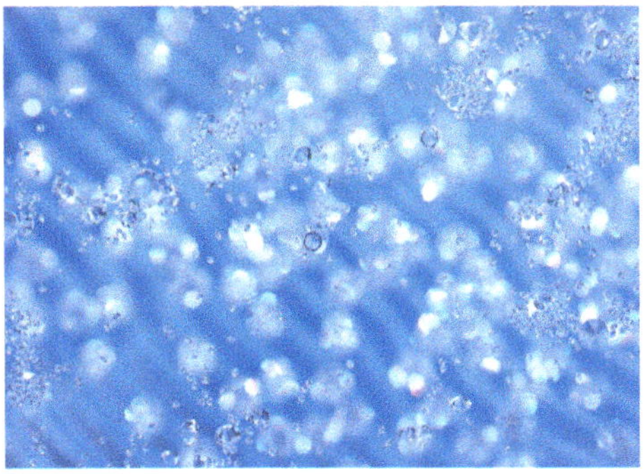

图 7-13　打开背景图片

（5）使用“移动工具”，将光标指向选区中的商品，拖动并移动光标到背景图片上，释放鼠标进行图像合成，按【Ctrl+T】快捷键，调整商品大小和位置，如图 7-14 所示。

（6）为使抠出的商品图片具有立体感，需要制作投影。按【Ctrl+J】快捷键复制“图层 1”图层，得到“图层 1 拷贝”图层，执行“编辑”→“变换”→“垂直翻转”命令，垂直翻转图层中的图像并移动到下方，如图 7-15 所示。

图 7-14　调整商品大小和位置

图 7-15　复制并垂直翻转图像

（7）单击“图层”面板下方的“添加图层蒙版”按钮，为“图层 1 拷贝”添加图层蒙版，使用“渐变工具”，从下方到上方拖动鼠标填充黑白线性渐变，得到渐隐的投影效果，如图 7-16 所示。

图 7-16　投影效果

任务 3　抠取外形不规则的商品

大多数情况下，人们所接触的商品外形是不规则的，此时可以使用磁性套索工具进行商品图片的抠取。

抠取外形不规则商品

操作步骤

（1）按【Ctrl+O】快捷键，打开“打开”对话框，选择要打开的图片“净水器.jpg”，单击“确定”按钮，打开商品图片，如图 7-17 所示。

（2）使用“磁性套索工具”，在商品图片上单击以设定起点，紧贴净水器边缘拖动鼠标，创建选区。

（3）在直边区域按住【Alt】键单击，切换为“多边形套索工具”，然后创建直线选区，释放【Alt】键拖动鼠标，切换为“磁性套索工具”，继续选择净水器的边缘，直至创建出完整选区，如图 7-18 所示。

图 7-17　打开商品图片

图 7-18　创建选区

（4）按【Ctrl+J】快捷键，复制图像至新的图层中。按【Ctrl+O】快捷键，打开背景图片“海洋.jpg”，如图 7-19 所示。

图 7-19　背景素材

图 7-20　图像合成

（5）切换至“净水器”图片，使用“移动工具”，将光标指向选区，拖动并移动光标到背景图片上，进行图片合成，按【Ctrl+T】快捷键调出变换框，调整图像大小及位置，效果如图 7-20 所示。

（6）按【Ctrl+J】快捷键再次复制图像，按【Ctrl+T】快捷键调出变换框，右击，在弹出的快捷菜单中执行“垂直翻转”命令，如图 7-21 所示。

（7）使用“移动工具”，将垂直翻转的图像移动到图像下方，设置其不透明度为“50%”，单击“图层”面板底部的“添加图层蒙版”按钮，为该图层添加一个蒙版。

（8）使用“渐变工具”，在工具选项栏中设置“线性渐变”，在“渐变编辑器”对话框中选择黑色到透明色的渐变，在投影区域从下向上拖动鼠标填充渐变，隐藏部分阴影图像，如图 7-22 所示。

图 7-21　垂直翻转

图 7-22　添加蒙版填充渐变

（9）单击“图层”面板中的“创建新图层”按钮，新建一图层，填充黑色，执行“滤镜”→“渲染”→“镜头光晕”命令，在打开的“镜头光晕”对话框中设置镜头类型为“50-300 毫米变焦”，亮度为 100%，如图 7-23 所示。单击“确定”按钮，添加光晕滤镜，效果如图 7-24 所示。

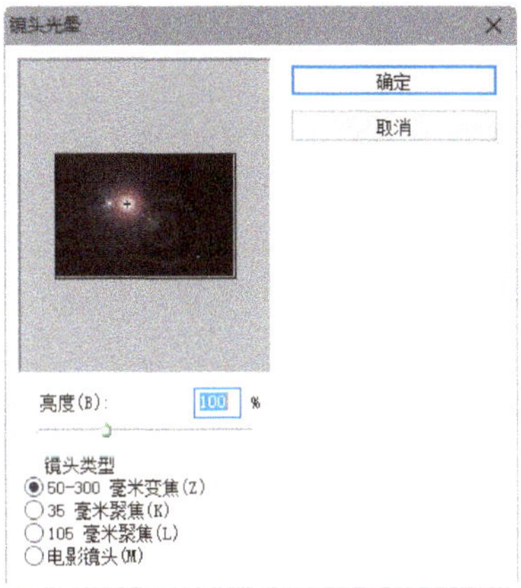

图 7-23　“镜头光晕”对话框

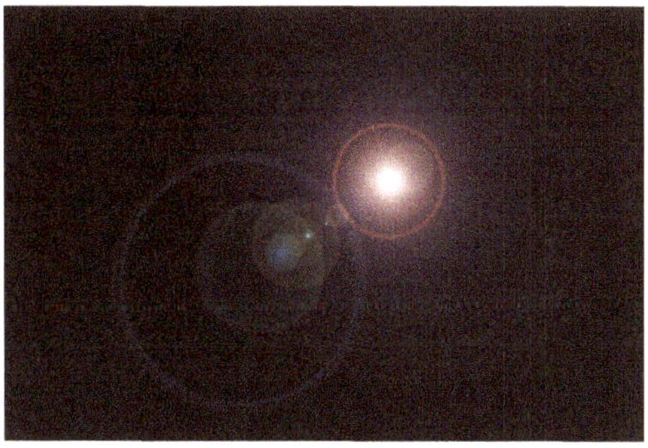

图 7-24　“镜头光晕”滤镜效果

（10）设置该图层的混合模式为“滤色”，为图像添加光晕效果，最终效果如图 7-25 所示。

图 7-25　最终效果

任务 4　抠取边缘清晰的商品

钢笔工具是最为精确的抠图工具，它非常适合抠取边缘清晰光滑的对象，如瓷器、家具、汽车、建筑等。

操作步骤

（1）按【Ctrl+O】快捷键，打开“打开”对话框，选择要打开的图片“皮包.jpg”，单击“确定”按钮，打开商品图片，如图 7-26 所示。

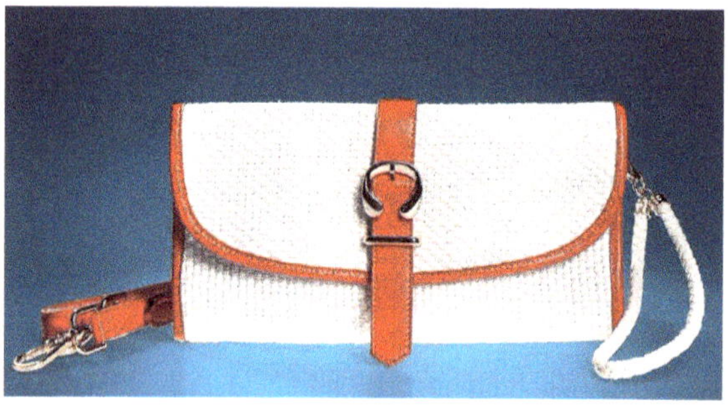

图 7-26　打开素材

（2）使用“钢笔工具”，在工具选项栏中设置“工具模式”为“路径”，在皮包一端单击，确定起点位置，开始绘制皮包的路径，使用“添加锚点工具”和“路径选择工具”调整路径，如图 7-27 所示。

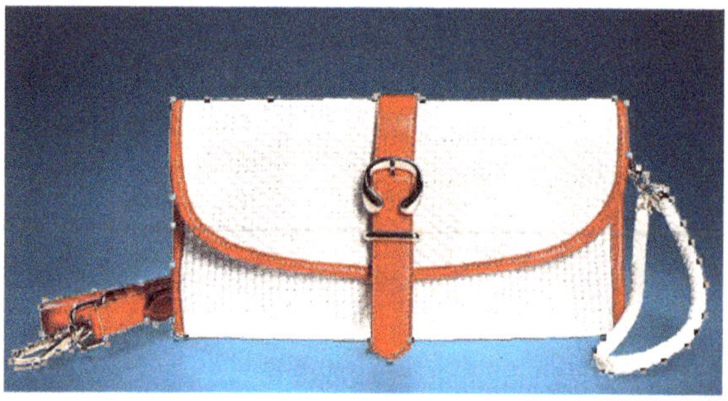

图 7-27　绘制并调整路径

（3）按【Ctrl+Enter】快捷键将路径转换为选区，如图 7-28 所示。

图 7-28　路径转换为选区

（4）以同样的方法，使用“钢笔工具”，在皮包白色拉链带中间及背包带中间绘制路径并去除多余部分，按【Ctrl+Enter】快捷键将路径转换为选区，效果如图 7-29 所示。

图 7-29　去除多余选区

（5）按【Ctrl+J】快捷键复制选区内的图像至新的图层中，按【Ctrl+O】快捷键，打开“打开”对话框，打开“背景 1”图片，如图 7-30 所示。

图 7-30　打开背景图片

（6）使用“移动工具”，将抠取的皮包拖动至“背景”中，进行图像合成，并按【Ctrl+T】快捷键调出变换框，调整图像的大小及位置，效果如图 7-31 所示。

图 7-31　图像合成

（7）为使皮包与背景更好地融合，使用“模糊工具”，沿着皮包周围进行涂抹，对清晰边缘进行模糊处理，使其更好地融合在一起。

（8）单击“图层”面板下方的“添加图层样式”按钮，在弹出的下拉列表中选择“投影”选项，打开“图层样式”对话框，具体参数的设置如图 7-32 所示。

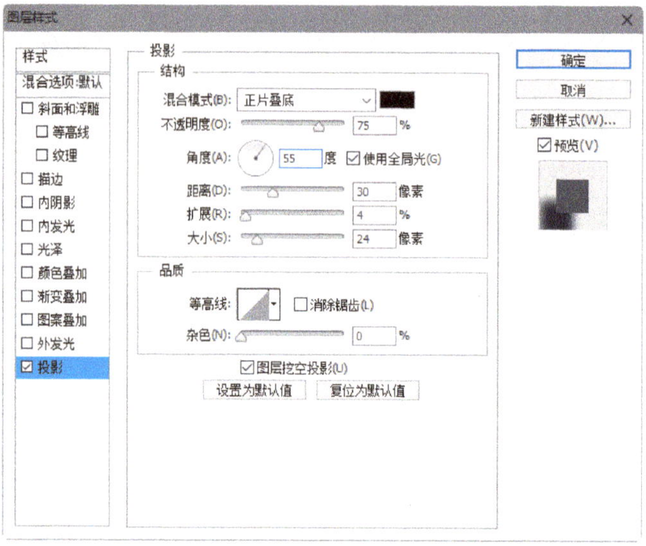

图 7-32 “投影”参数设置

（9）单击“确定”按钮，为“图层 1”中的皮包添加投影，最终效果如图 7-33 所示。

图 7-33 最终效果

温馨提示

使用“钢笔工具”进行抠图时，最好使用【Ctrl】键来切换“直接选择工具”，按住【Alt】键切换转换点工具，在绘制路径的同时即可对路径进行调整。此外，还可以适时按【Ctrl++】或【Ctrl+-】快捷键放大或缩小窗口，并按【Space】键移动画面，以便更加清楚地观察图像细节。

任务 5 抠取边缘与背景反差大的商品

抠取边缘与背景反差大的商品

对于图像边缘复杂且与背景反差较大的图像，除可通过“磁性套索工具”抠图之外，还可以通过使用“橡皮擦工具”轻松选择并扣取图像。“背景橡皮擦工具”是一种智能橡皮擦，它具有自动识别对象边缘的功能，可将指定范围内的图像擦除成为透明区域，适合处理边缘清晰的图像。对象的边缘与背景的反差越大，擦除效果就越明显。

操作步骤

（1）按【Ctrl+O】快捷键，打开“打开”对话框，选择要打开的图片“手表.jpg”，单击“确定”按钮，打开素材图片，如图 7-34 所示。

（2）使用“背景橡皮擦工具”，在工具选项栏中设置“画笔大小”为 175px，“容差”为 32%，单击“取样一次”按钮，如图 7-35 所示。

图 7-34　打开素材图片

图 7-35　“背景橡皮擦”工具选项栏

（3）将光标移动至手表边缘，单击去除手表边缘的背景，如图 7-36 所示，然后在手表周围单击去除图片背景，如图 7-37 所示。

图 7-36　单击去除背景

图 7-37　去除背景

（4）按【Ctrl+O】快捷键，打开“打开”对话框，打开“背景 2”背景素材。使用“移动工具”，将抠取的手表拖动至背景中，进行图像合成，并按【Ctrl+T】快捷键调出变换框，调整手表的大小及位置，如图 7-38 所示。

图 7-38　图像合成

（5）双击该图层，打开“图层样式”对话框，设置“投影”样式的参数，如图 7-39 所示。

（6）执行“图层”→“图层样式”→“创建图层”命令，将“投影”效果作为一个单独的图层进行展示。选择“投影”图层，按【Ctrl+T】快捷键调出变换框，将光标放置在变换框的右上角，按住【Ctrl】键斜切图像，如图 7-40 所示。

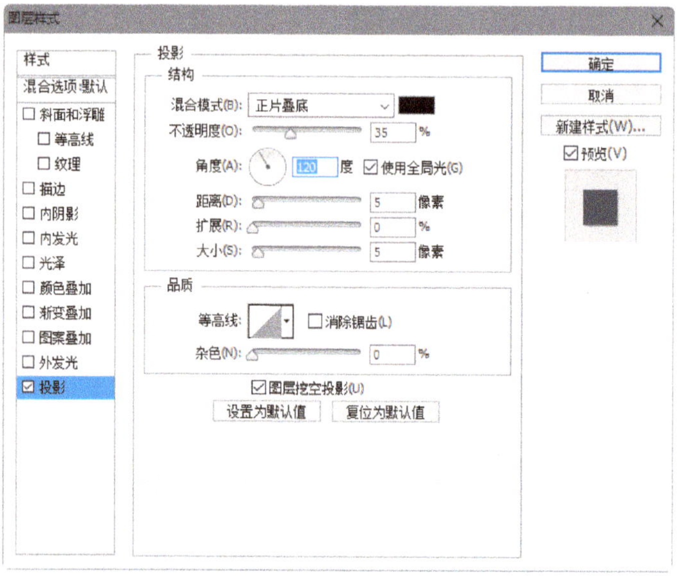

图 7-39 “投影”参数设置

图 7-40 斜切图像

（7）设置“投影”图层的“不透明度”和“填充”都是 76%，单击“图层”面板底部的“添加图层蒙版”按钮，为该图层添加一个蒙版。

（8）使用“渐变工具”，在工具选项栏中单击线性渐变颜色条，在“渐变编辑器”对话框中选择黑色到透明色的渐变，在手表阴影区域从上向下拖动鼠标，填充渐变，隐藏部分阴影图像，最终效果如图 7-41 所示。

图 7-41 最终效果

温馨提示

观察图片发现，在使用“背景橡皮擦工具”擦除背景时，手表的表带也被擦除了。此时应使用“历史记录画笔”工具在表带位置上涂抹，还原部分表带图像。

任务 6　抠取色调差异大的商品

抠取色调差异大的商品

“色彩范围”命令可基于色调差异创建选区，其原理和“魔棒工具”与“快速选择工具”相同，但“色彩范围”命令可以创建带羽化的选区，选出的图像会呈现透明效果。

操作步骤

（1）按【Ctrl+O】快捷键，打开“打开”对话框，选择要打开的图片“gril.jpg”，单击“确定”按钮，打开商品图片，如图 7-42 所示。

（2）执行“选择”→“色彩范围”命令，打开“色彩范围”对话框，选中“本地化颜色簇”复选框，将“颜色容差”设为 40，然后在图像背景上单击进行颜色取样，如图 7-43 所示。

图 7-42　打开素材

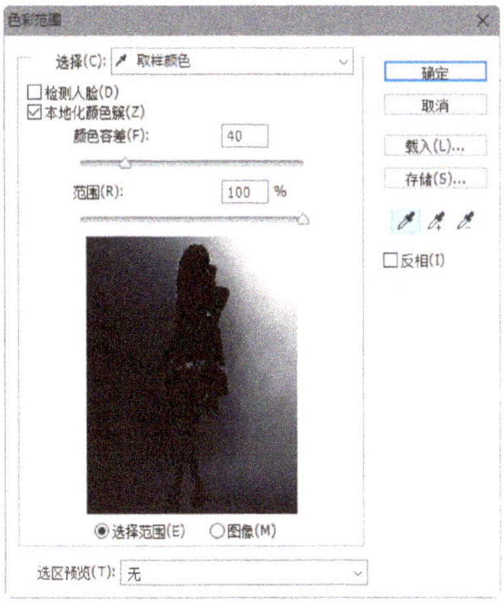

图 7-43　“色彩范围”对话框

（3）单击“添加到取样”按钮，在右上角的背景区域内单击并向下移动光标，将所有区域的背景图像都添加到选区中。

（4）单击“确定”按钮，可以看到主要选区是图像背景。单击“快速蒙版”按钮，未选区域被蒙上一层半透明的红色，使用“画笔工具”在人物没有被覆盖红色的地方涂抹，如果涂抹过度，可以用“橡皮擦工具”擦除，如图 7-44 所示。

（5）再次单击“快速蒙版”按钮，执行“选择”→“反向”命令，可以看到人物被很好地选中了。按【Ctrl+J】快捷键将选区复制到新图层中，如图 7-45 所示。

（6）按【Ctrl+O】快捷键，打开“打开”对话框，打开“背景 4”素材图片。使用“移动工具”将抠取的人物拖动到背景图片中，进行图像合成，调整人物图片的大小及位置，效果如图 7-46 所示。

（7）同之前的操作方法一样，为人物添加投影，让人物显得更加立体，最终效果如图 7-47 所示。

图 7-44　快速蒙版

图 7-45　人物选区

图 7-46　图像合成

图 7-47　最终效果

任务 7　抠取半透明的商品

在进行商品图片的抠取时，常常会碰到半透明的商品，如玻璃制品、半透明丝巾、婚纱、毛发类商品以及水晶、翡翠等珠宝类商品，这些商品可以使用通道来抠取图像，它主要通过不同通道中的颜色明暗差异来选择图像。

操作步骤

（1）按【Ctrl+O】快捷键，打开“打开”对话框，选择要打开的图片“丝巾.jpg”，单击“确定”按钮，打开商品图片，如图 7-48 所示。

图 7-48　打开素材

（2）执行“窗口”→“通道”命令，打开“通道”面板，查看通道中的图像，选择图像对比较强且较清晰的通道。选择“蓝”通道，将“蓝”通道拖至“通道”面板下方的“创建新通道”按钮上，复制“蓝”通道，如图 7-49 所示，效果如图 7-50 所示

图 7-49　“通道”面板

图 7-50　“蓝”通道效果

（3）选择“蓝拷贝”通道，执行“图像”→“调整”→“反相”命令，再执行“图像”→“调整”→“色阶”命令，打开“色阶”对话框，具体参数的设置如图 7-51 所示，提高对比度，加大反差，效果如图 7-52 所示。

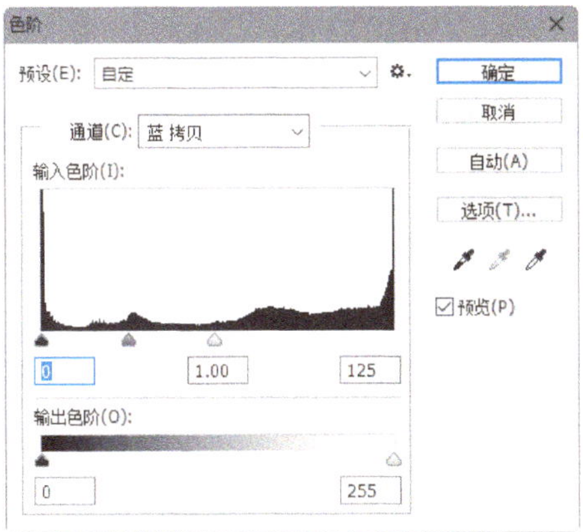

图 7-51　“色阶”对话框

图 7-52　调整色阶后的效果

（4）使用“磁性套索工具”勾勒出整个丝巾的轮廓，如图 7-53 所示。

（5）执行“选择”→“反向”命令，反选选区，填充黑色，按【Ctrl+D】快捷键取消选区。单击“通道”面板下方的“将通道作为选区载入”按钮，将“蓝拷贝”通道作为选区载入，效果如图 7-54 所示。

图 7-53　创建选区

图 7-54　载入“蓝拷贝”通道

（6）单击“通道”面板中的“RGB”复合通道，按【Ctrl+J】快捷键拷贝选区内的图像，如图 7-55 所示。

图 7-55　拷贝图像

图 7-56　图像合成

（7）按【Ctrl+O】快捷键，打开“打开”对话框，打开“背景 1”素材图片，使用“移动工具”，将丝巾图像拖动至背景图片中，进行图像合成，调整丝巾图片的大小及位置，效果如图 7-56 所示，此时丝巾呈半透明状态。

（8）返回到丝巾图像中，使用“钢笔工具”，在丝巾不透明区域绘制路径，按【Ctrl+Enter】快捷键，将路径转换为选区，将不透明部分抠取出来，如图 7-57 所示。

（9）执行“选择”→“修改”→“羽化”命令，打开“羽化选区”对话框，设置“羽化半径”为 2 像素，如图 7-58 所示，单击“确定”按钮，完成羽化。

图 7-57　不透明部分选区

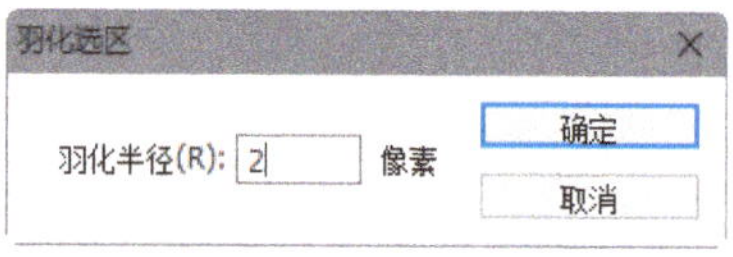

图 7-58　“羽化选区”对话框

（10）使用“移动工具”，将丝巾选区图像拖动至背景图片中，使其与刚才的丝巾图像重合，最终效果如图 7-59 所示。

图 7-59　最终效果

任务 8　抠取背景复杂的商品

抠取背景复杂的商品

当商品照片的背景较为复杂，而需要选取的商品的主体轮廓清晰时，可以使用“快速选择工具”快速选择并抠取图像。“快速选择工具”利用可调整的画笔笔尖像绘图一样涂抹形成选区，在涂抹时选区会自动扩展并查找与跟随图像中定义的边缘。

操作步骤

（1）按【Ctrl+O】快捷键，打开“打开”对话框，选择要打开的图片“皮鞋.jpg”，单击“确定”按钮，打开商品图片，如图 7-60 所示。

（2）这张照片的背景相对比较凌乱，为了使抠出的皮鞋更完整，可使用“快速选择工具”，将光标移动到皮鞋图像上，单击并拖动鼠标进行选择，如图 7-61 所示。

图 7-60　打开素材

图 7-61　选择图像

（3）单击“快速选择工具”工具选项栏中的“添加到选区”按钮，将光标移动到皮鞋图像上，单击并拖动鼠标进行选择，如图 7-62 所示。

（4）经过前面的操作，不但选中了皮鞋，还将皮鞋底部的阴影添加到了选区中，单击工具选项栏中的“从选区减去”按钮，在阴影部分不需要的地方单击，减小选择范围，直到选择了完整的皮鞋部分，如图 7-63 所示。

图 7-62　扩展选区

图 7-63　调整选区

（5）按【Ctrl+J】快捷键复制选区内的图像，得到“图层 1”图层，隐藏背景图层，查看抠出的图像所存在的问题，可发现皮鞋发暗，执行“图像”→“调整”→“阴影/高光”命令，打开“阴影/高光”对话框，设置参数，调整皮鞋的亮度，如图 7-64 所示。

（6）显示并选择背景图层，使用“渐变工具”，在工具选项栏中设置“黑白渐变”、“线性渐变”，从左上角到右下角填充渐变色的背景，效果如图 7-65 所示。

图 7-64　提高亮度

图 7-65　填充背景

项目 2　商品图片的自由组合

项目描述

小刘希望把几张处理完成的系列商品图片或同样款式但不同风格的商品图片组合在一起放在网店页面上进行展示，这样能够更好地方便买家对比商品的外观及特性，为自己选择合适的商品。那么，怎样在 Photoshop 中实现这些操作呢？

项目目标

- ✧　会利用 Photoshop 整齐组合多张商品图片。
- ✧　会利用 Photoshop 自由组合多张商品图片。
- ✧　会利用 Photoshop 控制商品的不同显示范围。

项目实施

任务 1　多个商品的整齐拼合

多个商品的整齐拼合

卖家在网店推销商品时，常常通过促销广告的形式将多张处理完成的系列商品图片或同样款式但不同风格的商品图片组合在一起进行展示，得到全新的版式效果，这里通过运用 Photoshop 的“新建”命令和创建新图层操作来实现商品图片的整齐组合。

操作步骤

（1）按【Ctrl+N】快捷键，打开“新建”对话框，输入新建文件的文件名及大小，如图 7-66 所示，单击“确定”按钮，新建画布。

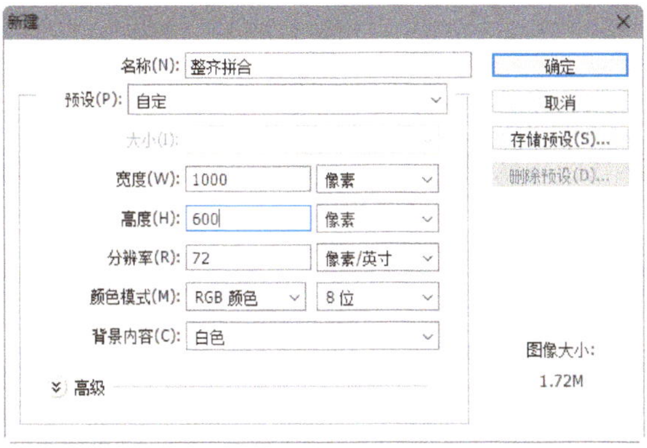

图 7-66　“新建”对话框

（2）在“色板”面板中选取“蜡笔黄橙”色作为背景色，按【Ctrl+Delete】快捷键填充画布，如图 7-67 所示。按【Ctrl+O】快捷键，打开“打开”对话框，选择要打开的图片“奶花.jpg”，如图 7-68 所示。

图 7-67　填充背景色

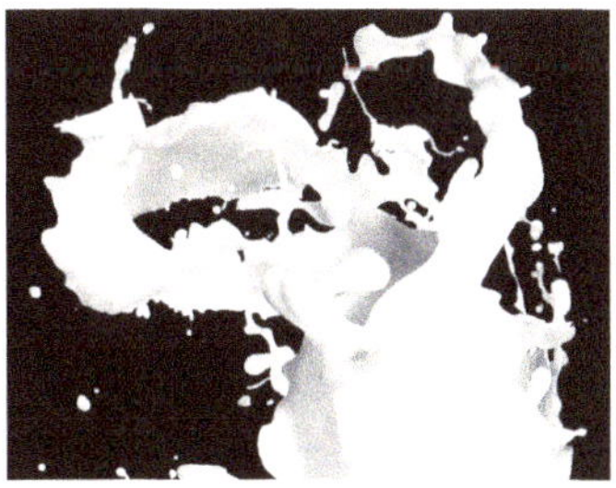

图 7-68　打开素材图片

（3）使用“魔棒工具”，抠取“奶化”图像，使用“移动工具”，拖动选区将其移动到背景上，调整不透明度为“60%”，设置图层模式为“柔光”，效果如图 7-69 所示。

图 7-69　背景效果

（4）新建“图层”，使用“矩形选框工具”，在画布左边绘制矩形，填充颜色为 RGB（127，45，0），依次打开四张蛋糕图片，并将其移动到绘制的矩形上，调整其大小和位置，效果如图 7-70 所示。

图 7-70　合成效果

（5）以同样的方法，依次打开一张蛋糕图片和一张牛奶图片，分别使用“魔棒工具”抠取牛奶和蛋糕图像，并将其移动到背景右侧，调整其大小和位置，效果如图 7-71 所示。

图 7-71　抠取合成效果

（6）使用“横排文字工具”，在工具选项栏中设置字体为“方正粗倩简体”，大小为 72 点，颜色为 RGB（127，45，0），在背景右上方单击，输入“锦鲤西饼屋”，单击“图层”面板下方的“添加图层样式”按钮，打开“图层样式”对话框，具体参数的设置如图 7-72 所示。

（7）单击“确定”按钮，添加外发光效果。以同样的方法，使用“横排文字工具”，在工具选项栏中设置字体为“Arial”，大小为 36 点，颜色为 RGB（127，45，0），在文字下方输入拼音“Jinli West Bakery”，并添加“外发光”图层样式，效果如图 7-73 所示。

（8）使用“横排文字工具”，在工具选项栏中设置字体为“微软雅黑”，大小为 30 点，颜色为白色，在背景左侧拖动鼠标并单击，输入“成长的味道，浪漫的味道，”，设置大小为 36 点，输入“都是幸福的味道！”，最终效果如图 7-74 所示。

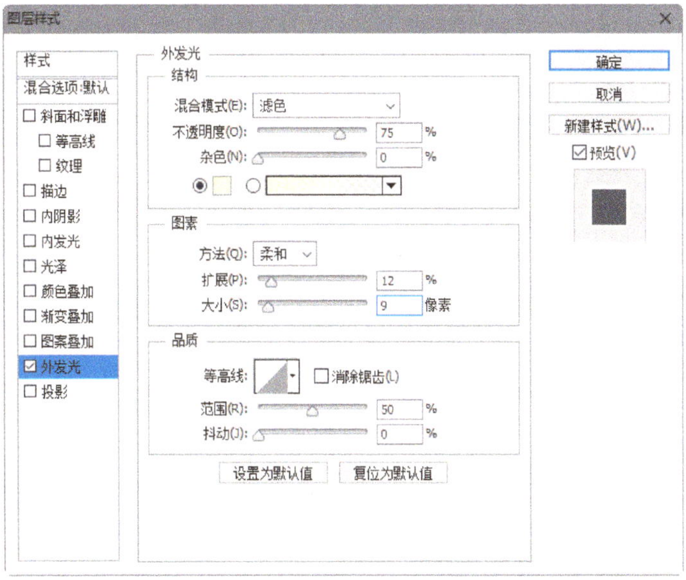

图 7-72　“图层样式”对话框

图 7-73　文字效果

图 7-74　最终效果

任务 2　多个商品的自由拼合

多个商品的自由拼合

在设计网店欢迎模块、促销广告或分类导航时，经常会对多个商品图片进行自由组合，得到全新的版面效果。在 Photoshop 中，可以通过“剪贴蒙版”来快速合成图像。

操作步骤

（1）按【Ctrl+N】快捷键，打开“新建”对话框，输入新建文件的文件名及大小，如图 7-75 所示，单击“确定”按钮，新建画布。

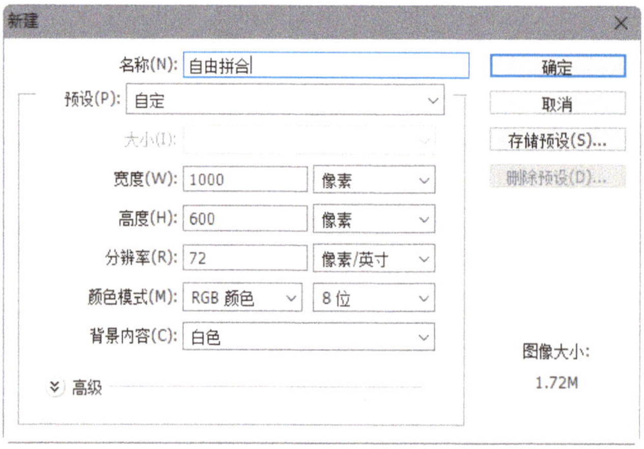

图 7-75　“新建”对话框

（2）新建“图层 1”，使用“矩形选框工具”，在工具选项栏中设置样式为“固定大小”，宽度和高度均为“450 像素”，如图 7-76 所示。

图 7-76　“矩形选框工具”的工具选项栏

（3）在画布中间单击，绘制正方形选区，设置前景色为“黑色”，按【Alt+Delete】快捷键填充前景色。按【Ctrl+D】快捷键取消选区，按【Ctrl+T】快捷键调出变换框，在工具选项栏中设置旋转为-45 度，按【Enter】键旋转图像，如图 7-77 所示。

图 7-77　绘制并旋转正方形

（4）将正方形垂直向下移动，使正方形顶点在上边缘处。新建“图层 2”，使用“多边形套索工具”，在画布左上方绘制三角形选区并填充黑色，取消选区，效果如图 7-78 所示。

图 7-78　绘制三角形

（5）按【Ctrl+J】快捷键，复制“图层 2”图层，得到“图层 2 拷贝”图层，执行“编辑”→“变换”→“水平翻转”命令，水平翻转复制的三角形，将图形向左水平移动，得到对称的三角形，如图 7-79 所示。

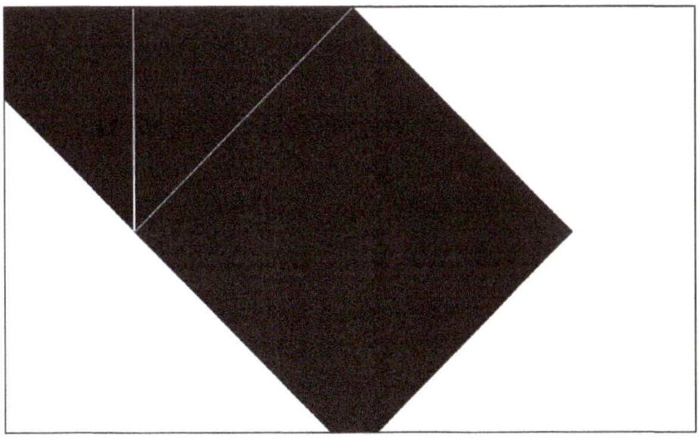

图 7-79　对称三角形

（6）继续使用上述方法绘制更多的三角形，并对各图层的三角形进行调整位置和大小的操作，得到全新的版面布局，效果如图 7-80 所示。

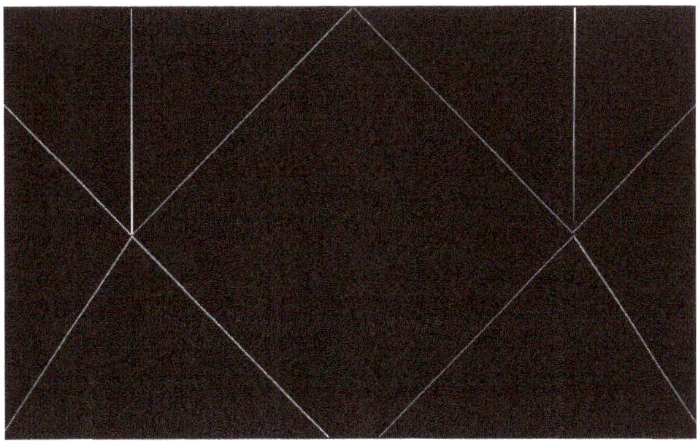

图 7-80　版面布局效果

（7）执行“文件”→“置入”命令，打开“置入”对话框，将素材文件“水晶 2.jpg”置入到画布中，调整其大小后，将其移动到左上角，复制素材图层，将素材图片分别置于其下三角形所在图层之上，执行“图层”→“创建剪贴蒙版”命令，创建剪贴蒙版，将素材图片置入到图形内部，效果如图 7-81 所示。

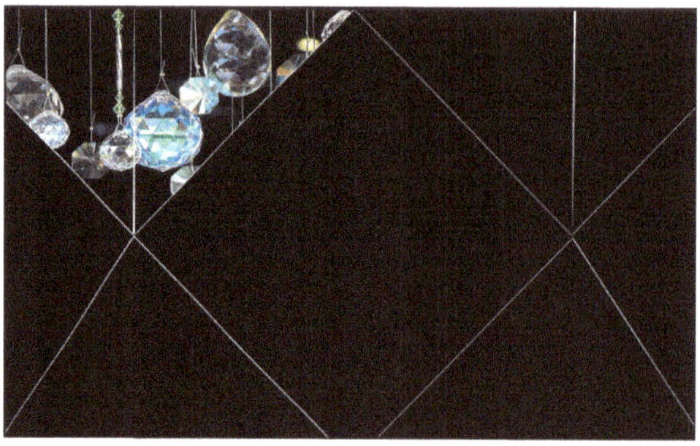

图 7-81　剪贴蒙版置入的图片

（8）置入素材图片“水晶 3.jpg”，使用同样的方法创建剪贴蒙版，效果如图 7-82 所示。

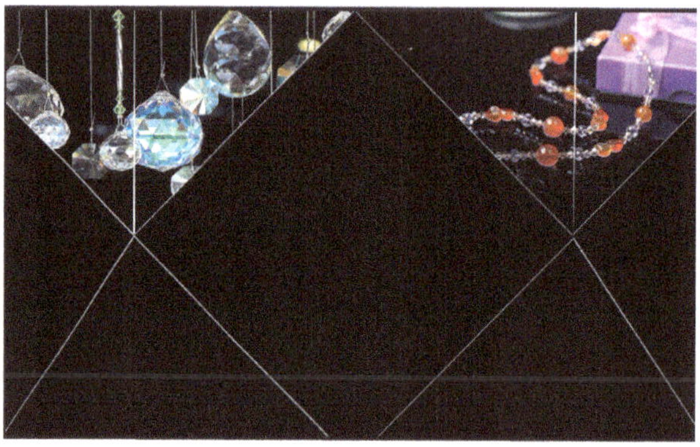

图 7-82　创建剪贴蒙版

（9）继续使用同样的方法，将其他素材图片置入到画布中，然后移到相应的三角形上面，创建剪贴蒙版，得到更丰富的画面效果，如图 7-83 所示。

图 7-83　置入图片后的整体效果

（10）使用“横排文字工具”T，在工具选项栏中设置字体为“方正粗倩简体”，大小为

72 点，颜色为黄色，在画布中间单击，输入“晶缘”；设置字体为“方正粗宋简体”，大小为 36 点，输入“晶华如水，涵养性灵——晶缘”；设置字体为“隶书”，大小为 30 点，输入“个性/时尚/有品位”，效果如图 7-84 所示。

图 7-84　输入文字

（11）新建图层，使用“单行选框工具”，在“晶缘”文字下方绘制一横线选区，使用“矩形选框工具”，在工具选项栏中单击“从选区减去”按钮，在横线选区两头减去多余选区，执行“编辑”→“描边”命令，打开“描边”对话框，具体参数的设置如图 7-85 所示。

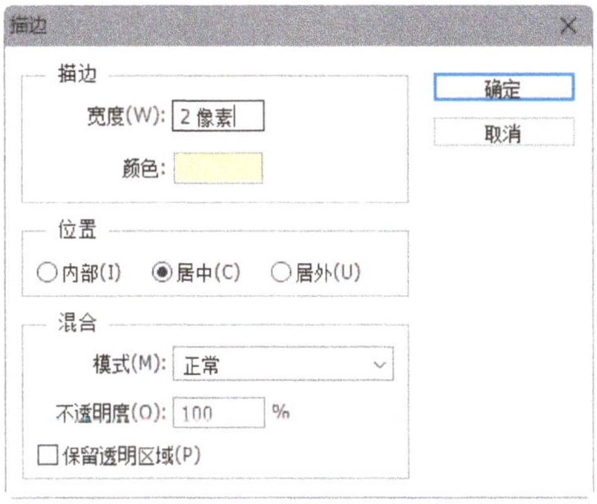

图 7-85　“描边”对话框

（12）单击“确定”按钮，进行描边，按【Ctrl+D】快捷键取消选区，最终效果如图 7-86 所示。

图 7-86　最终效果

任务 3　用图形控制商品的不同显示范围

在设计商品详情页时，需要显示商品的不同部分以展示商品的局部特点，这可以通过使用“矢量蒙版”来实现。“矢量蒙版”是从钢笔工具绘制的路径或者形状工具绘制的矢量图形中生成的蒙版，与分辨率没有关系，可以任意变换。

操作步骤

（1）按【Ctrl+O】快捷键，打开“打开”对话框，选择素材图片“时装.jpg”，单击“确定”按钮，打开素材图片，如图 7-87 所示。

（2）按【Ctrl+J】快捷键复制图层，得到“图层 1”，执行“图像”→“画布大小”命令，打开“画布大小”对话框，增加画布的宽度和高度，具体参数的设置如图 7-88 所示。

图 7-87　打开素材图片

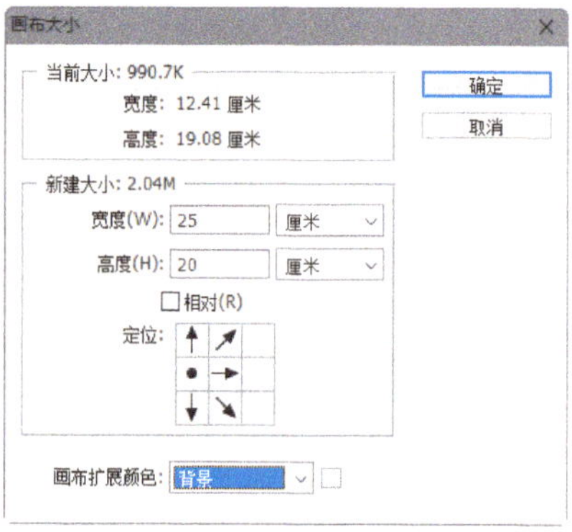

图 7-88　“画布大小”对话框

（3）单击“确定”按钮，扩展画布大小，如图 7-89 所示。

图 7-89　扩展画布大小

（4）在“图层 1”下面新建“图层 2”，设置前景色为白色，按【Alt+Delete】快捷键填充前景色，选择“图层 1”，执行“图层”→“矢量蒙版”→“显示全部”命令，创建矢量蒙版。

（5）单击蒙版缩览图，使用“矩形工具”，在工具选项栏中设置绘图模式为“路径”，在人物图像上单击并拖动鼠标，绘制路径，路径以外的区域会被隐藏，效果如图 7-90 所示。

（6）连续按两次【Ctrl+J】快捷键，复制“图层 1”，得到“图层 1 拷贝”和“图层 1 拷贝 2”，隐藏“图层 1 拷贝 2”，单击“图层 1 拷贝”的蒙版缩览图。

（7）使用“直接选择工具”，选中路径，按【Ctrl+T】快捷键调出变换框，调整路径，更改要显示的范围，如图 7-91 所示。

图 7-90　矢量蒙版效果

图 7-91　更改显示范围

（8）显示“图层 1 拷贝 2”图层，使用同样的方法调整显示范围，效果如图 7-92 所示。

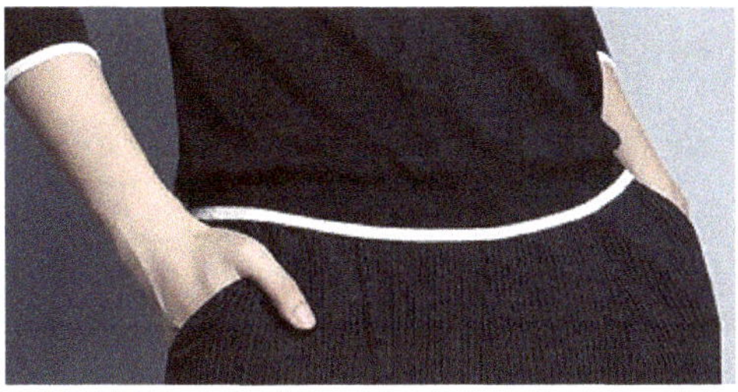

图 7-92　更改显示范围

（9）使用“直线工具”，在工具选项栏中设置绘图模式为“形状”，填充为同人物底色相同的颜色，绘制 2 像素竖线，使用“椭圆工具”，其工具选项栏的设置同“直线工具”，按【Shift】键拖动鼠标绘制正圆形状，复制正圆形状，调整其位置，效果如图 7-93 所示。

图 7-93　绘制形状

（10）打开“LOGO.jpg”素材图片，抠选上方图片并移动到画布中，使用“横排文字工具”，添加文字信息，最终效果如图 7-94 所示。

图 7-94　最终效果

单元小结

本单元通过对不同图片的各种抠取方法的介绍，以及对多种同类图片的拼合方法的讲解，对网店图片的基本合成方法进行了学习，这有助于卖家顺利在网店上发布系列或拼合商品图片信息，从而提高商品展示的效果，也能够方便买家对比商品的外观及特性，选择合适的商品，为网店带来可观的利润。

课后自测

（1）利用“矩形选框工具”对如图 7-95 所示的“包装盒”图片进行抠取，效果如图 7-96 所示。

图 7-95　“包装盒”图片

图 7-96　“包装盒”图片合成效果

（2）利用“魔棒工具”对如图 7-97 所示的“手表.jpg”图片进行抠取，效果如图 7-98 所示。

（3）利用“多边形套索工具”对如图 7-99 所示的“芥末鸡.jpg”图片进行抠取，效果如图 7-100 所示。

图 7-97　“手表”图片

图 7-98　“手表”图片合成效果

图 7-99　“芥末鸡”图片

图 7-100　“芥末鸡”图片合成效果

（4）利用“快速选择工具”对如图 7-101 所示的“男孩.jpg”图片进行抠取，效果如图 7-102 所示。

图 7-101　“男孩”图片

图 7-102　“男孩”图片合成效果

（5）利用“通道”对如图 7-103 所示的“婚纱.jpg”图片进行抠取，效果如图 7-104 所示。

图 7-103　“婚纱”图片

图 7-104　“婚纱”图片合成效果

（6）利用图像的自由拼合方法，对所提供的素材图片进行拼合，效果如图 7-105 所示。

图 7-105　自由拼合

（7）利用矢量蒙版，对所提供的素材图片通过图形进行不同显示区域的控制，效果如图 7-106 所示。

图 7-106　商品的不同显示

第 8 单元

网店的营销

为了提高网店的关注度和销售量，网店的营销是必不可少的，除了采用欢迎模块和收藏区以外，还可以采用客服区、促销广告、优惠券、快递服务及售后服务等方式。

项目 1　客服区设计

项目描述

小刘的网店已经装修差不多了，为了提高网店的知名度，也设计了不少的营销广告，为了实现与买家的及时沟通，需要设计和制作客户服务专区，这该怎么实现呢？

项目目标

- ✧ 会利用 Photoshop 设计不同风格的客服区。
- ✧ 会将制作好的客服模块上传至网店。

项目实施

在网店装修设计中，除了店招、导航及欢迎模块、商品细节描述等设计外，还有一个非常重要的设计——“客服区”设计。客服是买家咨询商品信息以及与卖家沟通的重要途径，它可以为买家解决疑惑，提高网店的服务质量，从而提高买家的回头率和商品成交率。

网店“客服区”的设计包含旺旺头像、客服名称和服务时间等。为了凸显店铺的专业性和服务品质，在设计过程中添加一些装饰性元素可以使“客服区”显得更亲切、更美观。“客服区”可以放在店铺的首页、列表页、自定义页等页面中，“客服区”的多处显示提升了买家购物的便捷性。

任务 1　简洁淡雅的客服区设计

客服区设计

这里要为某家居店设计客服区，在设计时可将该店销售的家居图片作为背景，与“客服区”组合在一起，设计简洁大方。“客服区”参考了家居饰品的色彩和风格，使画面淡雅清新，将“客服区”放置在家居图片旁边，与画面主题更加吻合。

操作步骤

（1）按【Ctrl+O】快捷键，打开“打开”对话框，选择要打开的素材图片“家居用品.jpg”，单击“确定”按钮，打开素材图片，如图 8-1 所示。

（2）执行“图像”→“画布大小”命令，打开“画布大小”对话框，将画布的宽度向右扩展，具体参数的设置如图 8-2 所示。

图 8-1　素材图片

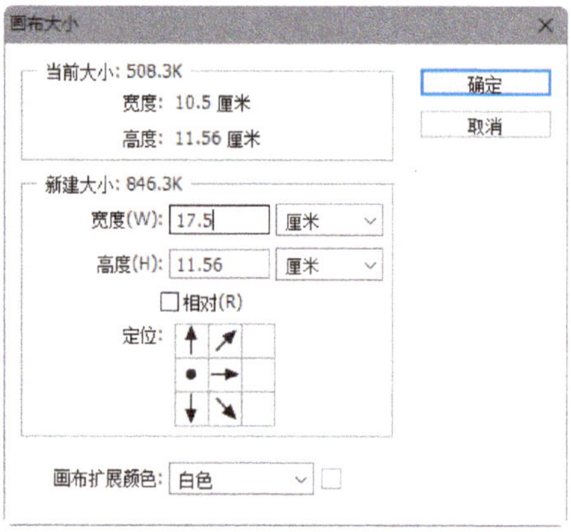

图 8-2　“画布大小”对话框

（3）单击“确定”按钮，扩展画布宽度，使用“魔棒工具”，单击扩展的白色区域，制作选区，使用“吸管工具”，单击家居图片地板，提取颜色并设置背景色，按【Ctrl+Delete】快捷键填充选区为背景色，按【Ctrl+D】快捷键取消选区，效果如图 8-3 所示。

图 8-3　扩展画布大小

（4）单击“图层”面板下方的“新建图层”按钮，新建“图层 1”，使用“矩形工具”，在工具选项栏中设置工具模式为“形状”，填充为“白色”，描边为“无”，在画布右侧绘制一个白色矩形，设置不透明度为“35%”，如图 8-4 所示。

（5）新建“图层 2”，使用“自定形状工具”，在工具选项栏中设置填充色为“深黑淡绿”，单击心形按钮，在弹出的下拉列表中选择“装饰 5”选项，在矩形上方单击并拖动鼠标，绘制花纹形状，如图 8-5 所示。

图 8-4　绘制矩形

图 8-5　绘制形状

（6）新建“图层 2”，使用“矩形工具”▢，在工具选项栏中设置填充为“白色”，描边为“深黑淡绿”，在花纹下方绘制矩形，使用“横排文字工具”T，在工具选项栏中设置字体为“方正粗倩体”，大小为 18 磅，颜色为黑色，在矩形中间输入“收藏本站”，如图 8-6 所示。

图 8-6　绘图及输入文字

（7）按【Ctrl+O】快捷键，打开素材图片“旺旺.jpg”，使用“魔棒工具”单击白色背景，按【Ctrl+Shift+I】快捷键反选图像，将其拖动至绘制的图形下方，使用“横排文字工具”，在工具选项栏中设置大小为 18 磅，在图片旁边输入“客服中心”。

（8）使用“横排文字工具”，在画面中输入相关的客服工作时间、在线咨询及联系方式等信息，复制旺旺图像，创建旺旺的拷贝图层，调整图层中旺旺图像的大小和位置，如图 8-7 所示。

图 8-7　输入文字

（9）使用“圆角矩形工具”，在工具选项栏中设置填充为“黄色”，描边为“红色”，在旺旺图片及“和我联系”文字图层下方新建图层，绘制圆角矩形并将图片及文字框住。

（10）新建图层，使用“直线工具”，在工具选项栏中设置填充为“无”，描边为“黑色”，线型为“虚线”，在白色矩形上绘制三条直线，如图 8-8 所示。

图 8-8　绘制图形

（11）新建图层，使用“多边形工具”，在工具选项栏中设置填充为“蜡笔红橙”，描边为“无”，形状为“横幅 4”，在白色矩形下方绘制图形，复制该图形两次，垂直向下调整位置。设置填充为“红色”，形状为“五角星”，绘制五角星。将五角星复制四次，调整五角星的位置；将所有的“五角星”图层合并，复制两次，并调整其位置。

（12）选择“横排文字工具”，在横幅形状上分别输入“描述相符”、“服务态度”、“发货速度”，最终结果如图 8-9 所示。

图 8-9　最终效果

任务 2　规则整齐的客服区设计

这里为某珠宝店设计客服区，在设计时利用矩形对主要客服信息进行分组和布局，提升客服的可信度和专业度，并在每组信息中提取一个中心点，便于买家掌握更多的客服内容，增强了图像的表现力。

操作步骤

（1）按【Ctrl+O】快捷键，打开“打开”对话框，选择要打开的素材图片“珍珠.jpg”，单击“确定”按钮，打开素材图片，如图 8-10 所示。

图 8-10　打开素材图片

（2）执行“图像”→“图像大小”命令，打开“图像大小”对话框，设置图像宽度为“27”厘米，高度为“10”厘米，如图 8-11 所示，单击“确定”按钮，调整图像大小。

（3）新建“图层 1”图层，使用“吸管工具”，在素材图片上单击，提取浅蓝色，按【Ctrl+Delete】快捷键，填充“图层 1”，调整“图层 1”的不透明度为“30%”。

（4）执行“视图”→“标尺”命令，打开标尺，拖动鼠标，新建三条横向参考线、四条纵向参考线，如图 8-12 所示。

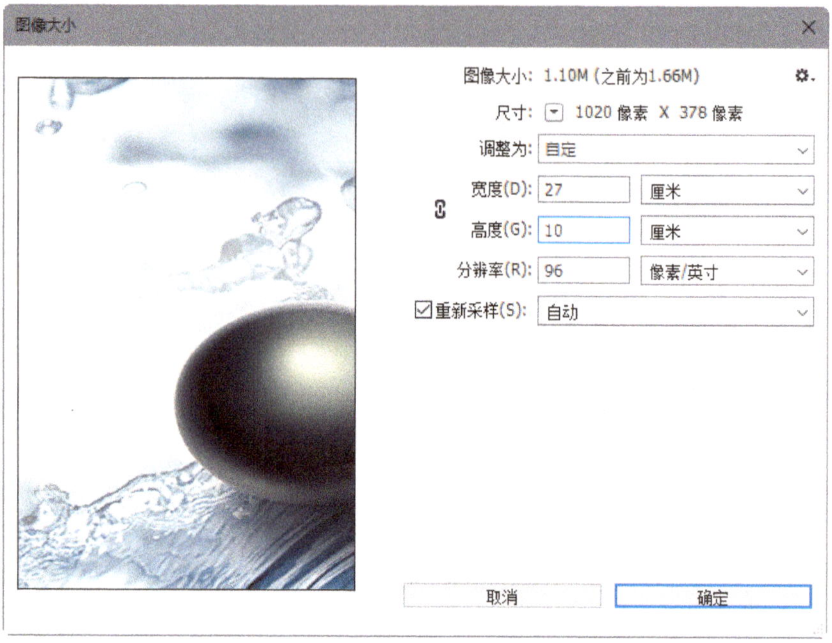

图 8-11 “图像大小”对话框

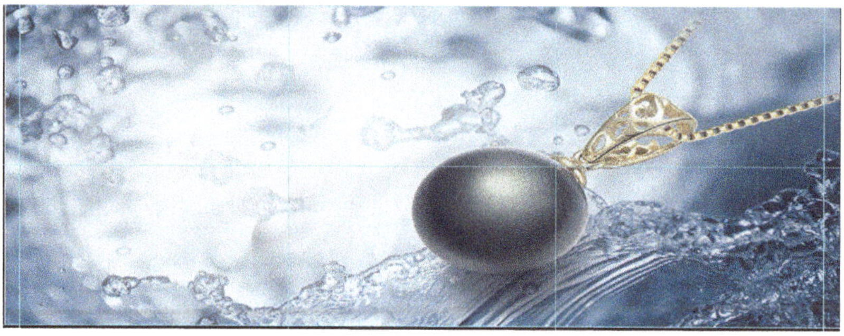

图 8-12 新建参考线

（5）使用“矩形工具”，在工具选项栏中设置填充为“中等暖褐”，描边为“无”，在左上方绘制矩形，连续复制矩形两次，使用“移动工具”调整位置；新建一图层，使用“矩形工具”，在工具选项栏中设置填充为“无”，描边为“深黑暖褐”，绘制矩形，如图 8-13 所示。

图 8-13 绘制上排矩形

（6）以同样的方法，使用“矩形工具”，在工具选项栏中设置填充为“中等暖褐”，描边为“无”，在下方绘制矩形，使用“直线工具”，在选项栏中设置填充为“无”，描边为“深黑暖褐”，执行“视图”→“显示”→“参考线”命令，关闭参考线，效果如图 8-14 所示。

图 8-14　绘制下排矩形

（7）新建图层，使用“自定形状工具”，在工具选项栏中设置填充色为“蜡笔青”，单击心形按钮，在弹出的下拉列表中选择“会话 1”选项，在左上方矩形上单击并拖动鼠标，绘制形状，同理，在后边两个矩形上绘制形状，如图 8-15 所示。

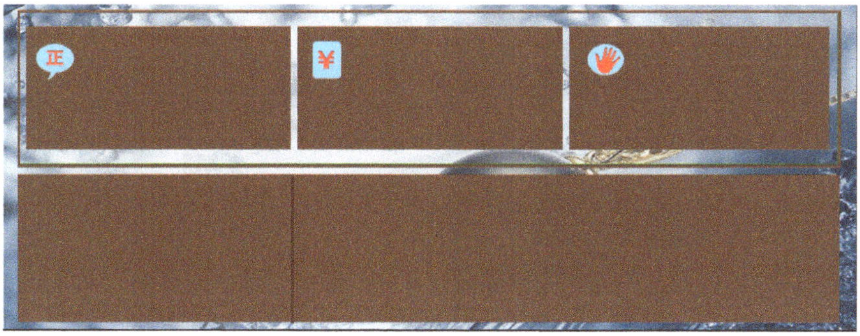

图 8-15　绘制图形

（8）使用“横排文字工具”，在上排矩形中输入相关的客服信息，如图 8-16 所示。

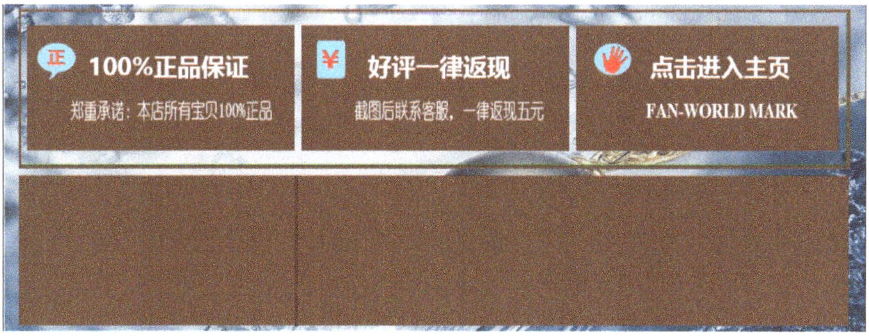

图 8-16　输入文字

（9）按【Ctrl+O】快捷键，打开素材图片“旺旺.jpg”，使用“魔棒工具”单击白色背景，按【Ctrl+Shift+I】快捷键反选图像，将其拖动至绘制的下方矩形中，按【Ctrl+T】快捷键，调整其大小和位置。连续复制旺旺图片六次，并调整其大小和位置。

（10）使用“横排文字工具”，在图片旁边输入客服人员名称，最终效果如图 8-17 所示。

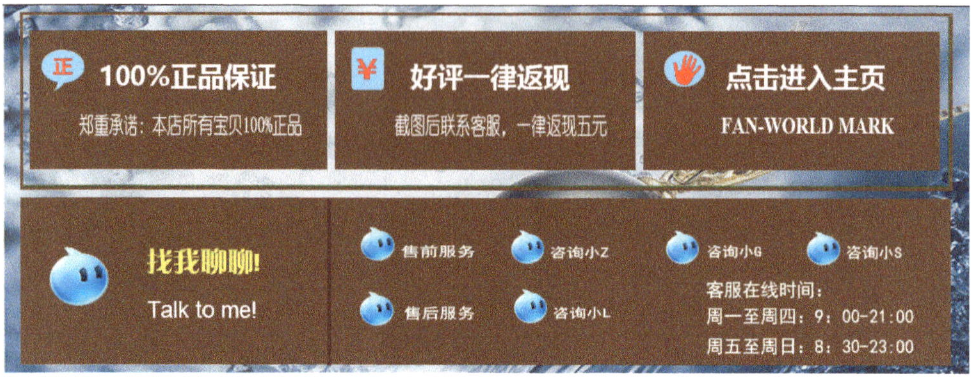

图 8-17　最终效果

任务 3　侧边栏客服区设计

这里为某店铺的侧边栏设计客服区，由于侧边栏的尺寸大小有限，因此，在设计时会有很多限制，只能通过简单的图案加以装饰。

操作步骤

（1）按【Ctrl+N】快捷键，打开“新建”对话框，输入名称为“侧边栏”，设置画布宽度为“1000”像素，高度为“450”像素，如图 8-18 所示，单击“确定”按钮，新建画布。

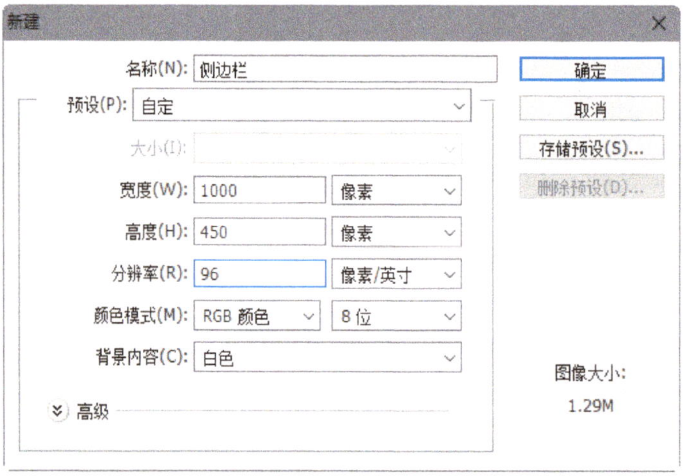

图 8-18　“新建”对话框

（2）设置前景色为“蜡笔青豆绿”，按【Alt+Delete】快捷键填充前景色，执行“视图”→“标尺”命令，打开标尺，拖动鼠标，绘制十条纵向参考线，如图 8-19 所示。

图 8-19　绘制参考线

（3）使用“矩形工具”，在工具选项栏中设置填充为“深黑红”，描边为“无”，在画布左侧绘制矩形；新建一图层，使用“圆角矩形工具”，在工具选项栏中设置填充为“白色”，描边为“无”，在绘制的矩形上面绘制圆角矩形，然后依次复制三次圆角矩形，使用“移动工具”调整位置，如图 8-20 所示。

图 8-20　绘制矩形及圆角矩形

（4）新建一图层，使用“矩形工具”，在工具选项栏中设置填充为“深黑红”，描边为“无”，在矩形右侧绘制大小不等的矩形，然后将其中两个矩形填充颜色改为“黑红”，如图 8-21 所示。

图 8-21　绘制大小不一的矩形

（5）新建一图层，使用“矩形工具”，在工具选项栏中设置填充为“深黑红”，描边为“无”，在矩形右侧绘制大小相同的五个矩形，然后将第一个矩形改为“黑红色”，如图 8-22 所示。

图 8-22　绘制大小相同的矩形

（6）同样，使用“矩形工具”在画布右侧再绘制两列个数不等的矩形，执行“视图”→

“显示”→“参考线”命令，关闭参考线，如图 8-23 所示。

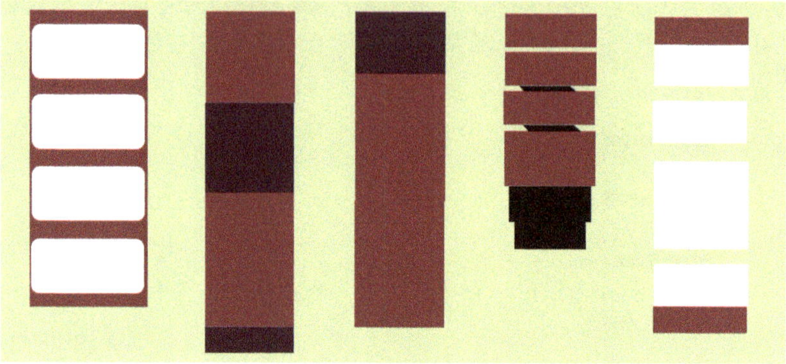

图 8-23　绘制右侧两列矩形

（7）按【Ctrl+O】快捷键，打开素材图片“qq.jpg”，使用“魔棒工具”单击白色背景，按【Ctrl+Shift+I】快捷键，反选图像，将其拖动至绘制的矩形中，按【Ctrl+T】快捷键，调整其大小和位置。连续复制此图片四次，调整其大小和位置，使用同样方法处理图片“weixin.jpg”、“xunwen.jpg”和“erweima.jpg”，如图 8-24 所示。

图 8-24　添加图片

（8）使用“横排文字工具”，在图片旁边输入客服信息，效果如图 8-25 所示。

图 8-25　添加客服信息

（9）新建一图层，使用“直线工具”，在工具选项栏中设置填充为“黑色”，描边为“0.3 点”，在右侧矩形上绘制长短不同的直线，最终效果如图 8-26 所示。

图 8-26　最终效果

项目 2　促销广告设计

促销广告设计

项目描述

网店的促销广告是网店装修中不可缺少的元素之一，它是对店铺最新热卖商品或促销活动进行的展示，与欢迎模块一样位于店铺导航条的下方，比导航条和店招所占区域尺寸都要大，是买家进入店铺后最容易被吸引的地方，其设计的好坏将直接影响店铺的点击率和商品销量，因此，如何将文字与商品相结合，将卖点更好地表现出来是进行网店装修时必须要考虑的问题。

项目目标

- ✧ 会使用渐变工具。
- ✧ 会使用椭圆工具。
- ✧ 会使用剪切蒙版。
- ✧ 会设置混合模式。
- ✧ 会使用套索工具。

项目实施

促销广告是直接向买家推销产品或服务的一种广告形式。促销广告通过展示产品的质量、性能、促销时间、促销内容等，来刺激买家的购买欲望，从而达到增加产品销量和提高品牌知名度的目的。促销广告一般包括促销内容、促销产品、促销时间、促销价格等信息。

促销广告的宽度一般为 1920 像素、950 像素和 750 像素，高度可根据实际需求进行调整，一般为 150～700 像素。促销广告尺寸越大，对图片质量的要求越高。

这里通过某化妆品年终促销活动的广告设计和制作来介绍促销广告的设计方法。

操作步骤

（1）执行“文件”→“新建”命令，打开“新建”对话框，设置“宽度”为 950 像素，“高度”为 500 像素，“分辨率”为 150 像素/英寸，“颜色模式”为 RGB 颜色，“背景内容”为白色，单击“确定”按钮，创建画布。

（2）设置前景色为 RGB（254，87，167），按【Alt+Delete】快捷键为画布填充前景色。

（3）设置前景色为白色，使用“横排文字工具”，在工具选项栏中设置“字体”为 Aparajita，“字体大小”为 20 点，在“字符”面板中设置“字距”为 19，在画布左侧输入文字“BEAUTY PRODUCTS”，效果如图 8-27 所示。

图 8-27 输入文字

（4）使用“横排文字工具”，输入文字“年终大促”，在工具选项栏中设置“字体”为黑体，“字体大小”为 42 点，在“字符”面板中将其设置为仿粗体。

（5）使用“横排文字工具”，输入文字“全场大牌惊喜价”，在工具选项栏中设置“字体”为宋体，“字体大小”为 18 点，“文本颜色”为 RGB（53，52，52）。

（6）使用“横排文字工具”，输入文字“59”，在工具选项栏中设置“字体”为 Impact，“字体大小”为 38 点，“文本颜色”为 RGB（255，246，0）。

（7）使用“横排文字工具”，输入文字“元起”，在工具选项栏中设置“字体”为 Adobe 黑体 Std，“字体大小”为 18 点，“文本颜色”为 RGB（53，52，52），效果如图 8-28 示。

图 8-28 输入文字

（8）新建“图层 1”，使用“渐变工具”，为“图层 1”填充白色到透明色的径向渐变，效果如图 8-30 所示。

图 8-29 径向渐变填充效果

（9）按【Ctrl+T】快捷键调出变换框，右击，在弹出的快捷菜单中执行“透视”命令，拖动定界框角点，进行透视变换，如图 8-30 所示，按【Enter】键确认结束自由变换。

图 8-30　透视效果

（10）连续按【Ctrl+J】快捷键三次，得到三个“图层 1”的副本图层。使用“自由变换工具”和“移动工具”将复制的图层对象旋转并移动至合适位置，效果如图 8-31 所示。

图 8-31　移动和调整图层对象

（11）新建一图层，使用“渐变工具”填充图层白色到透明的径向渐变，效果如图 8-32 所示。

图 8-32　绘制渐变效果

（12）使用“椭圆工具”，在工具选项栏中设置“填充”为 RGB（24，49，46），无描边，拖动鼠标绘制椭圆。执行“窗口”→“属性”命令，打开“属性”面板，设置“羽化”为 9.0 像素，效果如图 8-33 所示。

（13）使用“椭圆工具”，绘制一个椭圆，在工具选项栏中设置“填充”为 RGB（166，126，69），效果如图 8-34 所示。

（14）复制图层“椭圆 2”，得到“椭圆 2 拷贝”图层，使用“移动工具”，向上小幅度移动。

（15）复制图层“椭圆 2 拷贝”，得到“椭圆 2 拷贝 2”图层，使用“移动工具”，向上小幅度移动。

图 8-33　添加羽化效果

图 8-34　绘制椭圆

（16）参照步骤（15），得到“椭圆 2 拷贝 3”图层，并向上移动该图层。

（17）复制“椭圆 2 拷贝 3”图层，得到“椭圆 2 拷贝 4”图层。选中“椭圆 2”、“椭圆 2 拷贝”、“椭圆 2 拷贝 2”和“椭圆 2 拷贝 3”图层，按【Ctrl+E】快捷键合并图层，效果如图 8-35 所示。

图 8-35　绘制多个椭圆

（18）执行“文件”→“置入”命令，打开“置入”对话框，选择置入的图片“纹理.psd”，单击“置入”按钮，置入图片。将图片移动到椭圆所在位置，拖动“纹理”图层至“椭圆 2 拷贝 4”图层的下方，效果如图 8-36 所示。

（19）右击“纹理”图层，在弹出的快捷菜单中执行“创建剪切蒙版”命令，设置“混合模式”为正片叠底，效果如图 8-37 所示。

图 8-36　置入图片

图 8-37　创建剪切蒙版

（20）执行“文件”→“置入”命令，打开“置入”对话框，选择置入的图片“纹理.psd”，单击“置入”按钮，置入图片。将图片移动到椭圆所在位置，参照步骤（19），为该图层创建剪切蒙版，设置“混合模式”为柔光，效果如图 8-38 所示。

图 8-38　置入图片并设置剪切蒙版效果

（21）执行“文件”→“置入”命令，打开“置入”对话框，置入图片“化妆品.psd”，运用“自由变换工具”和“移动工具”将图片缩放并移动至椭圆上方，效果如图 8-39 所示。

（22）新建一图层，使用“套索工具”，在工具选项栏中设置“羽化”为 8 像素，绘制一个不规则选区，如图 8-40 所示。

（23）设置前景色为黑色，按【Alt+Delete】快捷键填充选区为前景色，效果如图 8-41 所示。

图 8-39　置入图片

图 8-40　绘制不规则选区

图 8-41　填充黑色

（24）拖动“图层 3”至“化妆品图层”下方，效果如图 8-42 所示。

图 8-42　调整图层顺序

（25）执行“文件”→“存储为”命令，打开“另存为”对话框，选择保存的位置，输入名称为“促销广告.psd”，单击“保存”按钮，保存制作的促销广告。

项目 3　优惠券设计

优惠券设计

项目描述

小刘的店铺已经开张一段时间了，但是每天的销售量并不是很理想，有人提醒他可以通过发放优惠券的方式来吸引顾客，提高顾客的购买量。那么，优惠券应怎样设计呢？

项目目标

- ✧ 会使用矩形工具。
- ✧ 会使用画笔工具。
- ✧ 会添加和编辑文字。

项目实施

在网店页面中，除了店招、导航、欢迎模块和商品细节描述外，还包含有关店铺优惠信息的优惠券。优惠券是刺激消费、提高单价的一种重要手段，买家通常会根据条件领取优惠券，再以拼单的形式来达到使用条件。

优惠券的设计较为丰富，大小并不固定，一般会根据页面整体设计来确定大小。在设计优惠券时，可以根据网店装修风格将其与促销广告、导航栏等模块进行组合，以方便买家在浏览页面时轻松领取店铺中的优惠券。

优惠券上通常包含优惠金额、使用条件、有效时间以及适用范围等信息。一般而言，优惠券上要有醒目的“点击领取”四个字，以提醒买家注意。这里以一栏三张优惠券的制作过程为例，介绍优惠券的制作方法。

操作步骤

（1）执行“文件”→“新建”命令，打开“新建”对话框，设置“宽度”为 950 像素，“高度”为 115 像素，“分辨率”为 72 像素/英寸，“颜色模式”为 RGB 颜色、“背景内容”为白色，单击“确定”按钮，创建画布。

（2）使用“矩形工具”，在工具选项栏中设置“填充”为 RGB（233，0，79），“形状宽度”为 300 像素，“形状高度”为 95 像素，在画布中单击，在打开的“创建矩形”对话框中单击“确定”按钮，并移动该矩形至画布左侧，效果如图 8-43 所示。

图 8-43　绘制矩形

（3）使用“矩形工具”，拖动鼠标绘制矩形，在工具选项栏中设置“填充”为 RGB（255，210，2），无描边，效果如图 8-44 所示。

图 8-44　绘制矩形

（4）右击“矩形 2”图层，在弹出的快捷菜单中执行“栅格化图层”命令，将形状图层栅格化为普通图层。设置前景色为 RGB（233，0，79），使用“画笔工具”，在工具选项栏中单击“切换画笔面板”按钮，打开“画笔”面板，画笔参数的设置如图 8-45 所示。

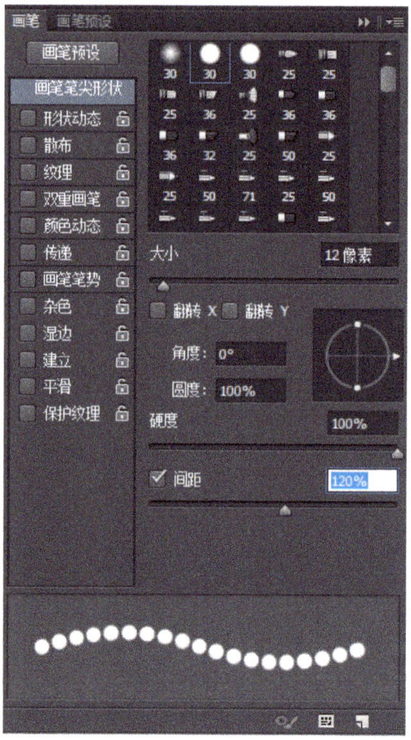

图 8-45　设置画笔

（5）按住【Shift】键在黄色矩形左侧向下拖动鼠标，绘制直线，效果如图 8-46 所示。使用“橡皮擦工具”，擦除超出矩形的图像。

图 8-46　绘制锯齿形状

（6）设置前景色为白色，使用“横排文字工具”，输入文字“¥10”，选中文字，在工具选项栏中设置“字体”为微软雅黑，“字体大小”为 55 点，设置消除锯齿的方法为浑厚，在“字符”面板中设置仿粗体，效果如图 8-47 所示。

图 8-47　输入文字

（7）使用“横排文字工具”，输入文字“优惠券”，选中文字，在工具选项栏中设置“字体大小”为 24 点，在“字符”面板中取消仿粗体。

（8）输入文字“满 128 元使用”，选中文字，在工具选项栏中设置“字体大小”为 14 点，效果如图 8-48 所示。

图 8-48　输入文字

（9）输入文字“立即领取”，在工具选项栏中设置“字体大小”为 25 点，“文本颜色”为黑色，在“字符”面板中设置仿粗体。

（10）输入文字“仅限当天”，在工具选项栏中设置“字体大小”为 14 点，设置“消除锯齿的方法”为锐利，在“字符”面板中取消仿粗体的设置，效果如图 8-49 所示。

图 8-49　输入文字

（11）选中除“背景图层”之外的所有图层，按【Ctrl+G】快捷键创建组，并在组名称处双击，修改组名为“优惠券 1”。

（12）按【Ctrl+J】快捷键复制组“优惠券 1”，并修改组名为“优惠券 2”，使用“移动工具”，按【Shift】键向右水平移动优惠券。

（13）在组“优惠券 2”中选择“¥10”图层，修改文字为“¥20”；选择“满 128 元使用”图层，修改文字为“满 288 元使用”，效果如图 8-50 所示。

图 8-50　修改文字

（14）参照步骤（12）和步骤（13）制作“优惠券 3”，效果如图 8-51 所示。

图 8-51　制作优惠券

（15）执行“文件”→“存储为”命令，打开“另存为”对话框，选择保存的位置，输入名称为“优惠券.psd”，单击“保存”按钮，保存制作好的优惠券。

项目 4　友好的快递服务展示

友好的快递服务展示

项目描述

为了让买家了解与本店铺关联的快递公司的信息，小刘想在店铺中展示快递服务信息，方便买家选择和调整快递服务的时间及公司，应该怎样展示快递服务呢？

项目目标

✧ 会使用矩形工具绘制图形。
✧ 会使用油漆桶工具填充颜色。

项目实施

快递服务展示图可以让买家了解店铺的默认发货快递公司，以便买家自行调整快递公司，也可以提醒偏远地区买的家购买包邮商品时要咨询店内客服等。

操作步骤

（1）执行“文件”→“新建”命令，打开“新建”对话框，输入名称为“快递服务”，设置“宽度”为750像素，“高度”为600像素，其他选项采用默认设置即可，如图8-52所示，单击“确定”按钮，创建新画布。

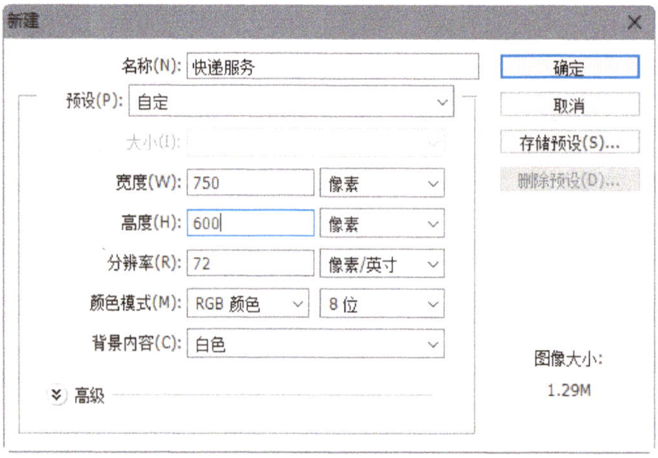

图 8-52　“新建”对话框

（2）使用“矩形工具”，在工具选项栏中设置“填充”为RGB（198，198，198），“描边”样式为无，在画布顶部绘制矩形，得到“矩形1”图层。

（3）按【Ctrl+J】快捷键复制矩形，得到“矩形1拷贝”图层，双击图层缩览图，更改其颜色为黑色，连续按三次上行键将其向上移动3像素，如图8-54所示。

图 8-53　绘制及复制矩形

（4）使用“矩形工具”，在工具选项栏中设置“填充”为白色，“描边”样式为无，按【Shift】键，在黑色矩形右侧绘制如图 8-54 所示正方形，得到“矩形 2”图层。

图 8-54　再次绘制及复制矩形

（5）在“图层”面板中，右击“矩形 2”图层，在弹出的快捷菜单中执行“栅格化图层”命令，将“矩形 2”图层转换为普通图层。

（6）使用“多边形套索工具”，根据“矩形 2”图层的图像绘制一个三角形选区。

（7）新建“图层 1”，设置前景色为 RGB（198，198，198），使用“油漆桶工具”，单击三角形选区，填充颜色，按【Ctrl+D】快捷键取消选区，这样即为黑色矩形制作了折页阴影效果，如图 8-55 所示。

图 8-55　折页阴影效果

（8）使用“横排文字工具”，在工具选项栏中设置字体为“方正粗倩简体”，大小为 36 点，颜色为白色，单击黑色矩形左上方，输入“本店快递信息”。

（9）使用“矩形工具”，在工具选项栏中设置“填充”为浅黄，“描边颜色”为 70%黑，“描边大小”为 1 点，“描边线型”为虚线，在黑色矩形下方绘制如图 8-56 所示矩形，得到“矩形 3”图层。

（10）使用“横排文字工具”，在工具选项栏中设置字体为“黑体”，大小为 26 点，颜色为黑色，根据店内实际情况输入文字内容，如图 8-57 所示。

（11）重复步骤（9）和步骤（10），绘制矩形形状并且输入文字信息，最终效果如图 8-58 所示。

图 8-56　折页效果

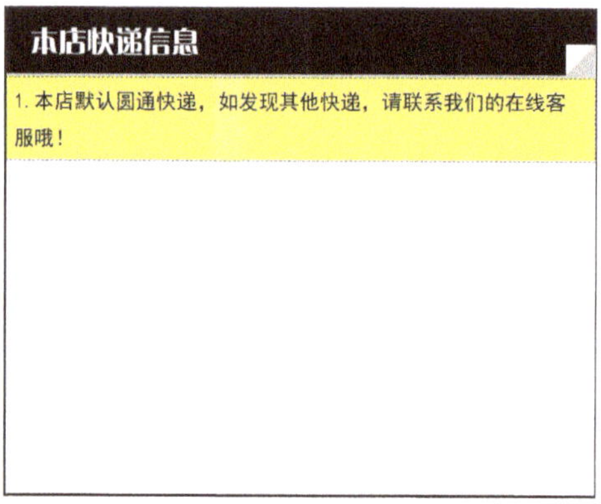

图 8-57　输入文字内容

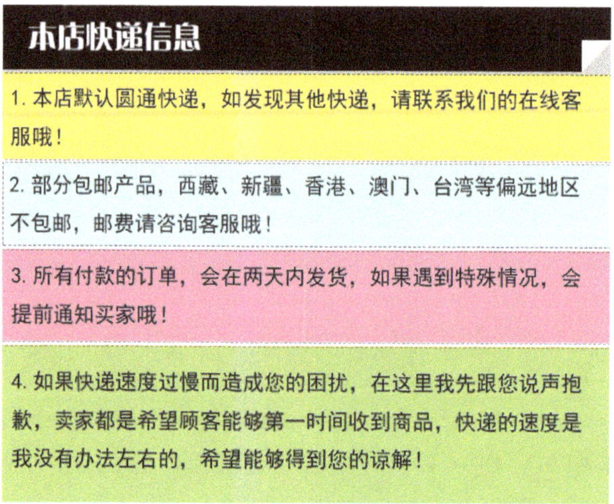

图 8-58　最终效果

温馨提示

设计好的快递展示图片要让买家看到才能达到预期的效果，买家通过搜索商品主图而进入商品详情页，部分买家不会点击首页。因此，快递展示图片最好投放在详情页下方，以便使买家了解到对应的快递信息。

项目 5　售后服务设计

项目描述

小刘想在店内展示退货流程、退货承诺以保证优质服务，获得 5 分好评，应如何实现呢？

项目目标

✧　会使用自定形状工具。
✧　会进行图片抠图。
✧　会绘制流程图和承诺图。

项目实施

不同店家同时销售相同的商品时，买家所能获得的商品本身价值大致相同，但感受却不尽相同，此时，作为附加价值的售后服务就显得尤为重要。在买家购买商品之前，要把商品所有可能获得的服务详细展示在页面中，买家才会通过比较选择服务优质的商品进行购买，这里所指的主要包括展示店内退换商品的流程图、退换货承诺图以及 5 分好评图等。

任务 1　退换货流程图设计

根据店铺的退换货流程，绘制出相应的图片展示给买家，让买家了解退换货的流程，同时，店家也要遵守流程图的顺序，让买家体验到正规化的退换货服务。

退换货流程图设计

操作步骤

（1）按【Ctrl+N】快捷键，打开“新建”对话框，输入名称为“退换货流程图”，设置宽度为“750”像素，高度为“480”像素，其他采用默认设置即可，如图 8-59 所示，单击“确定”按钮，新建文档。

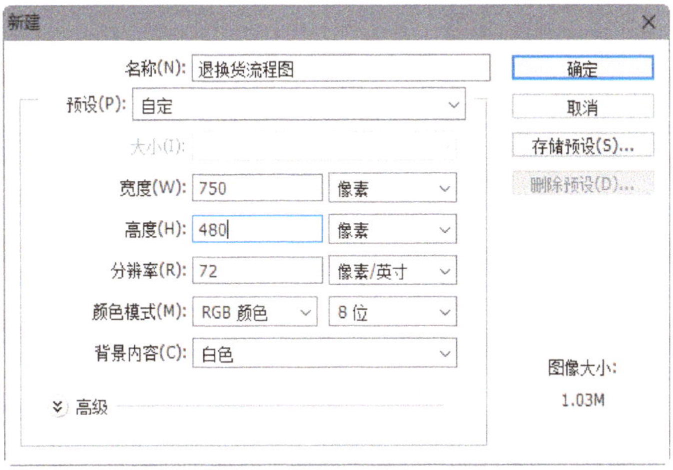

图 8-59　“新建”对话框

（2）使用“矩形工具”，在工具选项栏中设置“填充”为 RGB（241，241，241），“描边”样式为无，在画布顶部绘制矩形，得到“矩形 1”图层。

（3）按【Ctrl+J】快捷键复制矩形，得到“矩形 1 拷贝”图层，双击图层缩览图更改其颜色为 RGB（160，160，160），按【Ctrl+T】快捷键调出变换框，按【Ctrl】键，调整矩形左上角和右上角的控制点，使其为梯形形状，按【Enter】键确认变换，将“矩形 1”图层调整至“矩形 1 拷贝”图层上方，效果如图 8-60 所示，为矩形添加立体倒影效果。

图 8-60　立体倒影效果

（4）使用“横排文字工具”，在工具选项栏中设置字体为“方正粗倩简体”，大小为 26 点，颜色为黑色，在矩形上输入“退换货流程图”。

（5）新建一图层，使用“直线工具”，在工具选项栏中设置填充为“黑色”，描边为“1 点”，在矩形下方绘制与画布同宽的直线，如图 8-61 所示。

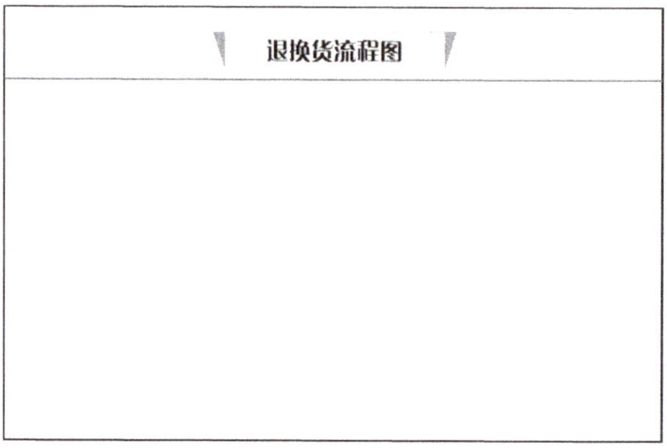

图 8-61　输入文字并绘制直线

（6）使用“矩形工具”，在工具选项栏中设置“填充”为 70%黑，“描边”样式为无，在画布左侧绘制矩形，得到“矩形 2”图层，使用“横排文字工具”，在工具选项栏中设置字体为“黑体”，大小为 16 点，颜色为白色，在矩形上输入“商品到达”。

（7）新建一图层，使用“直线工具”，在工具选项栏中设置填充为 70%黑色，描边为“1 点”，按“Shift”键，在左侧矩形中间绘制一竖线，得到“形状 2”图层，将“形状 2”图层移动到“矩形 2”图层的下方，效果如图 8-62 所示。

（8）新建一图层，使用“直线工具”，在工具选项栏中设置填充为 70%黑色，描边为“1 点”，单击“箭头设置”按钮，在打开的“箭头”面板中，选中“终点”复选框，设置箭头宽度为“700%”，长度为“600%”，如图 8-63 所示。

（9）按“Shift”键，在左侧矩形上方绘制一条带箭头的直线，如图 8-64 所示。

图 8-62　绘制矩形和直线

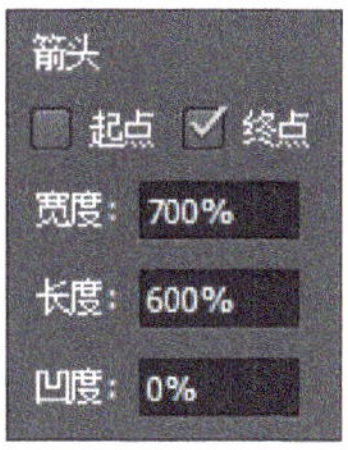

图 8-63　“箭头”面板

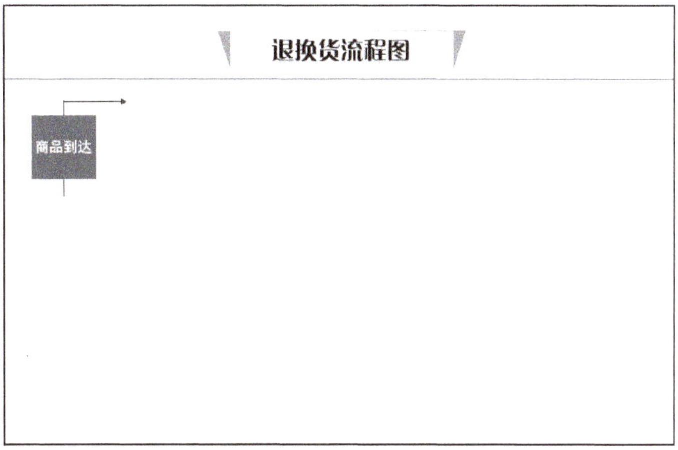

图 8-64　绘制带箭头的直线

（10）重复步骤（6）～步骤（9），根据店铺实际退换货流程绘制流程图，最终效果如图 8-65 所示。

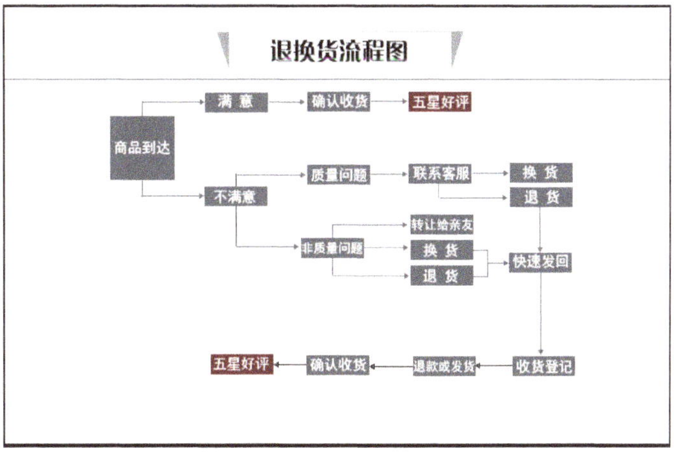

图 8-65　最终效果

温馨提示

可以根据在商品详情页中添加快递服务展示图的方法来添加退换货流程图，也可以在导航模板中新建自定义页面来添加退换货流程图。

任务 2　售后承诺图设计

退换货流程可让买家体验到退换货服务的正规化，售后承诺图则让买家明确地知道购物后能够得到的实际保障，例如，七天无条件退换货、全国联保、商品因质量问题产生退货时店家承担邮费等。

操作步骤

（1）按“Ctrl+N”快捷键，打开“新建”对话框，输入名称为“承诺图”，设置宽度为“750”像素，高度为“150”像素，其他默认即可，如图 8-66 所示，单击“确定”按钮，新建文档。

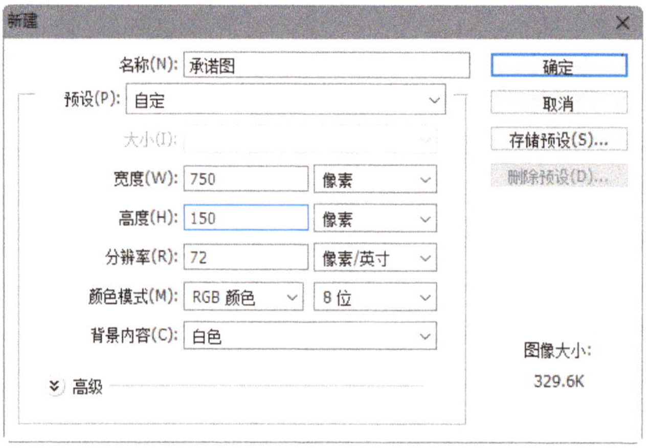

图 8-66　“新建”对话框

（2）设置前景色为浅黄色，按“Alt+Delete”快捷键填充前景色，制作浅黄色画布。

（3）使用“圆角矩形工具”，在工具选项栏中设置“填充”为纯红橙，“描边”样式为无，“半径”为 10 像素，按“Shift”键，在画布左侧绘制正圆角矩形，如图 8-67 所示，得到“圆角矩形 1”图层。

图 8-67　绘制圆角矩形

（4）使用“椭圆选框工具”，在工具选项栏中设置“羽化”为 10 像素，按“Shift”键，在圆角矩形中间绘制正圆选区，如图 8-68 所示。

图 8-68　绘制正圆选区

（5）新建“图层 1”，设置前景色为 RGB（250，155，46），按“Alt+Delete”快捷键为选区填充前景色，按“Ctrl+D”快捷键取消选区，效果如图 8-69 所示。

（6）按“Ctrl+O”快捷键，打开“打开”对话框，打开素材图片“fw.jpg”，使用“魔棒工具”抠选图像，将其移动到绘制的圆角矩形上，按“Ctrl+T”快捷键调出变换框，调整素材的大小和位置，效果如图 8-70 所示。

图 8-69　填充颜色效果

图 8-70　合成素材图片

（7）使用“横排文字工具”，在工具选项栏中设置字体为“黑体”，大小为 14 点，颜色为白色，在图片下方输入“淘宝消费者保障服务”，如图 8-71 所示。

图 8-71　输入文字

（8）重复步骤（3）～步骤（7），完成其他模块的制作，最后进行排列，最终效果如图 8-72 所示。

图 8-72　最终效果

任务 3　五星好评图设计

五星好评图设计

5 星好评图可以向买家展示店铺优质的商品与服务，同时提醒买家在购物满意后给出 5 星好评。但是，如果单纯是“满意请给 5 星好评”这样的提示语，不足以引起买家足够的重视和兴趣。因此，在制作 5 星好评图的时候需要加入一些诱导性因素，譬如，5 星好评送优惠券、5 星好评送红包、5 星好评送店铺 VIP 等抓住买家心理的文字信息，鼓励买家不要因为个别原因而给出低分评价。

操作步骤

（1）按“Ctrl+N”快捷键，打开“新建”对话框，输入名称为“好评图”，设置宽度为“750”像素，高度为“250”像素，其他采用默认设置即可，如图 8-73 所示，单击“确定”按钮，新建文档。

（2）设置前景色为 RGB（72，80，32），按“Alt+Delete”快捷键填充前景色，制作深黑绿画布。

（3）使用“横排文字工具”，在工具选项栏中设置字体为“微软雅黑”，大小为 36 点，颜色为白色，在画布中输入“星好评送 5 元优惠券”，设置字体为“方正粗倩简体”，大小为 26 点，输入“您的满意是我们前进的动力！感谢有你”，设置字体为“方正粗宋简体”，输入“THANK YOU!”。

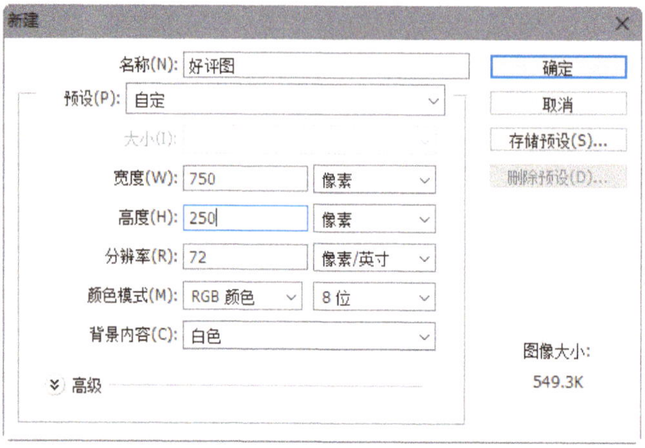

图 8-73 “新建”对话框

（4）设置字体为“等线体”，大小为 300 点，输入“5”，为其添加“浮雕效果”图层样式，效果如图 8-74 所示。

图 8-74 输入文字信息并添加图层样式

（5）新建一图层，使用“直线工具”，在工具选项栏中设置填充为“黄色”，描边为“1 点”，线型为“虚线”，按“Shift”键，在文字下方绘制一条直线作为装饰线，如图 8-75 所示。

图 8-75 绘制直线

（6）使用“圆角矩形工具”，在工具选项栏中设置“填充”为 RGB（179，212，101），“描边”样式为无，“半径”为 10 像素，在画布右下角绘制圆角矩形，得到“圆角矩形 1”图层。为圆角矩形添加“投影”图层样式，效果如图 8-76 所示。

（7）使用“横排文字工具”，在工具选项栏中设置字体为“黑体”，大小为 10 点，颜色为黑色，设置消除锯齿的方法为无，在圆角矩形上输入文字信息。

图 8-76　绘制圆角矩形

（8）使用“自定形状工具”，在工具选项栏中单击“设置待创建的形状工具”按钮，在打开的“形状”面板中选择“五角星”选项，如图 8-77 所示，设置前景色为“黄色”，按“Shift”键，在文字后面连续绘制五个五角星。将一排五角星连续复制两次并调整其位置，效果如图 8-78 所示。

图 8-77　“形状”面板

图 8-78　绘制五角星

（9）按“Ctrl+O”快捷键，打开“打开”对话框，打开素材图片“zy.jpg”，使用“魔棒工具”抠选图像，将其移动到“好评图”文档上，按“Ctrl+T”快捷键调出变换框，调整素材的大小和位置，最终效果如图 8-79 所示。

图 8-79　最终效果

单元小结

本单元通过客服区、促销广告、优惠券及快递服务展示、售后服务的设计，说明提高店铺知名度和点击率的方法有很多，不同模块的设计是针对不同目标而设计的，对于店家，要根据实际情况进行设计。

课后自测

（1）利用给定的素材，参考好评图的制作方法，为某店铺设计制作如图 8-80 所示的好评图。

图 8-80　好评图效果

（2）利用给定的素材，为某店铺设计制作如图 8-81 所示的客服区。

图 8-81　客服区效果

（3）利用给定的素材，为某店铺设计制作如图 8-82 所示的促销广告。

图 8-82　促销广告效果

（4）根据提供的素材，为一家户外用品店设计一款关于“双十一”大促销的促销广告，参考效果如图 8-83 所示。

图 8-83　促销广告效果

（5）利用给定的素材，为某店铺设计制作如图 8-84 所示的优惠券。

图 8-84　优惠券效果

（6）为一家宠物用品专营店设计优惠券，参考效果如图 8-85 所示。

图 8-85　优惠券效果

第 9 单元

网店的推广

网店在完成基本的装修和设计后，进行有效的推广是必不可少的。有效的网店推广，可以为新开的店铺带来流量，吸引用户的注意力，从而为店铺带来利润。

项目 1　网店动态推广

项目描述

小刘已经对店铺进行了充分的装修和设计，即将开始营业，如何让更多的人知道他的网店呢？有人向他推荐了动态推广，那么，可以通过哪些渠道进行网店动态推广呢？

项目目标

✧　熟悉网店动态推广的方法。

✧　会选择不同的推广渠道进行推广操作。

项目实施

任务 1　直通车推广

直通车推广

直通车是淘宝搜索和天猫付费推广的一种竞价广告系统，类似于百度竞价广告，是商家通过直通车后台设置关键字、创意文案、设置排名出价，用户通过搜索相关关键字，查看搜索广告结果，商家按照客户点击量付费的一种广告模式。

操作步骤

（1）进入直通车。打开卖家后台，执行“营销中心”→“我要推广”→“淘宝/天猫直通车”命令，进入“淘宝直通车”界面。

温馨提示

首次使用直通车推广时需要签订“淘宝直通车”服务协议并充值，首次充值至少为 500 元。

（2）新建推广计划。在“推广计划”下的“标准推广”选项卡中单击“新建推广计划”

按钮，填写计划名称即可，根据分类产品的特点，计划名称可以写为 A 产品、B 产品、促销等。图 9-1 所示为新建推广计划展示。

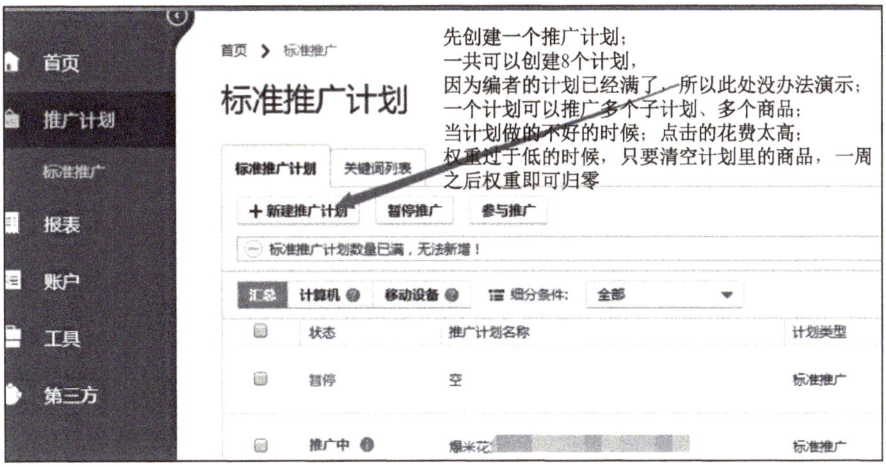

图 9-1　直通车标准推广计划展示

温馨提示

所谓计划是指商家为便于具有相同特质的不同宝贝进行的分组，以便日后推广管理。

一般来说，直通车系统为商家提供了三类计划：明星店铺计划、活动专区计划和标准推广计划。其中，明星店铺计划和活动专区计划是默认开通的，而标准推广计划需要商家新建。系统规定一般商家可以创建 4 个标准计划，优质商家可以创建 8 个标准计划。

（3）新建宝贝推广。进入计划管理界面后，其推广的宝贝会呈现出来，如果继续添加更多的宝贝，则可以单击“新建宝贝推广”按钮，如图 9-2 所示。

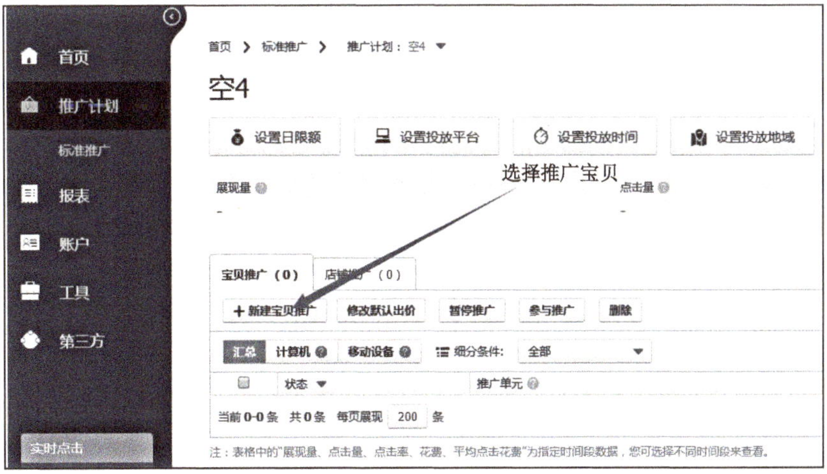

图 9-2　新建宝贝推广

（4）系统自动把店铺正在出售的宝贝列举出来供商家进行选择，商家在需要添加的宝贝后面单击“推广”按钮，进入“添加创意”阶段，如图 9-3 所示。

（5）添加宝贝创意。宝贝创意就是买家看到商家投放的直通车广告的商品图片和商品标题。宝贝的创意设置如图 9-4 所示，其中，广告图片是从商品的五张主图中选择一张显示出来的，而广告的标题与宝贝自身标题不同，是要重新拟定的，最多可容纳 20 个汉字。

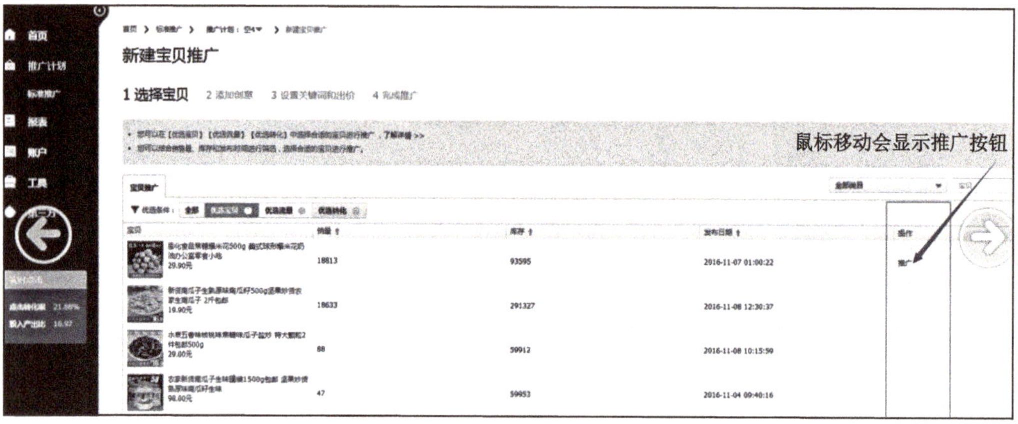

图 9-3 选择宝贝

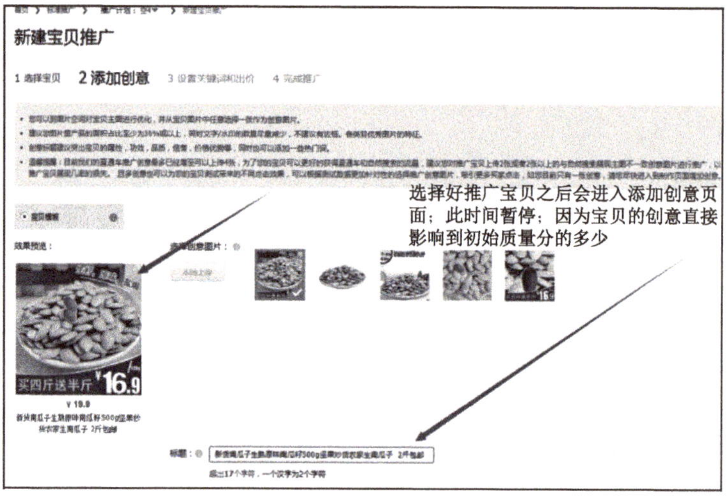

图 9-4 宝贝创意设置

（6）设置关键字与出价。创意完成后单击“下一步”按钮，进入“关键字与出价设定”页面，如图 9-5 所示。

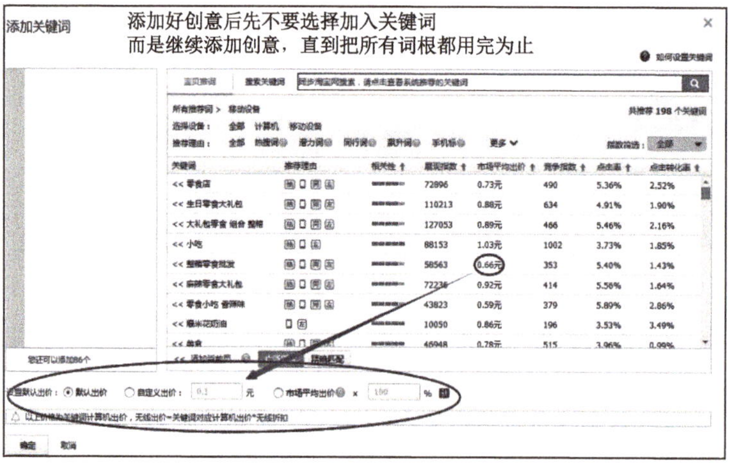

图 9-5 设置关键字和出价

设置关键字时可以选择由系统为商家自动匹配的关键字，即商家进行搜索选定或其他宝贝使用的关键字，商家会根据宝贝的需要选择相应的关键字。当然，商家也可以自己添加关键字。

设置的出价可以是默认出价，也可以自定义出价。

任务 2　钻石展位推广

钻石展位是淘宝网推出的图片类、文字类、视频类实时竞价展示推广平台，计费单位按照不同的广告形式分为按展示付费（CPM）和按点击付费（CPC）两种。钻石展位依靠图片等创意吸引买家点击，获取巨大流量。钻石展位广告投放操作流程与直通车接近，包括新建推广计划、设置计划、设置单元、添加创意、创建完成。

操作步骤

（1）设置计划。填写计划名称，设定付费方式、每日预算、投放日期、投放地域等，如图 9-6 所示。

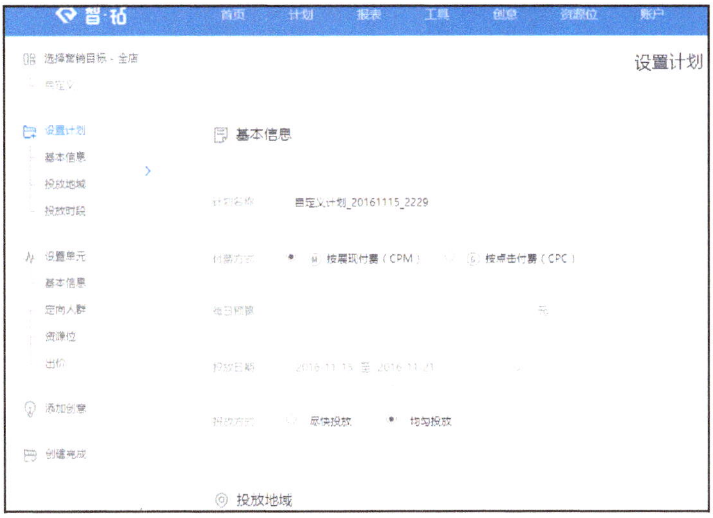

图 9-6　钻石展位计划设置

（2）设置单元。一个计划可以添加多个不同的推广单元，在推广单元中，需要设置定向人群、资源位和出价，如图 9-7 所示。

图 9-7　设置单元

（3）添加创意。添加创意就是设置钻石展位的创意类型，包括图片、视频或文字等，并可上传创意和链接等。添加创意包括从创意库选择、创意模板制作、本地上传和创意快捷制作，单击“从创意库选择”按钮，打开“创意模板库”窗口，如图 9-8 和图 9-9 所示。

图 9-8　添加创意

图 9-9　在“创意模板库”窗口中设计创意

任务 3　微信微博推广

微信微博推广

操作步骤

（1）可以通过“微信订阅号”或“微信服务号”推送最有价值的品牌及产品信息，直达每一个潜在客户，精准推送，阅读率较高。9-10 所示为“中粮健康生活”的微信公众平台的展示效果。

图 9-10　“中粮健康生活”微信公众平台展示

（2）店铺推广前期还可以通过个人微信号，把品牌及产品信息分享到自己的朋友圈，好友营销更值得信任，转化率更高。

（3）商家还可以将“微博账号”和“淘宝账号”绑定起来，开通“微博淘宝版”，如图 9-11 所示，发布微博信息进行宣传。也可以选择微博的广告粉丝通、微博置顶、粉丝头条等付费形式推广自己的商业信息。

图 9-11　“微博淘宝版”开通

温馨提示

除了以上动态推广方式外，还有使用淘宝客、加入网商联盟、添加友情链接、设置会员卡，以及运用电子邮件、信用评价、百科词条等推广方式。

项目 2　海报宣传

海报宣传

项目描述

小刘知道海报宣传在网店推广中扮演着至关重要的角色，但是采用什么样的海报类型，如何进行海报宣传，怎样制作一个好的海报呢？

项目目标

- ✧　熟悉海报的类型。
- ✧　会制作首焦图。

项目实施

任务 1　海报的类型

网店海报对店铺起着宣传商品和店铺的作用，主要有商品宣传海报、店铺形象海报和活动推广海报三种类型。

商品宣传海报就是以宣传商品为主的海报设计。此类海报的重点是体现商品的特性，并配以购买对象，如图 9-12 所示。

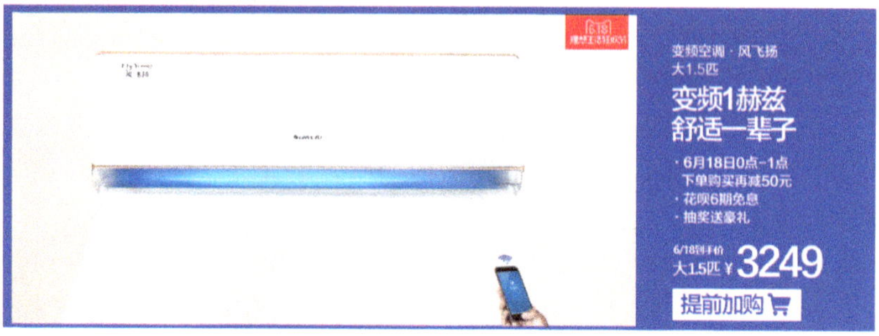

图 9-12　商品宣传海报

店铺形象海报是以宣传店铺品牌形象为主的海报，制作时要考虑网店的整体风格和定位、色调及店铺类目设置，做到与整体风格相协调，如图 9-13 所示。

图 9-13　店铺形象海报

活动推广海报是以宣传网店促销活动或者节日优惠活动为目的的海报，重点体现活动时间、活动内容，注重强烈的视觉效果，吸引买家的注意力，如图 9-14 所示。

图 9-14　活动推广海报

任务 2　制作首焦图

操作步骤

（1）打开 Photoshop，执行“文件”→“新建”命令，打开“新建”对话框，设置“宽度”为 1500 像素，“高度”为 430 像素，名称为“首焦图”，单击“确定”按钮，新建空白画布，如图 9-15 所示。

图 9-15　空白画布

温馨提示

在制作首焦图之前，应先准备一张大于 1500 像素的高清素材图片。

（2）双击背景图层，解锁背景图层，按“Ctrl+R”快捷键打开标尺，按“Ctrl+T”快捷键调出变换框，画布中心出现可变换的图形中心点，如图 9-16 所示。

图 9-16　打开标尺和中心点

（3）将光标移动到垂直标尺处，拖动鼠标绘制垂直参考线至中心点位置，如图 9-17 所示。

图 9-17　在中心点绘制垂直参考线

（4）以同样的方法，分别在 6 厘米处和 46 厘米处绘制垂直参考线，如图 9-18 所示。

图 9-18　绘制另外两条参考线

（5）打开素材图片，将其拖动到空白画布上，按“Ctrl+T”快捷键调出变换框，调整图片的宽度为画布宽度。使用“矩形工具”，在工具选项栏中设置“形状”及填充色，绘制矩形形状，如图 9-19 所示。

图 9-19 绘制矩形

（6）选择矩形形状，按“Ctrl+T”快捷键调出变换框，按住“Ctrl”键分别调整矩形的左上角和右上角，将矩形调整为平行四边形，如图 9-20 所示，按“Enter”键确认变换。

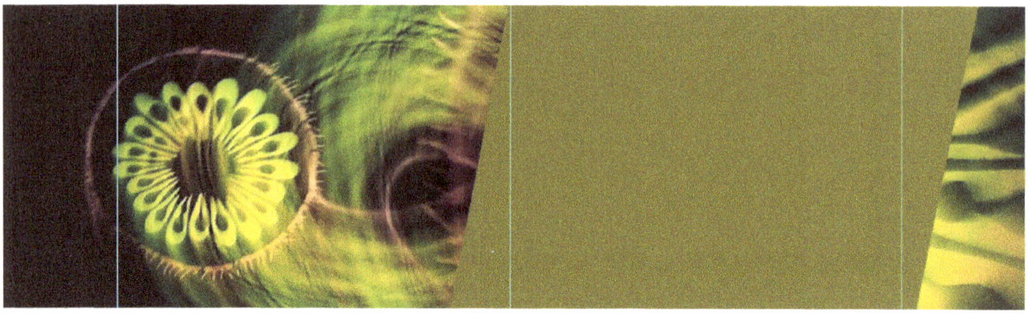

图 9-20 将矩形变换为平行四边形

（7）使用“横排文字工具”，在工具选项栏中设置不同的字体和大小，输入不同类别的文字，并进行字体和排版的设置，隐藏参考线，效果如图 9-21 所示。

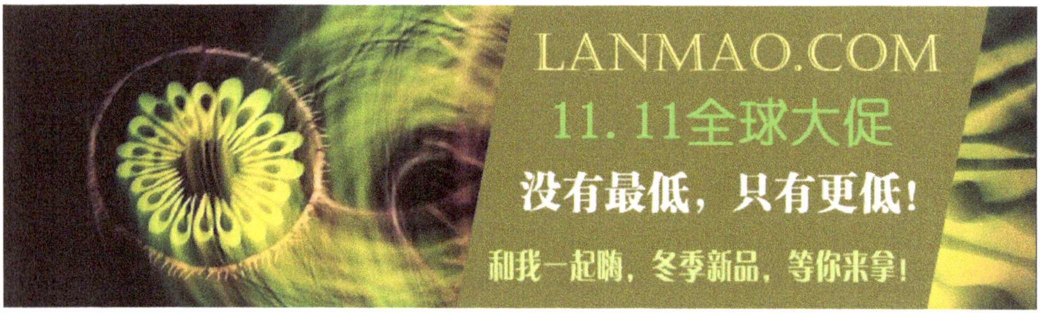

图 9-21 输入文字

（8）执行“文件”→“存储为 Web 所用格式”命令，打开“存储为 Web 所用格式（100%）”对话框，选择保存为“JPEG”格式，如图 9-22 所示。

（9）单击“存储”按钮，打开“将优化结果存储为”对话框，单击“格式”下拉按钮，在下拉列表中选择“仅限图像”选项，使其格式为 JPG，如图 9-23 所示，单击“保存”按钮，保存首焦图。

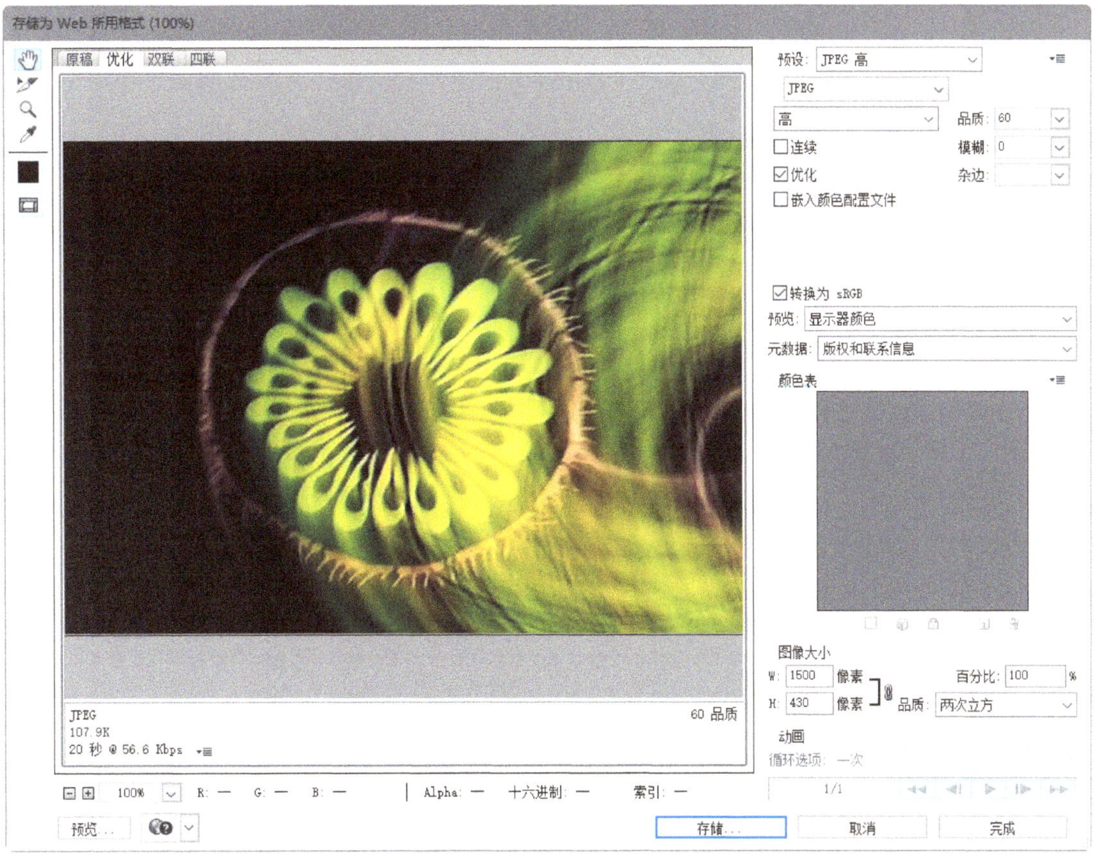

图 9-22　“存储为 Web 所用格式（100%）”对话框

图 9-23　“将优化结果存储为”对话框

项目 3　二维码

项目描述

小刘看到很多店铺使用“二维码”来推广自己的店铺，他想知道二维码在店铺推广中如何应用，以及怎样设置二维码。

项目目标

- ✧ 认识二维码的应用。
- ✧ 掌握二维码在网店中的设置。

项目实施

任务 1　认识二维码

“二维码”发展至今，其商业用途越来越多，通常与微信一起广泛应用于商业 O2O 活动中。在“二维码”小小的方块里包含了一条链接地址，用户通过扫描二维码，可立即进入相应的网站或者店铺进行浏览。

淘宝店铺中的二维码的应用主要有以下几种：店铺网站上的二维码（图 9-24）、包装材料上的二维码、商品上的二维码、宣传册上的二维码以及优惠券上的二维码（图 9-25）等。

图 9-24　店铺二维码

图 9-25　优惠券二维码

任务 2　店铺二维码设置

操作步骤

（1）进入“卖家中心”页面，在“店铺管理”模块中选择“手机淘宝店铺”选项，如图 9-26 所示，进入手机淘宝店铺。

（2）在“手机淘宝店铺”页面中，单击“码上淘”模块中的“进入后台”按钮，如图 9-27 所示。

店铺二维码设置

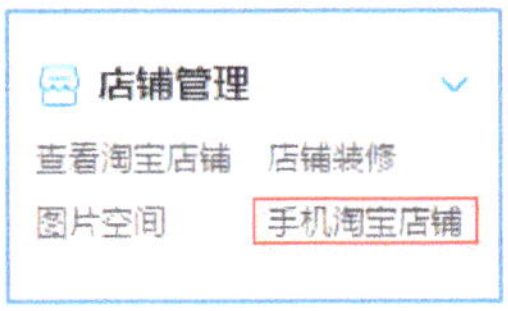

图 9-26　店铺管理

图 9-27　“手机淘宝店铺”页面

（3）在“码上淘”二维码设置后台中，选择“我的二维码”选项卡，单击店铺首页中的二维码后，单击“下载”按钮，如图 9-28 所示。

图 9-28　“码上淘”设置后台

（4）在“二维码”生成区右侧会生成对应的二维码图片，将图片保存在本地文件夹中，如图 9-29 所示。

（5）在店铺中添加二维码，进入“店铺装修”页面，选择“模块”选项卡，如图 9-30 所示。

图 9-29　二维码图片

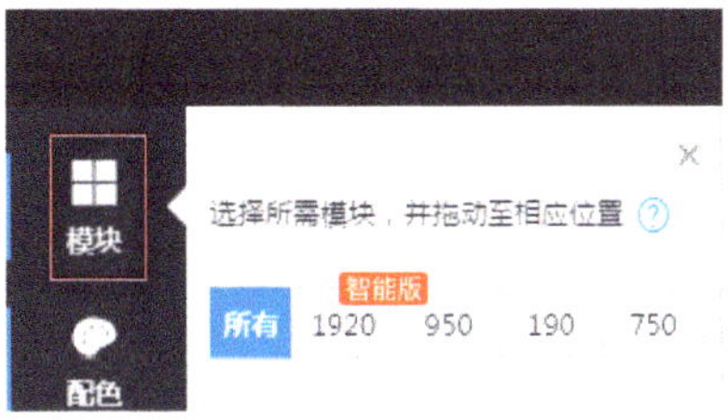

图 9-30　“店铺装修”页面

（6）在“模块”选项卡中，展开“基础模块”，添加“无线二维”模块，如图 9-31 所示。

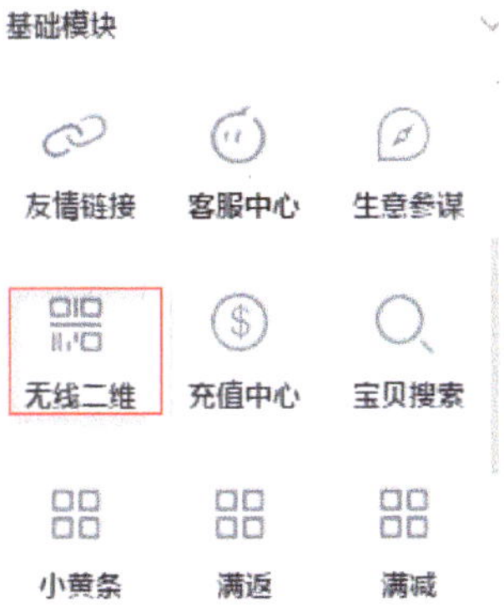

图 9-31　添加“无线二维”模块

（7）单击“发布”按钮，完成二维码的设置。

项目 4　有声有色的网店

有声有色的网店

项目描述

小刘看到很多店铺除了运用色彩和字体之外，还添加了背景音乐来烘托店铺的气氛，使店铺“有声有色”，从而吸引买家。小刘也想让自己的店铺变得“有声有色”，他该怎样做呢？

项目目标

- ✧ 为店铺添加背景音乐。
- ✧ 会视频直播。

项目实施

任务 1　订购背景音乐

操作步骤

（1）进入“卖家中心”页面，选择“软件服务”模块，选择“我要订购”选项，如图 9-32 所示，进入软件服务订购页面。

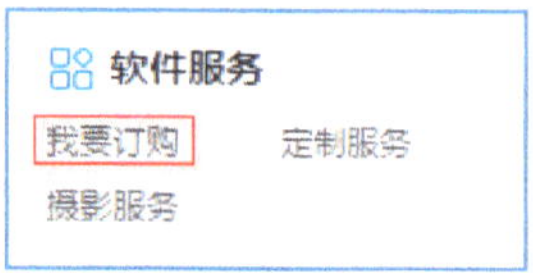

图 9-32　软件服务

（2）在搜索框中输入“背景音乐”，单击“搜索”按钮，如图 9-33 所示，进入有很多收费或者免费的背景音乐服务页面。

图 9-33　搜索框

（3）选择免费的店铺音乐服务软件，并选择服务版本和服务周期，如图 9-34 所示，单击“立即购买”按钮，订购为期一年的免费背景音乐服务。

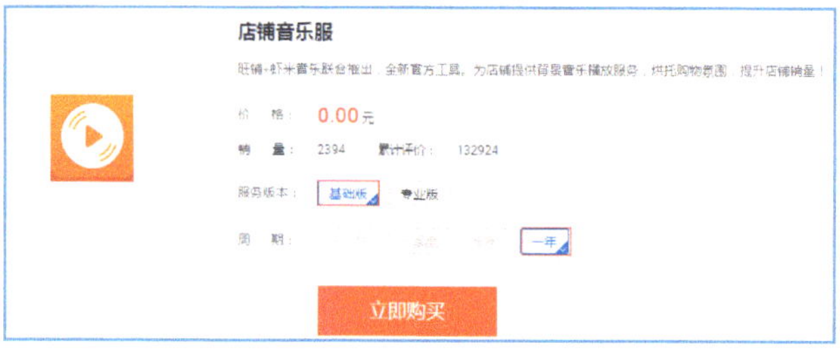

图 9-34　订购店铺音乐服务

（4）在进入的页面中单击“同意并付款”按钮，如图 9-35 所示，完成对背景音乐的订购。

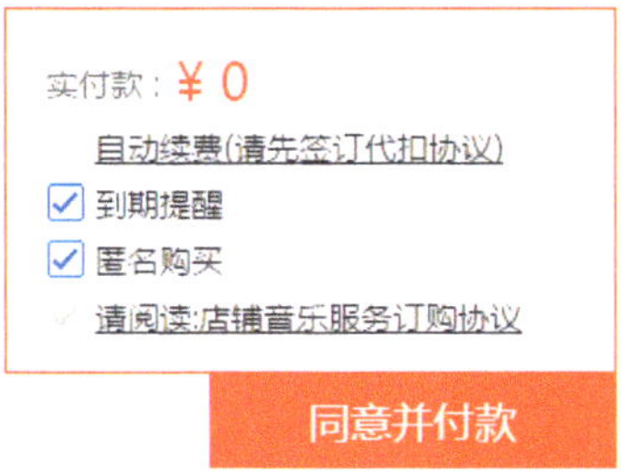

图 9-35　“同意并付款”按钮

任务 2　添加背景音乐

操作步骤

（1）订购成功后，在“我的服务”页面中单击“立即使用”按钮，或者进入“店铺装修”页面，在右侧“店铺服务软件”模块单点击播放器编辑图标，如图 9-36 所示。

图 9-36　播放器编辑图标

（2）打开“店铺音乐”对话框，在对话框右侧搜索自己喜欢的歌曲，或者添加软件中的歌曲，单击“+”按钮，将歌曲添加到播放列表中，如图 9-37 所示。由于是免费的版本，所以最多可以添加五首歌曲，也可以调整歌曲的播放顺序，设置完成后，单击“保存”按钮。

图 9-37　“店铺音乐”对话框

（3）基本功能设置，如图 9-38 所示。

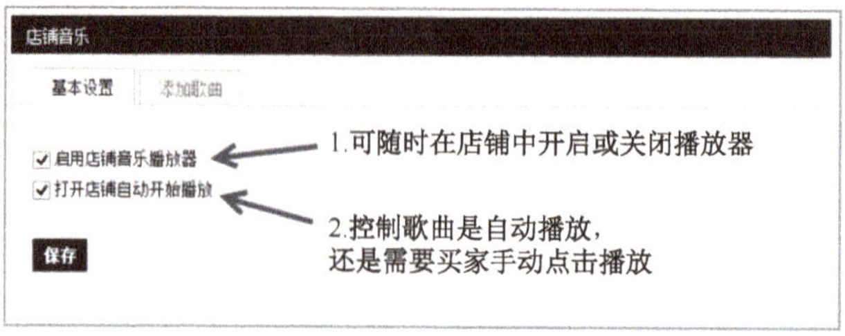

图 9-38　店铺音乐基本功能设置

（4）背景音乐在店铺中的展现形式如图 9-39 所示。

图 9-39　背景音乐的展现

单元小结

本单元通过淘宝直通车、钻石展位推广、首焦图设计、海报宣传、二维码添加、店铺背景音乐的设置等介绍了网店的推广。

课后自测

（1）为店铺进行淘宝直通车、钻石展位推广操作，编制不同的推广计划。

（2）根据给定的素材，完成尺寸为 1500 像素×430 像素的海报设计，效果如图 9-40 所示。

图 9-40　海报效果

（3）进入卖家中心，生成店铺二维码。

（4）为店铺添加背景音乐。

第 10 单元

综 合 应 用

网店的装修效果会影响买家对店铺的整体印象，它是一个店铺的门面。网店装修包含的内容较多，如店招、导航、欢迎模块、促销广告、细节描述、客服区等，将这些元素合理有序地组织在一个页面中，创建生动美观的网店，对设计师的设计水平有一定的要求。如果对店铺元素处理不合理，就无法将信息准确地传达出来，会让买家不知道店铺主要销售的是什么商品。

项目 1　水果店铺装修设计

项目描述

本项目是为某品牌水果店铺设计首页，在设计时使用线条对画面进行不规则的分隔和修饰，运用绿色与白色营造清爽舒适的感觉。同时，为了突出商品的纯天然、无添加的特色，在画面中加入花草素材加以修饰，使整个版面显得更生动、更富有感染力。

项目实施

任务 1　版面设计

操作步骤

（1）执行“文件”→“新建”命令，打开“新建”对话框，输入名称为“水果时间”，设置宽度为“750”像素，高度为“5400”像素，如图 10-1 所示。

（2）单击“确定”按钮，新建空白画布。按“Ctrl+R”快捷键打开标尺，绘制水平参考线，如图 10-2 所示。

（3）使用“直线工具”，在工具选项栏中设置描边为纯绿色，20 点，绘制分隔线，隐藏参考线，版式效果如图 10-3 所示。

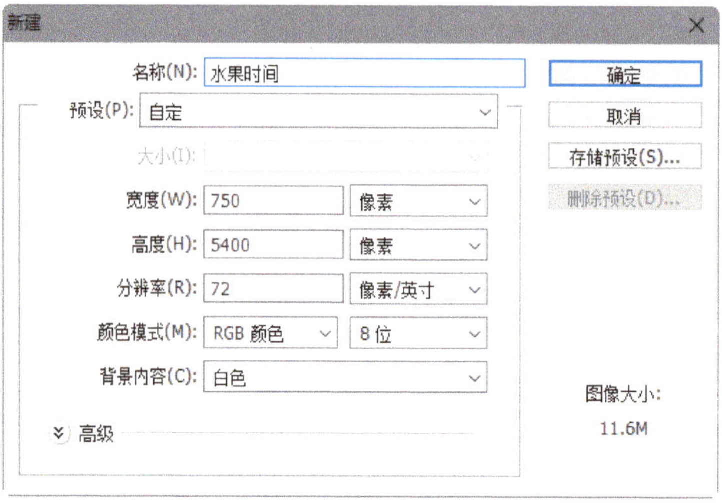

图 10-1 “新建”对话框

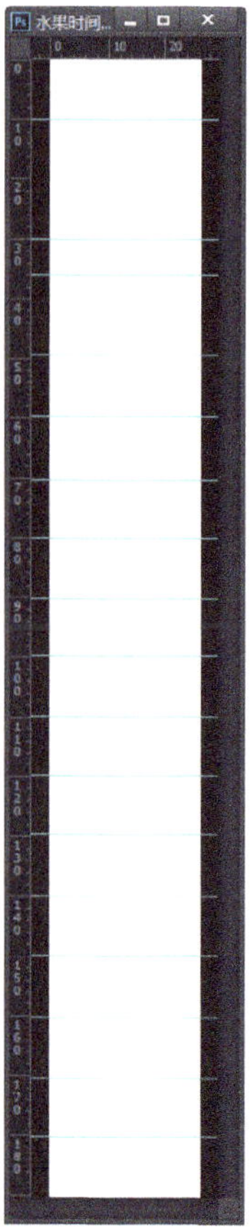
图 10-2 绘制参考线

图 10-3 版式效果

任务 2 设计制作 LOGO

操作步骤

（1）执行“文件”→“新建”命令，打开“新建”对话框，输入名称为“水果 LOGO”，设置宽度为“150”像素，高度为“150”像素，单击“确定”按钮，新建空白画布。

（2）新建“图层 1”，使用“椭圆选框工具”，按“Shift”键，拖动鼠标绘制正圆选区，执行“编辑”→“描边”命令，打开“描边”对话框，设置宽度为“5 像素”，颜色为“#9ecc07”，如图 10-4 所示。

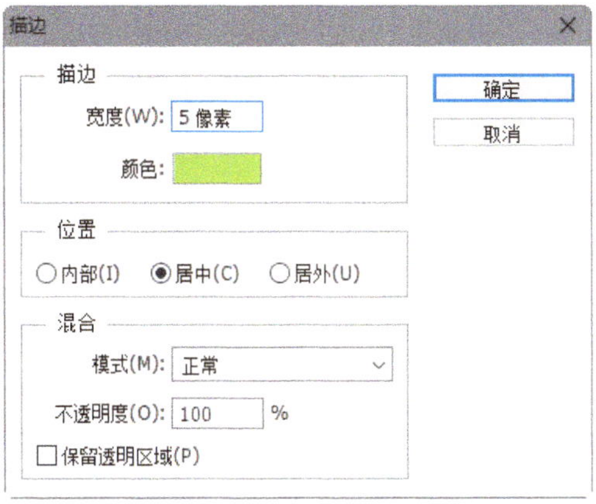

图 10-4　“描边”对话框

（3）单击“确定”按钮，效果如图 10-5 所示。使用“椭圆工具”，在工具选项栏中选择“像素”，设置前景色为“#9ecc07”，按“Shift”键，拖动鼠标绘制正圆，效果如图 10-6 所示。

图 10-5　描边效果

图 10-6　绘制正圆

（4）使用“矩形工具”，在工具选项栏中选择“像素”，设置前景色为白色，拖动鼠标绘制矩形，连续按 5 次“Ctrl+J”快捷键，复制 5 个矩形。

（5）依次选择矩形所在图层，按“Ctrl+T”快捷键调出变换框，在工具选项栏中依次设置旋转角度为 30°、60°、90°、120° 和 150°，按不同角度依次旋转矩形，如图 10-7 所示，合并矩形所在图层。

（6）使用“椭圆选框工具”，按“Ctrl+Alt”快捷键，从中心开始绘制椭圆选区，按“Delete”键删除选区内容，取消选区，效果如图 10-8 所示。

（7）使用“自定形状工具”，在工具选项栏中选择“形状”，在“形状”面板中选择“叶 3”，设置前景色为“#9ecc07”，拖动鼠标绘制树叶并进行旋转，效果如图 10-9 所示。

（8）使用“横排文字工具”，在工具选项栏中设置字体为“微软雅黑”，大小为 16 点，在图形中间输入“水果时间”，效果如图 10-10 所示，保存文件为 JPG 格式。

图 10-7　绘制旋转矩形

图 10-8　删除效果

图 10-9　绘制形状

图 10-10　输入文字

任务 3　制作店招

操作步骤

（1）使用“移动工具”，将制作好的 LOGO 移动到画布顶部，调整其大小和位置。

（2）使用“横排文字工具”，在工具选项栏中设置字体为“黑体”，大小为 30 点，字体颜色为绿色，输入“水果时间馆”，为文字添加投影样式，效果如图 10-11 所示。

图 10-11　店招效果

任务 4　设计制作导航条

操作步骤

（1）新建“图层 1”，使用“矩形选框工具”绘制矩形，设置前景色为“#4a9835”，按“Alt+Delete”快捷键填充前景色。

（2）使用“横排文字工具”，在工具选项栏中设置字体为“微软雅黑”，大小为 18 点，依次输入“首页”、“水果热销”、“入店必购”、“新鲜水果”、“免费推广”，效果如图 10-12 所示。

图 10-12　导航条效果

任务 5　设计制作轮播图

操作步骤

（1）执行“文件”→“新建”命令，打开“新建”对话框，输入名称为“水果总动员”，设置宽度为“1000”像素，高度为“480”像素，单击“确定”按钮，新建空白画布。

（2）打开素材图片“木纹.jpg”，将其移动到画布中并调整大小和位置，使用“圆角矩形工具”，设置填充色为“996c33”，绘制圆角矩形，使用“矩形工具”，设置填充色为“b28850”，绘制矩形并复制，效果如图 10-13 所示。

图 10-13　绘制矩形

（3）使用“横排文字工具”，在工具选项栏中设置字体为“黑体”，大小为 100 点，颜色为白色，依次输入“水”、“果”、“总”、“动”、“员”，调整其大小并进行旋转，效果如图 10-14 所示。

图 10-14　文字效果

（4）使用“矩形选框工具”，绘制矩形选区，填充颜色“59493f”，使用“横排文字工具”，在工具“选项栏”中设置字体为“黑体”，大小为 26 点，颜色为黄色，输入“营养健康 一站购齐”。

（5）使用“自定形状工具”，在“形状”面板中选择“叶 3”，设置前景色为“#9ecc07”，拖动鼠标绘制树叶并进行旋转，效果如图 10-15 所示。

图 10-15 添加文字及形状

（6）使用“矩形选框工具”，绘制矩形选区，使用“渐变工具”，填充由颜色“cfa86d”到颜色“a4833a”的线性渐变，取消选区。

（7）使用“矩形工具”，设置填充色为白色，绘制正方形并复制 3 次，调整其位置，绘制窗户。复制窗户并调整位置，新建图层，使用“矩形工具”，设置填充色为“ec9154”，绘制矩形，调整不透明度为“90%”，效果如图 10-16 所示。

图 10-16 绘制窗户

（8）打开素材图片“水果图.jpg”，使用“魔棒工具”抠选图像，使用“移动工具”将图像移动到文件中，添加投影效果，如图 10-17 所示。

图 10-17 添加图片

（9）使用“横排文字工具” T，在工具选项栏中设置字体为“黑体”，大小为 30 点，颜色为白色，依次输入“12　12”、“全场满 88 减 8”，打开素材图片“苹果.jpg”，将其移动到画布中并调整其大小和位置，将该文件保存为 JPG 格式。第一张轮播图效果如图 10-18 所示。

图 10-18　第一张轮播图效果

（10）执行“文件”→“新建”命令，打开“新建”对话框，输入名称为“新鲜柠檬”，设置宽度为“1000”像素，高度为“480”像素，单击“确定”按钮，新建空白画布。

（11）打开素材图片“柠檬 1.jpg”～“柠檬 4.jpg”，将其移动到画布中并调整其大小和位置，效果如图 10-19 所示。

图 10-19　添加素材图片

（12）新建图层 1，使用“多边形套索工具”，绘制平行四边形选区，设置前景色为白色，按“Alt+Delete”快捷键填充前景色，取消选区。

（13）使用“矩形工具”，在工具选项栏中设置类别为“形状”，填充为“无”，描边为“9bc363”、“3 点”、“点画线”，按“Shift”键绘制正方形，如图 10-20 所示。

图 10-20　绘制形状

（14）使用“横排文字工具” T，在工具选项栏中设置字体为“黑体”，大小为 30 点，颜色为“9bc363”，输入“新鲜柠檬”，设置大小为26点，输入“送上世界上最好的礼物。”。

（15）打开素材图片“气球.jpg”，使用“魔棒工具”，抠选图像，使用“移动工具”，将图像移动到画布中，连续按“Ctrl+J”快捷键3次，复制3个气球，调整其位置。

（16）使用“横排文字工具”，在工具选项栏中设置字体为“黑体”，大小为36点，颜色为白色，依次输入“立”、“减”、“9”、“元”，将该文件保存为JPG格式。第二张轮播图效果如图10-21所示。

图10-21　第二张轮播图效果

（17）执行“文件”→“新建”命令，打开“新建”对话框，输入名称为“奶油草莓”，设置宽度为“1000”像素，高度为“480”像素，单击“确定”按钮，新建空白画布。

（18）设置前景色为“fdf0ce”，按“Alt+Delete”快捷键，为画布填充前景色。打开素材图片“草莓1.jpg”，将其移动到画布中并调整位置，设置不透明度为“10%”。

（19）打开素材图片“草莓2.jpg”，使用“移动工具”，将其移动到画布左侧并调整位置，为该图层添加蒙版，填充黑色，使用“画笔工具”，设置前景色为白色，在画布左侧进行涂抹，效果如图10-22所示。

图10-22　图片效果

（20）使用“横排文字工具”，在工具选项栏中设置字体为“黑体”，大小为60点，颜色为“e55c25”，输入“FRESH”，栅格化该图层。使用“多边形套索工具”，在文字底部绘制三角形选区，按“Delete”键删除选区内容，取消选区。

（21）使用“横排文字工具”，设置字体为“华文中宋”，大小为40点，输入“本地奶油草莓”；设置字体为“幼圆”，大小为28点，输入“色泽鲜亮 香气宜人”及“清甜可口 细嫩多汁”。

（22）使用“直线工具”，在文字左侧绘制直线，复制直线至右侧，使用“矩形工具”，在工具选项栏中设置类别为“形状”，填充为“无”，描边为“5 点”，颜色为白色，绘制矩形，效果如图 10-23 所示。

图 10-23　文字效果

（23）使用“圆角矩形工具”，设置填充色为红色，绘制正方形并复制，调整其位置，使用“横排文字工具”，设置字体为“幼圆”，大小为 24 点，依次输入“新鲜低价”和“直打九折”。

（24）使用“自定形状工具”，在“形状”面板中选择“叶 4”和“叶 7”，设置前景色为“#9ecc07”，拖动鼠标依次绘制树叶并进行旋转。

（25）使用“自定形状工具”，在“形状”面板中选择“雨滴”，设置前景色为白色，描边为“#9ecc07”和“3 点”，拖动鼠标绘制雨滴形状，旋转并调整其位置。

（26）使用“横排文字工具”，设置字体为“微软雅黑”，大小为 24 点，输入“天天”和“九折”，将该文件保存为 JPG 格式。第三张轮播图效果如图 10-24 所示。

图 10-24　第三张轮播图效果

任务 6　制作动态轮播图

操作步骤

（1）执行“文件”→“新建”命令，打开“新建”对话框，输入名称为“动态轮播”，设置宽度为“1000”像素，高度为“480”像素，单击“确定”按钮，新建空白画布。

（2）将制作好的轮播图依次拖入画布并与画布对齐，执行“窗口”→“时间轴”命令，打开“时间轴”面板，隐藏“图层 2”和“图层 3”，单击“时间轴”面板底部的“复制所选帧”按钮；隐藏“图层 1”和“图层 3”，再次单击“时间轴”面板底部的“复制所选帧”按钮；

隐藏“图层 1”和“图层 2”，单击“时间轴”面板底部的“复制所选帧”按钮，得到动画的 3 个帧，如图 10-25 所示。

（3）设置所有帧的延迟时间为 1.0 秒，循环次数为“永远”，如图 10-26 所示，单击“播放”按钮即可轮播这 3 张图片。

图 10-25　“时间轴”面板

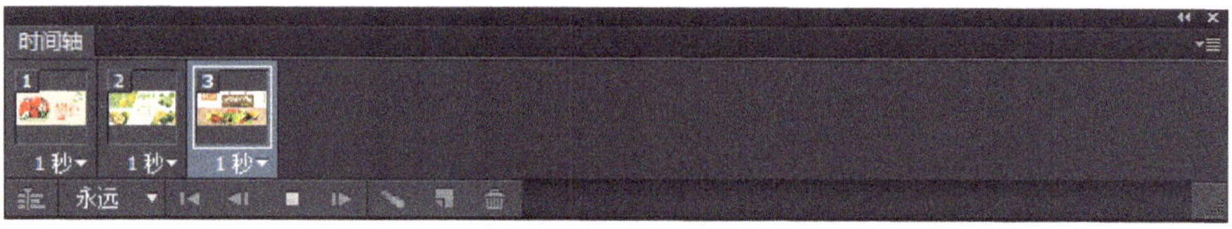

图 10-26　设置延迟时间和循环次数

（4）执行“文件”→“存储为 Web 所用格式”命令，打开“存储为 Web 所用格式（100%）”对话框，设置格式为 GIF，如图 10-27 所示，单击“存储”按钮，存储 GIF 动画。

图 10-27　“存储为 Web 所用格式（100%）”对话框

（5）将制作好的动态轮播图插入“水果时间”画布，如图 10-28 所示。

图 10-28 轮播效果

任务 7 制作 Banner

操作步骤

（1）执行“文件”→“新建”命令，打开“新建”对话框，输入名称为“banner”，设置宽度为“1000”像素，高度为“120”像素，单击“确定”按钮，新建空白画布。

（2）设置前景色为“#4a9835”，按“Alt+Delete”快捷键，画布填充前景色。打开图片“水果 LOGO.jpg”，将其移动到画布左侧并调整大小。

（3）使用“横排文字工具”T，在工具选项栏中设置字体为“微软雅黑”，大小为 30 点，在 LOGO 右侧输入“水果时间馆”，为该图层添加投影样式。

（4）使用“直线工具”，在工具选项栏中设置描边为白色，30 点，绘制三条分隔线，版式效果如图 10-29 所示。

图 10-29 版式效果

（5）使用“横排文字工具”T，在工具选项栏中设置字体为“黑体”，大小为 21 点，在第一个分隔区输入“让天下人享受水果好生活”，并选中“好”字，调整大小为 30 点、颜色为黄色，在第二个分隔区输入“始终以提供生态水果为己任，源于生态”，以同样的方法，调整“生态”两字的效果。

（6）使用“自定形状工具”，在工具选项栏中选择“花 1”形状，设置前景色为“白色”，在第三个分隔区绘制图形，并输入“收藏我们”，在图形两侧输入“BOOK”和“MARK”，保存该文件为 JPG 格式，效果如图 10-30 所示。

图 10-30　Banner 效果

（7）将制作好的 banner.jpg 移动到“水果时间”画布中，如图 10-31 所示。

图 10-31　插入 Banner

任务 8　制作客服区

操作步骤

（1）执行“文件”→“打开”命令，打开素材图片“花朵 1.jpg”和“花朵 2.jpg”，使用“移动工具”，将其移动到画布 Banner 下方，调整其大小和位置，复制“花朵 2.jpg”3 次并水平翻转。

（2）使用“横排文字工具”，在工具选项栏中设置字体为“幼圆”，大小为 30 点，依次输入“客服:”、“P”、“A”；将字体大小设置为 11 点，依次输入“工作时间”、“售前客服”、“售后客服”，如图 10-32 所示。

图 10-32　客服效果

任务 9　制作分类图

操作步骤

（1）执行“文件”→“新建”命令，打开“新建”对话框，输入名称为“分类 1”，设置宽度为“340”像素，高度为“310”像素，单击“确定”按钮，新建空白画布。

（2）设置前景色为“#a17376”，按“Alt+Delete”快捷键，为画布填充前景色。打开图片“草莓.jpg”，抠选草莓，将其移动到画布右侧并调整大小。

（3）使用“横排文字工具”**T**，在工具选项栏中设置字体为“华文细黑”，大小为 30 点，在图片上方输入“水果热销特价区”及“Fruit sales”，保存文件为 JPG 格式，效果如图 10-33 所示。

（4）执行“文件”→“新建”命令，打开“新建”对话框，输入名称为“分类 2”，设置宽度为“340”像素，高度为“310”像素，单击“确定”按钮，新建空白画布。

（5）设置前景色为“#4e9ab1”，按“Alt+Delete”快捷键，为画布填充前景色。打开图片“柠檬 5.jpg”，抠选柠檬，将其移动到画布右侧并调整大小。

（6）使用“横排文字工具”**T**，在工具选项栏中设置字体为“华文细黑”，大小为 30 点，在图片上方输入“入店必购”及“NEW，2018 FASHION LEMON”，保存文件为 JPG 格式，效果如图 10-34 所示。

（7）以同样的方法，新建画布并填充颜色“#4fb1a4”，打开图片“苹果.jpg”，抠选苹果，将其移动到画布右侧并调整大小。

（8）使用“横排文字工具”**T**，在工具选项栏中设置字体为“华文细黑”，大小为 30 点，在图片上方输入“新鲜水果专区”及“NEW，2018 FASHION APPLE”，保存文件为 JPG 格式，效果如图 10-35 所示。

图 10-33　分类图 1 效果

图 10-34　分类图 2 效果

图 10-35　分类图 3 效果

（9）将制作好的分类图依次移动到“水果时间”画布中，如图 10-36 所示。

图 10-36　分类图效果

任务 10　制作热卖商品

操作步骤

（1）打开素材图片“猕猴桃 1.jpg”和“猕猴桃 2.jpg”，将其依次移动到“水果时间”画布中，调整其大小和位置，为“猕猴桃 1.jpg”所在图层添加黑色蒙版，设置前景色为白色，使用“画笔工具”，对蒙版进行涂抹，显示部分图片，设置该图片的不透明度为“30%”。

（2）新建图层，使用“椭圆选框工具”，按“Shift”键绘制正圆选区，填充颜色“#4a9835”，取消选区。以同样的方法，绘制矩形。

（3）使用“横排文字工具”，在工具选项栏中设置字体为“仿宋”，大小为 18 点，在图形上方输入“热销商品”及“现卖现摘，果园直发”，在图形外输入价格。

（4）新建图层，使用“矩形选框工具”，在区域右下角绘制矩形选区，填充黄色，取消选区，添加“斜面和浮雕”样式，在其上输入黑体字“立即抢购”，效果如图 10-37 所示。

（5）以同样的方法，添加其他热卖商品，效果如图 10-38 所示。

图 10-37　添加热卖商品

图 10-38　热卖商品效果

任务 11　制作售后服务

操作步骤

（1）打开素材图片“水果.jpg”，将其依次移动到“水果时间”画布中，调整其大小和位置，添加黑色蒙版，设置前景色为白色，使用“画笔工具”，对蒙版进行涂抹，显示部分图片。

（2）新建图层，使用“矩形选框工具”，在画布下方绘制矩形选区，填充颜色“#4a9835”，取消选区。

（3）依次打开素材图片“qq.jpg”、“weixin.jpg”、“dianhua.jpg”、“zixun.jpg”，将其依次移动到绘制的矩形中，调整其大小和位置，并添加文字，保存文件，最终效果如图 10-39 所示。

图 10-39　最终效果

项目 2　服装店铺装修设计

项目描述

本项目为某品牌女装设计的详情页，以突出品牌形象、呈现商品物美价廉为理念，设计中通过对商品的整体描述及细节部分的展示，让买家感受到商品的价值。

项目实施

任务 1　版式设计

操作步骤

（1）执行“文件”→“新建”命令，打开“新建”对话框，输入名称为“森活服饰”，设置高度为“2060”像素，宽度为“1500”像素，其他默认即可，如图 10-40 所示，单击“确定”按钮，新建空白画布。

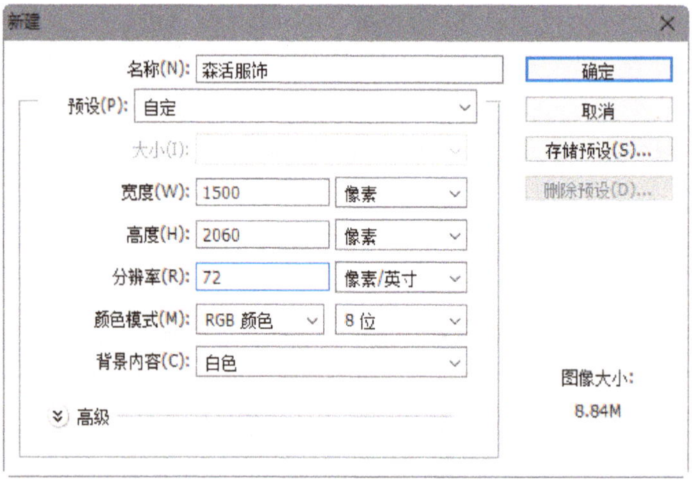

图 10-40　“新建”对话框

（2）按“Ctrl+R”快捷键打开标尺，绘制 9 条横向参考线、4 条纵向参考线，进行版式设计，如图 10-41 所示。

图 10-41　绘制参考线

任务 2　绘制 LOGO

（1）按“Ctrl+N”快捷键，新建宽度为 150 像素、高度为 150 像素的画布，使用“多边形工具”，在工具选项栏中设置填充为无，描边为灰色，宽度为 3 点，线型为实线，边数为 6，按“Shift”键在画布左上角绘制正六边形。

（2）使用“横排文字工具”，分别输入文字“HI 森活”、“轻文化，慢生活”、“HISENHUO”和“welcome to our stop”，为英文创建变形文字，效果如图 10-42 所示。

图 10-42　LOGO 效果

任务 3　制作 Banner

（1）使用“矩形工具”，在工具选项栏中设置填充色为浅黄色，在“森活服饰”文档中绘制矩形。使用“移动工具”，将绘制好的 LOGO 移动到画布上方。

（2）使用“横排文字工具”，输入文字“HI 森活旗舰店”，设置填充色为红色，输入“一切很美，我们一起向前”，在右侧输入“藏，收藏店铺”，使用“直线工具”绘制线条，效果如图 10-43 所示。

图 10-43　Banner 效果

任务 4　制作导航条

（1）使用“矩形工具”，在工具选项栏中设置填充色为豆绿色，绘制矩形。

（2）使用“横排文字工具”，在工具选项栏设置大小为 20 点，颜色为白色，输入文字“首页 每周新款 羽绒服 呢子大衣 免费推广”。

（3）选择文字图层，在工具选项栏中单击“底对齐”按钮和“按左分布”按钮，效果如图 10-44 所示。

图 10-44　导航条效果

任务 5　制作轮播图

（1）执行“文件”→“新建”命令，打开“新建”对话框，新建宽度为 930 像素、高度为 615 像素的空白画布。

（2）按“Ctrl+O”快捷键，依次打开“14.jpg”、“15.jpg”、“16.jpg”三张素材图片，按“Ctrl+T”快捷键调整大小，使其均与画布一样大。

（3）执行“窗口”→“时间轴”命令，打开“时间轴”面板，隐藏图层 2 和图层 3，单击时间轴面板底部的“复制所选帧”按钮；隐藏图层 1 和图层 3，再次单击时间轴面板底部的“复制所选帧”按钮；隐藏图层 1 和图层 2，单击时间轴面板底部的“复制所选帧”按钮；得到动画的 3 个帧，如图 10-45 所示。

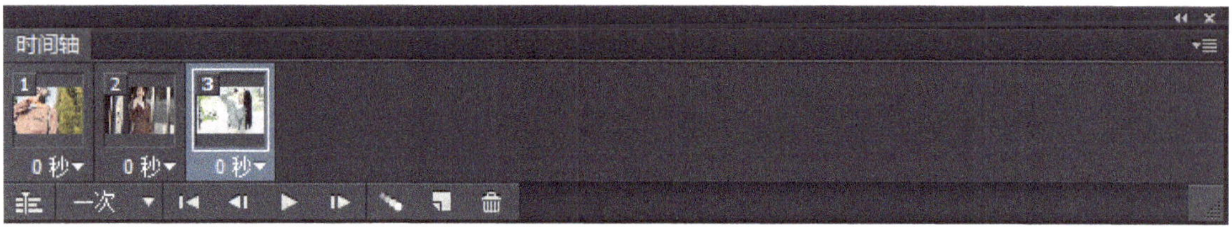

图 10-45　“时间轴”面板

（4）按“Ctrl”键的同时选中第一帧～第三帧，单击“时间轴”面板底部的“过渡动画帧”按钮，在打开的“过渡”对话框中设置要添加的帧数为 1，单击“确定”按钮。

（5）设置所有帧的延迟时间为 1.0 秒，循环次数为“永远”，如图 10-46 所示，单击“播放”按钮即可轮播这三张图片。

图 10-46　设置延迟时间和循环次数

（6）执行“文件”→“存储为 Web 所用格式”命令，打开“存储为 Web 所用格式（100%）”对话框，设置格式为 GIF，如图 10-47 所示，单击“存储”按钮，存储 GIF 动画。

图 10-47　“存储为 Web 所用格式（100%）”对话框

（7）将制作好的轮播图插入“森活服饰”文档，如图 10-48 所示。

图 10-48　轮播效果

任务 6　制作模特展示

（1）使用“横排文字工具” ，在工具选项栏中设置大小为 26 点，颜色为豆绿色，输入文字“宝贝”推荐，使用“直线工具”，在文字下面绘制直线。

（2）使用“矩形工具”，在工具选项栏中设置填充色为浅粉色，绘制矩形。

（3）依次打开素材图片，进行图像合成，使用“横排文字工具”，输入文字“热卖”，如图 10-49 所示。

图 10-49 添加图片

（4）使用“矩形工具”绘制矩形，使用“横排文字工具”输入文字，效果如图 10-50 所示。

图 10-50 模特展示效果

任务 7　制作分类展示

（1）使用“矩形工具”，在工具选项栏中设置填充色为豆绿色，绘制矩形。

（2）使用“横排文字工具”，在工具选项栏中设置大小为 30 点，颜色为白色，输入文字“商品分类”。

（3）使用“矩形工具”，在工具选项栏中设置填充色为不同颜色，依次绘制 4 个矩形。

（4）依次打开 4 张裤装图片并依次放置在 4 个矩形上，调整图片大小，创建黑色蒙版。使用“椭圆选框工具”，按“Shift”键拖动鼠标绘制正圆选区，填充白色并描边，取消选区，效果如图 10-51 所示。

图 10-51　蒙版效果

（5）使用“矩形工具”，在工具选项栏中设置填充色为白色，描边为橙色，宽度为“2 点”，绘制矩形。使用“移动工具”，按“Ctrl+Alt”快捷键，拖动矩形至每一张图片上，复制三个矩形。

（6）使用“横排文字工具”，在工具选项栏中设置字体为“黑体”，大小为 14 点，颜色为黑色，输入文字“立即抢购>>>”，按“Ctrl+Alt”快捷键，移动文字至其他 3 个矩形框上，复制文字。

（7）使用“椭圆工具”，在工具选项栏中设置填充色为红色，描边为无，绘制椭圆。使用“横排文字工具”，在工具选项栏中设置字体为“楷体”，大小为 13 点，颜色为白色，输入文字“用券减 30 元”。

（8）将“椭圆 1”图层与文字图层合并，并复制 3 次，单击工具选项栏中的“按底对齐”按钮，对齐椭圆，效果如图 10-52 所示。

图 10-52　分类展示效果

任务 8　制作热销商品

（1）使用“横排文字工具”，在工具选项栏中设置大小为 26 点，颜色为豆绿色，输入文字“热销商品”，使用“直线工具”，在文字下面绘制直线。

（2）依次打开素材图片，移动到热销区，调整图片的大小和位置，进行图像合成，使用“矩形工具”，在图片下方绘制浅绿色矩形，使用“横排文字工具”，依次输入介绍文字。

（3）执行“视图”→“显示”→“参考线”命令，隐藏参考线，保存文档为 GIF 格式，最终效果如图 10-53 所示。

图 10-53　服装店铺效果

项目 3　数码店铺装修设计

项目描述

本项目是为某品牌数码店铺设计首页，在设计时，使用蓝色、灰色与白色的搭配创造科技、严肃的氛围，利用灰色线条规划出整齐划一的排列。同时，为了突出商品高科技的特点，在画面中添加黑白渐变，使整个版面显得更庄严、更富有感染力。

项目实施

任务 1　版面设计

操作步骤

（1）执行“文件”→“新建”命令，打开“新建”对话框，输入名称为“闪电科技”，设置宽度为“1000”像素，高度为“2000”像素，如图 10-54 所示。

（2）单击“确定”按钮，新建空白画布。按“Ctrl+R”快捷键打开标尺，绘制水平参考线，如图 10-55 所示。

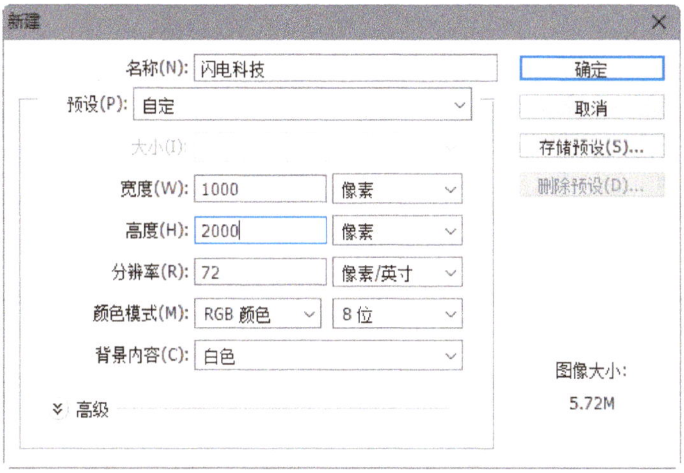

图 10-54　“新建”对话框

图 10-55　绘制水平参考线

任务 2　设计制作 LOGO

操作步骤

（1）执行“文件”→“新建”命令，打开“新建”对话框，输入名称为“数码 LOGO”，设置宽度为“100”像素，高度为“100”像素，单击“确定”按钮，新建空白画布。

（2）新建“图层 1”，使用“多边形工具”，在工具选项栏中设置“形状”，填充颜色“#63331d”，边数为“6”，按“Shift”键，拖动鼠标绘制正六边形，如图 10-56 所示。

图 10-56　绘制正六边形

图 10-57　绘制正圆

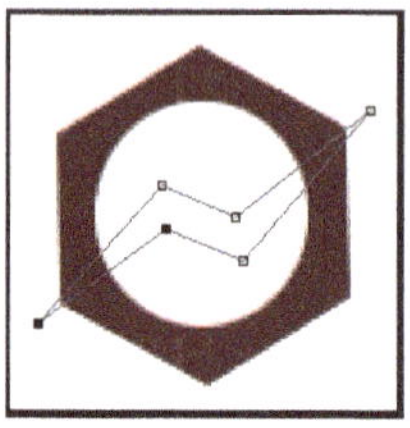

图 10-58　绘制路径

（3）新建“图层 1”，使用“椭圆选框工具”，设置前景色为白色，按“Shift”键，拖动鼠标绘制正圆选区，填充前景色，取消选区，如图 10-57 所示。

（4）使用“钢笔工具”，在工具选项栏中选择“路径”，单击绘制闭合路径，如图 10-58 所示。

（5）按“Ctrl+Enter”快捷键，将路径转换为选区。设置前景色为“#946422”，填充前景色，取消选区，如图 10-59 所示。

（6）使用“横排文字工具”，在工具选项栏中设置字体为“楷体”，大小为 11 点，颜色为红色，在图形中输入“闪电科技”，如图 10-60 所示，保存文件为 JPG 格式。

图 10-59　填充颜色

图 10-60　输入文字

任务 3　制作店招

操作步骤

（1）使用“移动工具”，将制作好的 LOGO 移动到画布顶部，调整其大小和位置。

（2）使用“横排文字工具”，在工具选项栏中设置字体为“黑体”，大小为 30 点，颜色为黑色，输入“数码直营店”，为文字添加投影样式。

（3）使用“直线工具”，在工具选项栏中设置描边为“灰色”，大小为 10 点，拖动鼠标绘制直线。使用“圆角矩形工具”，在工具选项栏中设置描边为“灰色”，大小为 3 点，拖动鼠标绘制圆角矩形。

（4）依次打开三张素材图片“无人机.jpg”、“手表.jpg”和“自拍.jpg”，并依次放置在圆角矩形中，调整图片大小，效果如图 10-61 所示。

图 10-61　店招效果

任务 4　设计制作导航条

操作步骤

（1）新建“图层 1”，使用“矩形选框工具”，绘制矩形，设置前景色为蓝色，按“Alt+Delete”快捷键填充前景色。

（2）使用“横排文字工具”，在工具选项栏中设置字体为“微软雅黑”，大小为 18 点，依次输入“首页”、“笔记本”、“IPAD”、“手机”、“耳机”、“充电宝”、“免费推广”，效果如图 10-62 所示。

图 10-62　导航条效果

任务 5　设计制作轮播图

操作步骤

（1）执行“文件”→“新建”命令，打开“新建”对话框，输入名称为“轮播图 1”，设置宽度为“1000”像素，高度为“480”像素，单击“确定”按钮，新建空白画布。

（2）设置前景色为“#d23166”，按“Alt+Delete”快捷键填充背景，使用“矩形工具”，设置填充色为“#cb3b6e”，绘制矩形并斜切，复制该图形 4 次，并调整其位置。复制该图层并垂直翻转，效果如图 10-63 所示。

图 10-63　矩形效果

（3）使用“横排文字工具”，在工具选项栏中设置字体为“黑体”，大小为 30 点，颜色为黄色，输入“11.11 爽购”，并描紫色边，栅格化该文字并旋转，设置颜色为白色，输入“盛典惠”、“占”，并描紫色边，栅格化该文字并旋转，调整“占”字大小，设置大小为 18 点，输入“便宜”，效果如图 10-64 所示。

图 10-64　文字效果

（4）使用“直线工具”，在工具选项栏中设置描边为“白色”、“10 点”，绘制 4 条直线，使用“多边形工具”，填充颜色“#89c997”，边数为“3”，绘制三角形，并连续复制，直到填满直线为止，更改填充颜色，效果如图 10-65 所示。

图 10-65　绘制直线和三角形

（5）依次打开素材图片“平板 1.jpg”～“平板 4.jpg”，将其移动到画布中，并调整大小和位置，使用“横排文字工具”，在工具选项栏中设置字体为“黑体”，大小为 11 点，颜色为黄色，输入“潮流新品促销进行时”，效果如图 10-66 所示。

图 10-66　第一张轮播图效果

（6）执行“文件”→“新建”命令，打开“新建”对话框，输入名称为“轮播图 2”，设置宽度为“1000”像素，高度为“480”像素，单击“确定”按钮，新建空白画布。

（7）设置前景色为“#222021”，按“Alt+Delete”快捷键填充背景色，使用“画笔工具”，在“画笔”面板中追加混合画笔，选择笔尖为“交叉排线 4”，设置笔尖大小为 26 像素，前景色为白色，绘制零星排线。

（8）依次打开素材图片“1.jpg”～“平板 5.jpg”，将其移动到画布中，并调整其大小和位置，使用“钢笔工具”，在工具选项栏中选择“路径”，在画布左上角绘制三角形，将其转换为选区并填充蓝色，输入“B&O”，效果如图 10-67 所示。

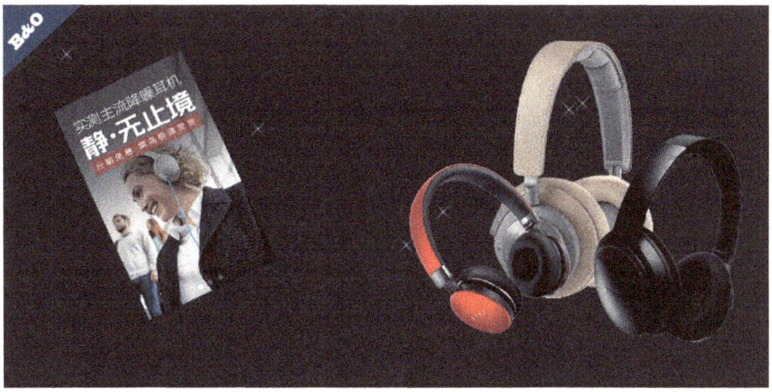

图 10-67　添加素材

（9）使用“横排文字工具”，在工具选项栏中设置字体为“黑体”，大小为 30 点，颜色为白色，输入“主动降噪，舒适升级”并描边，设置大小为 18 点，输入“智能降噪与无线消噪”，将该文件保存为 JPG 格式。第二张轮播图效果如图 10-68 所示。

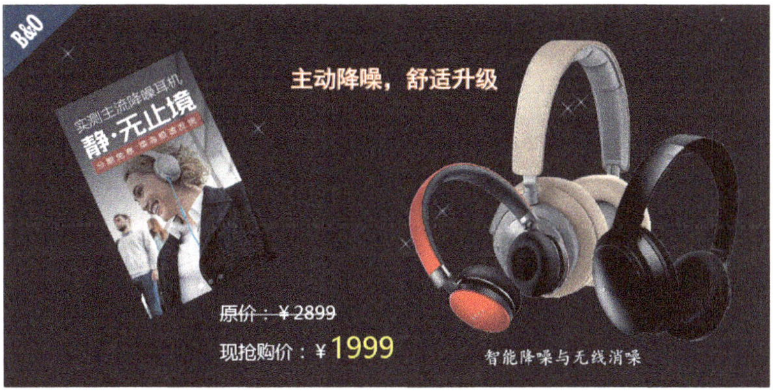

图 10-68　第二张轮播图效果

（10）执行“文件”→“新建”命令，打开“新建”对话框，输入名称为“轮播图 3”，设置宽度为“1000”像素，高度为“480”像素，单击“确定”按钮，新建空白画布。

（11）设置前景色为“#d1d1d1”，按“Alt+Delete”快捷键，为画布填充前景色。使用“钢笔工具”，在工具选项栏中选择“形状”，填充白色，绘制菱形，以同样的方法，设置不同的填充颜色，绘制图形，效果如图 10-69 所示。

（12）使用“横排文字工具”，在工具选项栏中设置字体为“黑体”，大小为 60 点，颜色为黑色，输入“lenovo 联想”、“开合间 应万变”并描边，输入相关配置和价格。

（13）依次打开素材图片“联想 1.jpg”和“联想 2.jpg”，将其移动到画布中，并调整大小和位置，将该文件保存为 JPG 格式。第三张轮播图效果如图 10-70 所示。

图 10-69　绘制形状效果

图 10-70　第三张轮播图效果

任务 6　制作动态轮播图

操作步骤

（1）执行“文件”→“新建”命令，打开“新建”对话框，输入名称为“动态轮播”，设置宽度为“1000”像素，高度为“480”像素，单击“确定”按钮，新建空白画布。

（2）将制作好的“轮播图”依次拖入画布并与画布对齐，执行“窗口”→“时间轴”命令，打开“时间轴”面板，隐藏“图层 2”和“图层 3”，单击“时间轴”面板底部的“复制所选帧”按钮；隐藏“图层 1”和“图层 3”，再次单击“时间轴”面板底部的“复制所选帧”按钮；隐藏“图层 1”和“图层 2”，单击“时间轴”面板底部的“复制所选帧”按钮；得到动画的 3 个帧，如图 10-71 所示。

图 10-71　“时间轴”面板

（3）设置所有帧的延迟时间为 1.0 秒，循环次数为“永远”，如图 10-72 所示，单击“播放”按钮即可轮播这 3 张图片。

图 10-72　设置延迟时间和循环次数

（4）执行“文件”→“存储为 Web 所用格式”命令，打开“存储为 Web 所用格式（100%）”对话框，设置格式为 GIF，如图 10-73 所示，单击“存储”按钮，存储 GIF 动画。

图 10-73　“存储为 Web 所用格式（100%）”对话框

（5）将制作好的动态轮播图插入“闪电科技”画布，如图 10-74 所示。

图 10-74　轮播效果

任务 7　制作详情图

操作步骤

（1）执行“文件”→“新建”命令，打开“新建”对话框，输入名称为“1”，设置宽度为“300”像素，高度为“300”像素，单击“确定”按钮，新建空白画布。

（2）设置前景色为“#3a3a3a”，按“Alt+Delete”快捷键，为画布填充前景色。使用“钢笔工具”，在工具选项栏中设置“路径”，在画布左上角绘制梯形，按“Ctrl+Enter”快捷键将其转换为选区并填充颜色“#24be8c”，取消选区。

（3）使用“直线工具”，在工具选项栏中设置描边为“#24be8c”，大小为 3 点，绘制直线，使用“圆角矩形工具”，在左上角绘制矩形并填充颜色“#24be8c”。

（4）使用“横排文字工具”，在工具选项栏中设置字体为“黑体”，大小为 30 点，输入文字，保存文档作为主图的背景模板，如图 10-75 所示。

（5）打开素材图片“宝贝 1.jpg”，抠选图像并移动到主图背景中，调整其大小和位置，保存文档为主图 1，效果如图 10-76 所示。

（6）以同样的方法，打开素材图片“宝贝 2.jpg”，抠选图像并移动到主图背景中，调整其大小和位置，保存文档为主图 2，效果如图 10-77 所示，以同样的方法制作主图 3～主图 5，效果如图 10-78～图 10-80 所示。

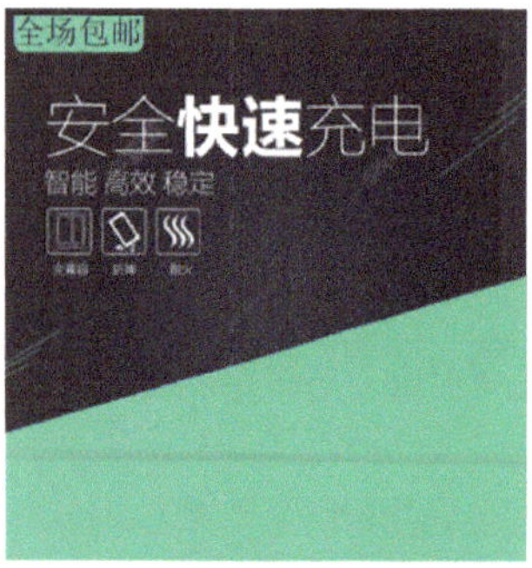

图 10-75　主图背景

图 10-76　主图 1 效果

图 10-77　主图 2 效果

图 10-78　主图 3 效果

图 10-79　主图 4 效果

图 10-80　主图 5 效果

（7）将制作好的主图依次移动到“闪电科技”画布中，效果如图 10-81 所示。

图 10-81　详情图效果

任务 8　制作分类图

操作步骤

（1）执行“文件”→“新建”命令，打开“新建”对话框，输入名称为“分类 1”，设置宽度为“350”像素，高度为“250”像素，单击“确定”按钮，新建空白画布。

（2）设置前景色为“#c9c9c9”，按“Alt+Delete”快捷键，为画布填充前景色。

（3）使用“椭圆工具”，在工具选项栏中设置“形状”，填充为白色，描边为绿色，大小为 10 点，按“Shift”键拖动鼠标绘制“正圆”形状，打开素材图片“分类 1.jpg”，移动到圆中间，并调整其大小。

（4）使用“横排文字工具”，在工具选项栏中设置字体为“楷体”，大小为 36 点，在图片下方输入“笔记本电脑>>>”，保存文件为 JPG 格式，效果如图 10-82 所示。

（5）以同样的方法，制作分类图 2～分类图 4，效果如图 10-83～图 10-85 所示。

图 10-82　分类图 1 效果

图 10-83　分类图 2 效果

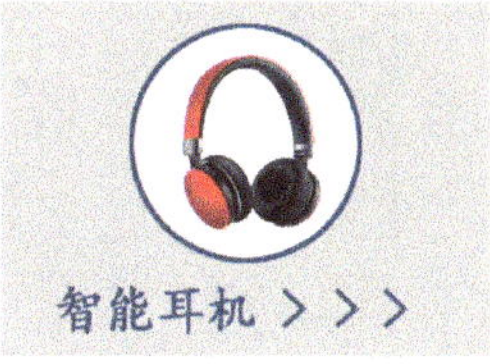

图 10-84　分类图 3 效果

图 10-85　分类图 4 效果

（6）将制作好的分类图依次移动到“闪电科技”画布中，如图 10-86 所示。

图 10-86　分类图效果

任务9　制作客服

操作步骤

（1）打开素材图片“广告.jpg”，将其移动到“闪电科技”画布中，调整其大小和位置，使用“矩形工具”，绘制多个矩形，并填充不同的颜色。

（2）新建图层，使用“矩形选框工具”，在画布底部绘制矩形选区，填充蓝色，取消选区。

（3）使用“横排文字工具”，在工具选项栏中设置字体为“仿宋”，大小为18点，在矩形图形上输入“客服”及工作时间、工作人员等信息。保存文件，最终效果如图10-87所示。

图10-87　数码店铺效果